ラカン入門

向井雅明

筑摩書房

目次

第Ⅱ部　中期ラカン

第Ⅲ部　後期ラカン

ラカン入門

文庫化によせて

筆者は一九八八年、本書の旧版にあたる『ラカン対ラカン』を上梓した。当時日本ではラカンの理解もまだまだで、ラカンを知りたい人もどのようにアプローチすればよいかわからず、そのための適切な解説書にも欠いていた。そのころある書店からラカンの解説書の依頼があり、自分がフランスで学んだラカンの理解の仕方を紹介するいい機会だと思い、一つの入門書を手がけることにした。執筆に際しては、入門書ということでラカンの最も古典的な理論構築が見られるセミネールの一一巻までに限定して、その理論展開を紹介することにした。当時の日本のラカンの受け入れ状況から見てそれ以上の説明は逆に混乱をもたらすと思ったし、また筆者自身も後期のラカンの理解にはまだ十分な自信が持てなかったということもある。

そして最初の出版からもう二七年経ったいま、筑摩書房から『ラカン対ラカン』を再出版しないかとの提案が寄せられた。現在では日本においてラカンに関心をもつ人も増え、ラカンの理解も大分進み、良い入門書も出ているので果たして本書を再版する意味はあるのかとも思ったが、このような提案があるということは、やはり初心者にとって難解なラカンの理解に適切な書物はまだ必要であるように思い、提案をお受けすることにした。ただ、今日ではラカンの理解はかなり深まり、セミネール一一巻までの理解では現在のラカン関係の文献を読むには不十分であるので、一一巻以降のラカンの理論的展開を加えて up to date した。それとともに旧版には不備な点が少なからずあったので修正を加えた。内容には手を加えたが、本書の意図するところは変わらないので、初版のまえがきをそのまま載せることにする。なお、文庫化にあたっては、表題を『ラカン対ラカン』ではなく、『ラカン入門』ということにした。

まえがき

この本の表題は『ラカン対ラカン』である。ラカンの基本的な考えを解説する意図で書かれた。彼はいうまでもなくフロイト主義精神分析家、そして理論家である。とすると、その解説書の題名としては、むしろ『ラカン対フロイト』、または『ラカンとフロイト』とする方がより適切なのではなかろうかと考える方もおられよう。つまりラカンはフロイトを通して理解されるべきだとする考えで、たしかにそれはもっともである。ところがフロイトをもとにしてラカンを理解しようということは、フロイトの理解を前提としている。だが、フロイトはもうすでに理解されているのであろうか。ラカン以前にフロイトの全体像を正しく把握した理論家はいるのだろうか。

フロイト以後の精神分析理論の状況はヘーゲルの死後、青年ヘーゲル派の連中に対して、マルクスが批判したときの状況に似通っている。彼らは銘々の都合によってヘーゲルの一部だけを取り出し、それをヘーゲル思想だとしたのだった。このような状況はヘーゲル、フロイトだけに限らず、すべての真正な思想が生まれた後には共通して起こることであろう。ラカンがフロイトの理論に真剣に取り組み、それを根本から考え直すまではフロイトは誰にも理解されなかったといっても過言ではあるまい。フロイトが理解されなかった理由はフロイト自身のせいでもある。というのは、彼の理論は生物学的モデルを使って構成されており、そのことがもとで多くの理論家は精神分析を本能の次元で考えるようになったのである。だが分析は本質的に言葉を使ってなされるものであって、本能という動物と同じような次元で取り扱うことはできない。ラカンはこの点に注目し、分析理論に言語的モデルを導入してフロイトを考え直そうとした。この試みは大変実り多い結果を生み出し、それによってフロイトは歴史の気まぐれによる彷徨からよび戻され、自らにふさわしい場所に置かれたのである。

フロイトはラカンを通して理解すべきであることはこれでわかった。ではラカンはどのようにして理解すればよいのであろうか。難解なラカンに取り組むことは、フロイト以上に困難なことであるように思われる。フロイトに対してラカンがあるように、ラカンに対してもまた別の誰かが必要になるのではなかろうか。このように考えると一つの循環が成り立ち、結局何もわからずに終わってしまうのではないか。だが、幸いなことにこの循環はラカンで断ち切られ、われわれはそこに一つの方法論を見出す。ラカンを理解する鍵となるのが、実はこの本の表題『ラカン対ラカン』である。

ラカンの理論は決して一律のものではない。それは約三〇年間にわたって行なわれた彼のセミネールを中心に発展してきたもので、その間の紆余曲折を反映しており、自らの理論展開に対する不断の問題提起、そして分析実践に対応するための様々な工夫から成り立っている。彼の理論には常にいくつかの矛盾が含まれており、それが原動力となって新しい展開が試みられる。これは分析理論において、無意識というそれ自体に矛盾を含む逆説的な概念を取り扱う場合の必然的な運動であろうか。このような性格をもった彼の理論を一つのコンパクトな理論体系として考えようとすると、そこに乗り越えられない困難が生じることは当然である。この場合、ラカンの難解さは読む側の適切な方法の欠如に由来している。彼の理論はそれとは逆に、変化をもった一つの運動として取り組むことを要求するのである。

ラカンの理論を難解にしているもう一つの要因は概念の使い方の特殊性にある。彼は一つの概念を使い始めると、後に理論的方向転換を行なった後にもそのまま同じ概念を保持し、そこに新しい内容を組み込もうとする。それゆえ、一つの概念のある時期の用法を用いて別の時期の論文を読むとつじつまが合わなくなったり、ときには全く逆の意味となったりすることとさえある。ラカン自身はこのことについて何も触れず、そのことがこの困難さを増大させている原因の一つにもなっている。読者の気がつかないうちに一つの概念は別の意味をもっているのである。このような彼の理論を把握するには、概念の繋がりだけで説明しようとする構造的方法では不十分であり、それを補うための歴史的方法が補足されなければならない。つまり、ラカンの理論的変遷を段階的に取り上げて、ある時期のラカンを別の時期のラカンに対立させるという比較的方法が要求されるのである。『ラカン対ラカン』というこの本の表題は、ラカン理解に必要なこのような方法論を表すために採用した。

この表題は実をいうとラカンの後継者であり、セミネールの編纂を任されているJ・A・ミレールの主張していることである。彼はこう言っている。「今日フロイトを理解するには、ラカンを抜いては考えられない。ではラカンを理解するにはどうすればよいであろう。それは、ラカン対ラカンである」。

（注）この本は表題だけではなく、内容的にもJ・A・ミレールに負うところが大きい。とりわけ彼が毎水曜日に開いている講義は大変に明解でラカンの理論を理解するには欠かせないものであり、この本の内容にもそこから得たものが少なからずある。上に述べたようなラカン理解のために現在誰かが存在するとすれば、それは彼を措いて他にいないであろう。つまり『ラカンとミレール』である。ミレールはまだ日本ではあまり知られていないようだが、近々彼のテクスト選集を翻訳することになっているのでそれを参考にしていただきたい。

本書は大きく分けて二つの部分から構成されている。最初の部分は無意識の言語構造を中心とした理論、後のものは対象aに関する部分である。無意識の言語構造とはラカンの有名な「無意識はひとつの言語（langage）のように構造化されている」という命題によって表されているもので、一九五三年のローマ報告に始まる彼の教育活動の一つの柱としてラカン理論の土台となるものである。言語構造による分析の理論化は五〇年代の後半には完成し、これが一般的に知られている構造主義者としてのラカンとなるのだが、彼はそれを集大成する意味で一つの図式を作りあげ、欲望のグラフと名づけている。このグラフはラカン理論のなかでも重要な地位を占めているもので、本書の最初の目的はそれに対するアプローチである。

ところが彼はこの命題をもとに理論を推し進めていくうちに、一つの問題につき当たった。それが現実界の問題であるが、それを境に彼の理論は一つの方向転換をすることになる。一九五九〜六〇年に行なわれた『精神分析の倫理』のセミネールにはこのことがはっきりと現れている。この転換を経た後のラカンを、J・A・ミレールは「もう一人のラカン」と呼んでいる。彼はここ数年来、その理解のために多くの努力を費やしているが、最近フランスではやっとそれが定着してきたようである。「もう一人のラカン」において中心的概念となるのはラカンが対象aと名づけたもので、分析における現実界の機能を把握するために欠かせないものである。そこでわれわれも第Ⅱ部ではこの対象aをテーマとしてその生成および機能について解明を試みる。

一九八七年一二月二〇日

著　者

第Ⅰ部
前期ラカン

第Ⅰ部では、ラカンの精神分析理論の初期に当たる一九四九年の「鏡像段階」の論文から、一九五八〜五九年のセミネール『欲望とその解釈』までの理論的展開を扱う。

この時期には、二つの時代区分が可能である。まず初めに「鏡像段階」をめぐって、想像界に重心を置いた理論化が行なわれ、ついで象徴界が導入、発展される。ラカンの基本的な考え、父の名、無意識の言語構造、主体、欲望などがここで錬成される。また、ラカンによる精神分析の理論化のすべての時期において重要な意味をもつ論理的時間の概念も、「鏡像段階」と同じ頃に展開されたので、ここに収めている。ラカン理論の基本がここで確立されるわけで、その集大成ともいえるグラフに関して、ラカンのテクストの一部の読解を試みる。

第一章　鏡と時間

想像界・象徴界・現実界

「鏡像段階」はラカンの出発点ともいえる概念である。これは初め一九三六年にドイツのマリエンバードで、フロイトの弟子のひとりであるアーネスト・ジョーンズのもとで開かれた第一四回国際精神分析学会において発表された。『エクリ』に収められている論文はそれより一三年のちの、チューリッヒで開かれた学会で発表されたものである。

想像界

生後六カ月に達した子どもは鏡のなかに自らの姿を認め、喜びの表情を示す。このような反応は人間だけに観察されるもので、チンパンジーのような、人間に最も近いはずの動物にさえ見られない現象である。チンパンジーの場合には鏡の後ろを確かめたりした結果、イメージが実在ではないとわかると興味を示さなくなる。ところが人間の子どもはそれが単なるイメージでしかないとわかったうえでうれしそうな表情をする。ここでは子どもは鏡像を自分の像だと認めて喜んでいるのだと考えられる。

ラカンは最初、これをオランダの解剖学者ボルク（Bolk）の理論によって説明しようとした。ボルクの理論は胎生児化説と呼ばれ、それによるとヒトは、霊長類の胎児においては一時的にすぎない形態を、終生保持しているのだとされる。ヒトも霊長類も胎児の状態ではよく似ている。ところが霊長類は胎児の状態から体毛が生えたりして発育につれて姿が変わっていくのに対して、ヒトは胎児のままの状態を保ちながら生殖器のみが成熟して大人になる。したがって、人間は他の動物と異なり、かなり未熟な状態のままこの世に生まれ、完全に母親の世話のもとで長い間保護されていなければならないのだ。自分の身体に対する支配はいまだ不完全で、身体についての全体的なイメージもまだ持ち合わせていない。自己の身体像は母親、つまり外世界との接触の媒介となる口、目、耳、手などを通した諸感覚イメージのバラバラの寄せ集めでしかないだろう。

このように分断された身体のイメージしか持ち合わせていない子どもが、ある日母親に抱かれて鏡の前にやってくるとしよう。そのとき彼は、おのれの身体を器官的に運動支配するよりも先に、まず自分の全体像をそこに見出すことになる。彼は鏡のなかのイメージを自分と同一化し、一つの全体像として予知的につかむのだ。ここに人間の自我の起源があるといえよう。以来、子どもの内部においてこのような同一化が重ねられ、本来の自我が形成されるようになる。自我の形成過程において鏡像の経験は理想的な原型（Urbild）を作り上げる作用をする。子どもは以後、この理想的なイメージに到達するために一連の二次的な同一化を試みるが、それに完全に到達することはない。ここにイメージとしての自我が成立する。自我は同一化の堆積であり、いわば玉ネギの皮のようなものである。

こうした精神分析的な鏡像段階の解釈は、心理学的な解釈とは全く逆の立場をとる。心理学では人間心理の発達理論というものが考えられ、子どもが成長するにつれ脳の発達にしたがって心理的な能力の発達がみられるという。鏡像段階を心理学的に解釈すると、この段階に達した子どもは、鏡像は実在像ではないということが理解できる脳の発達段階に到達し、内的に成立した自我が、自分のイメージを外部の他者の間に混じって存在しているものとして鏡像を認める、ということになる。

それに対して精神分析的解釈では、そもそも人間には内的な自我に相当するものはなく、その代わりにあるのは自らの身体の寸断されたイメージでしかない。外部の鏡のなかのイメージは自分の身体を全体的な統一したものとして見せてくれ、子どもはそれを自分の自我の起源として取り入れるのだ。

これらの二つの解釈は全く逆であることがわかる。心理学的には内部の自我が外部に自分のイメージを認めるのに対して、ラカンによれば外部のイメージが自我として私をとらえる。すなわち、自我は人間の外部のイメージを基盤にしているのだ。ラカンはこれを疎外と呼んでいる。なぜなら人間はそれによって外部のイメージに取り込まれ、そのイメージを自分自身だと思いこむからである。

ここではイメージに備わった一つの能力が問題になっている。イメージが何かを形成する、もしくはイメージを媒体に何かが形成されるのだ。ラカンは動物行動学を使ってこのイメージの力を例証しようとする。

例えば、ハトの生殖腺の成熟には雌雄を問わず、同類のハトのイメージを見せる必要がある。またトビイナゴが孤棲型から群棲型へと移行するには、ある生育段階において、その種固有のものに近いスタイルで運動する類似のイメージを視覚的に見せるだけでよい。

これらの例ではイメージが現実に生物学的な次元における変化を引き起こしている。動物において、このイメージは遺伝的にそれぞれの個体に与えられているものだと考えられ、動物の本能を構成する一部である。ただヒトにおいては鏡像というイメージが自我というイメージ的なものを生み出すのであるから、動物に見られるような、イメージがその次元を超えたところにまで作用を波及させる本能的なイメージの機能とは異なっていると考えるべきであろう。だがそれでも、自分自身のイメージの作用を受け入れる能力は種として備わっていると考えられる。ラカンはこれをゲシュタルトと呼んでいる。

イメージの形成作用を認めるのはラカンだけではない。フロイトにもそれに相当する概念がある。イマーゴというもので、それはそもそもユングが使い始めた用語である。イマーゴとは、個人が他人を把握する際にモデルとなるイメージで、父親のイマーゴ、母親のイマーゴなどとしてある、無意識的なパターン化されたイメージである。ラカンは鏡像段階をイマーゴの機能の特殊なケースだと呼び、人間が自己を取り囲む環境との関係性を確立する機能であると考えている。

鏡像段階では、子どもは鏡のなかの自らの全体像を自我として認め、勝ち誇った態度を示す。だが、子どもの自我がそこで成立し、子どもは満足して終わるわけではない。この経験は逆に子どもにとって別の種類の苦しみの始まりでもある。

鏡像段階に達した子ども（生後六〜八カ月）は、他の子どもに対してははなはだ攻撃的な態度を取るようになる。この頃においてはまだ自他の境界ははっきりせず、他の子どもを叩いたあとで「あの子がぶった」といった発言がみられる。これは転嫁現象（transitivisme）と呼ばれているが、そこには自我の起源ともいうべき、他者のイメージとしての自我の性格が現れている。人間は自らの外部に位置する像に自分を同一化し、疎外的に自分自身を作りあげていく。鏡はその一つの媒体にすぎない。もっと具体的に言えば、この像は他者のイメージ、つまり生まれてすぐなら母親、そして兄弟、家族のイメージである。他者のイメージが自分のイメージとなるなら、反対に自分のイメージは他者のものだともいえる。そこで他者のイメージを巡って他者との間で争い、一つの決闘的―双数的(dual)な競合が始まる。私の見ているこのイメージは私のものだ――いや他者のものだ――いや私だ――他者だ……と。

このようにして、イメージの構造自体に由来する「お前か、私か」という二者対立の関係は避けられないものとなる。兄弟喧嘩に見られる構造がそれである。

聖アウグスチヌスは『告白録』のなかで、母親の腕に抱かれ、満ち足りた表情をみせる幼い弟に嫉妬し、青ざめた顔でそれを見つめる兄のことに触れている。ここに物語られているものは、人間の嫉妬の根深さである。彼はイマーゴを自分以外の者に取り上げられ、その結果、以前の分断されたイメージが再来し、苦悩に襲われる。鏡のなかのイメージは他者の干渉によって統一性を失い、混乱したものとなる。彼はそこで、あくまでそれを自らのイメージとして認めるのか、それとも放棄して他者に譲るかという二者択一を迫られるのである。

ラカンはこうしたイメージの構造を基本とした関係を「想像的なもの」(L'Imaginaire―本書では想像界、またはイマジネールとも呼ぶ)と呼んでいる。想像界はつねに「お前か私か」―「自分か他者か」の二者択一の世界であり、絶え間なき不安定の支配する世界である。

イマジネールな世界は常に戦争、闘争状態にあるような世界である。だがわれわれの世界は常に戦いが支配しているわけではない。一般的にわれわれはほぼ平和の裡に生活している。では戦いの和解、平和はどのようにやってくるのだろうか。ここでわれわれは「象徴的なもの」(Le Symbolique——もしくは、象徴界、またはサンボリック)に移行することが必要となる。

象徴界

母親の腕に抱かれ、鏡のなかに自らのイメージを認めて歓喜する子どもの表情はどこからやってくるのだろうか。この段階の子どもは、まだ鏡のなかの像を確実に自らのものと把握しきっているわけではない。それはあくまで他者のイメージであり、想像的なものにすぎない。となれば二者択一は避けられないはずである。それ以前に鏡のなかの自分を全く認めることのできない子どもさえいる。例えば、精神病の子どものなかには、鏡に映った自分の姿に不安を覚え、そうした像に耐えられなくなる者がいるのだ。鏡のなかの像を他者の像としてしか受け入れられない結果、分断された身体像ばかりが喚起されるのだろう。有名な例としてモーパッサンの短編『オルラ』では、主人公が鏡のなかで自分の姿を失い驚くシーンがある。つまり、人間が鏡のなかに自分のイメージを認めるということは決して自明ではないのだ。

鏡像段階において幼児は鏡の前で直接的に反応するわけではない。喜びの表情を見せるまえに、彼はまず自分を抱きかかえる大人の方を振り返る。そして自分の前にある像がたしかに自分のものであるという確認を得て、ようやく自らのイメージへの同一化に向かうのである。このとき大人は、子どもとそのイメージの間の二者択一の関係に終止符を打つ役割を果たす。想像界は二項対立のせめぎあう世界であるが、第三者的なものが審判として参入するとき、そこに一つの和解が可能となるのだ。

大都市の交差点を思い浮かべてみよう。車は前後左右、あらゆる方向からやってくる。もしそこに信号機がないとすれば事態はどうなるであろうか。それぞれの車が勝手な思惑のまま進行しようとして大混乱をまねくことになるだろう。交差点に信号機がおかれ、それぞれが信号の指示に従うことによってはじめて混乱は避けられ、正常な交通が保証される。信号は法の次元に属するものだ。つまり、ここでは法による仲裁がなされている。だが法といってもどのような法でもいいというわけではない。誰かが自分のために勝手に決めた法など、何らかの強制力がなければ守る人はいないだろう。法が法として遵守されるには、それが一つの絶対的第三者に由来するものとして認められていなければならない。この前提がなければいかなる法も有効性をもちえない。

鏡像に戻ると、鏡の前の子どもは、自分を抱きかかえてくれる大人を絶対的他者と認めているのだ。確かに、一人で生きていくことのできない生後六カ月の子どもにとって、母親のような大人は自分の生殺与奪を決定できる力を備えた絶対的他者である。絶対的他者の言葉に保証されて、はじめて子どもは自らのイメージの認可を得るのである。その結果、彼は想像的世界を抜けだし、真に人間的な世界である法の世界に入ることになる。

ラカンはこの世界を「象徴界」と呼んでいる。この場合の象徴とは言葉を表している。その意味で象徴界は言葉の世界だといえよう。人間どうしの争いは、武力による決着を別とすれば、話し合うことで解決される。ただし、言葉の法に従うことが前提である。ここでの他者とは、想像的関係における他者とは別の次元に属し、嫉妬や憎悪をこえて和解にこぎつける際に認められる絶対的次元をもつ他者である。絶対的他者とは一つの概念的他者であり、それが実際に存在するかどうかは別問題である。例えば、神というものは一つの絶対的他者であるが、それが実際に存在するということは誰も断言できない。また、生まれてくる子どもにとって母親は絶対的他者として実在するが、子どもが成長するにつれ、その絶対性は失われていく。

ラカンは、絶対的他者を大文字の他者（Autre）と呼び、小文字による想像界の他者（autre）と区別している。鏡の前の子どもを支える親としてここでは他者（Autre）は主体としてある。

では他者（A）というものについて考えてみよう。

ここでは法を保証するものとしての大文字の他者（Autre）が考えられているが、それとは違った意味の大文字の他者（Autre）もある。それは言語としての他者（Autre）である。言語が他者（Autre）であるというのは、人間はそもそも言語を備えて生まれてくるのではなく、言語を外部からもらうからである。この意味で言語は主体とは絶対的に異質なもの、外部のものとして他者（Autre）もしくは他のもの（Autre）なのである。この意味での他者（Autre）は言語という一つの場、電磁場というときの意味合いでの一つの場であり、概念上だけではなく、一つの言語が存在するように存在する。

後でより詳細な説明がなされるが、この二つの他者を混同することは大きな問題を引き起こすことになるので、注意しなければならない。ラカン自身も最初、他者（Autre）の概念を導入するときにこの区別をはっきりとしていなかった。そこから精神分析と宗教の間の関係が曖昧に残され、ラカン派のなかにはキリスト教のイエズス会を支持する人たちもいたのだ。なぜならこの二つを混同すると神の概念と重なり合うからである。

このように他者（Autre）という概念は一義的に受け取られるべきものではなく、異質な要素を含んだものである。他者（Autre）については様々な表現がある。言語レベルでのAutre、真理の保証としてのAutre、パロールにおけるAutre……などである。そのほかに「Autreの場」という表現もしばしば用いられるが、これは、他者（Autre）が位置する場という意味のほかに、Autreである場、つまり、他＝ほかの場という意味をも併せもつ。

autreというフランス語は「他者」と訳されるのがふつうである。しかしそれだとautreを一つの主体としてしか把握しないことになり、autreにふくまれる純粋な他性、ほかのものであること、という意味を見逃してしまうことになって解釈の混乱をまねくおそれがある。さらにラカンにはAutre Sexeという表現も見られるが、これは他者の性のことではなく、他（ほかの）性、つまり男性にとっての女性、女性にとっての男性を表す。こうした理由から、本書では象徴界を表すAutreを「〈他者〉」あるいは「他者（A）」とし、想像的なautreの方は「他者（a）」として両者を区別することにする。また区別の必要のない場合は単に「他」または「他者」とする。なお、〈　〉でくくった語は、Autreのように原語が大文字であることを示している。

現実界

ラカンの理論構成の中心をなす要素には上記の象徴界と想像界に加えて、もう一つ、「現実界」（Le Réel—もしくは現実的なもの、またはレエル）という概念がある。現実界とは簡単に言って、言葉によってもイメージによっても把握しえない次元を指す。初期のラカンにおいて現実界はほとんど物理的世界を指し、あまり重要な役割を与えられていなかった。現実界は中期から後期に至って次第に重要性を増していく次元である。

ところで、想像界、象徴界、現実界という三つの概念はラカンの理論全体を貫く骨組みをなしているが、彼の理論的発展とともにそれぞれにおかれる比重もまた変化してきた。その比重の移り変わりを辿ることで、ラカンの理論的変遷を特徴づけることができる。

(1) 鏡像段階、攻撃性などに見られる想像界を中心にしたもの。
(2) 言語理論の導入による無意識の構造の解明。ここでは象徴界に重心がおかれている。
(3) 現実界に対するアプローチ。これは象徴界によって想像的事象を整理することにより、初めて可能になった。

現実界はラカンの唯物論を保証するのに不可欠な次元といってよい。これについては第Ⅱ部で詳しく論じる予定である。

L図

鏡像段階をもとに一つの図式が構築された。「L図」と呼ばれているもので、たぶんこれはラカンの頭文字から取られたものであろう。ラカンの図式は常に多様な読み方が可能である。L図は非常に簡単な構造であるが、これもまた様々な解釈が可能な図式である。その一つの解釈として、これは精神分析実践を説明する図式であるとみなすことができる。その説明は次の通りである。

L図はS、A、a、a'という四つの項から構成されている。Sは主体を表し、Aは他者

（A）を表している。Sと他者（A）は途中から破線となる線で結びついている。分析の場でいえばSは分析主体を表し、Aは記憶痕跡が納められている無意識の場であり、無意識的主体の場である。S—Aは分析主体が無意識からメッセージを受け取ること、患者と無意識の間で一つのコミュニケーションが成立することを意味する。aとa'は主体の自我と想像的他者で、a—a'は想像的二項関係、自我の間の関係を示す。S—Aを横切るようにa—a'の線が引かれ、S—Aの間の線は途中から破線になっている。

無意識Aは自然の傾向として主体Sへとメッセージを送ろうとするが（S—A）、想像的関係、自我の線によって妨害され、メッセージは途中で中断される。このことはS—Aの半分が破線で描かれていることに表されている。フロイト的に言うと、これは「自我が無意識的願望を抑圧する」ということに相当する。例えば錯誤行為、言い間違いなどは無意識のメッセージであるが隠されたメッセージとして破線で示されるのだ。

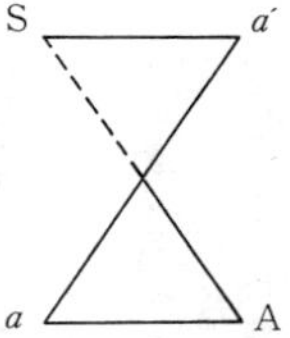

主体が他者のイメージに関係するとき「お前か、私か」の二者択一関係が生まれ、主体は想像的関係に陥る。AからSに到るメッセージは想像的関係に打ちあたり、妨害されることになる。図の上の点線がそれを表している。A—Sの関係は無意識的であるが、分析により想像的関係の整理が図られ、主体に他者（A）のメッセージ

が到達することが可能となる。分析家は患者を想像的関係から解放し、他者（A）からのメッセージを受けとるところまで同伴するのだ。患者はそこで自らの欲望の道を見出し、真の旅路につくことができる（『エクリ』一〇〇頁）。

（注）この図は間主体性のグラフと見なされている。すなわち、ここではAは主体だと考えられているのだ。

「無意識は〈他者〉の言説（ディスクール）である」というラカンの有名な命題は、このA↓Sの線を表現したものだ。また、他者（A）とは言語の場でもある。それゆえ「無意識は言語のように構造化されている」という命題もまた、この図式のなかにふくまれることになる。

「言語」（Langage）とは一つの構造であり、具体的に存在するものではない。言語の次元で具体的に存在するのは国語（langue）であり、国語が誰かに使用されると「パロール」（Parole—話される言葉）として存在するようになる。

ラカンはパロールについて、二つの様式を考える。

——想像的関係のあいだで交わされるパロール。これを「空のパロール」と呼ぶ。これはおしゃべりのように本質的なことは何も言わないための言葉、自らの存在とは無関係な場で回転する言葉である。日々の会話で交わされる言葉は、ほとんどこの空のパロールだといってよい。

——それに対して、象徴的な〈他者〉とのあいだで交わされるパロール。「充溢したパロール」と呼ばれる。これは主体の存在を決定するようなパロールであり、〈他者〉からのメッセージを受け取ることである。「汝はわが妻なり」と誓うとき、私は自らを夫として決定する。主体は自らのメッセージを他から逆転したかたちで受け取る構造となっている。これは話す者のその後の行動を規定する行為としてのパロールであり、「武士に二言はない」というように、一旦発せられると後には戻れないパロールである。

パロールとは話される言葉であって、それは意識的次元にある。それに対して言語はひとつの構造としてあり、それ自体は意識的なものではない。それは、そこから意識的なパロールが引き出されるという意味において、無意識的な次元であると考えられる。このことからラカンの「無意識はひとつの言語のように構造化されている」という命題は、パロールに対する無意識の構造を指すものであるという単純な解釈もできる。

ラカンの無意識に関する基本的命題のこのような解釈は、多少カリカチュア化されたものかもしれないが、こうした理解も可能であろう。この「無意識はひとつの言語のように構造化されている」という基本的命題は先の Autre と同様、ラカンの理論的コーパスが変化するにつれて多様な解釈を与えられてきた。ここではL図を鏡像段階に絡めて簡単な無意識の解釈を示してみたが、鏡像段階については一九四九年のラカンの論文、「Je の機能を形成するものとしての鏡像段階」に言われているそれと、多少内容に違いがある。一九四九年の論文では、想像的関係が中心となっている。そして、想像的なものを、動物行動学などを参照しながら説明しようとしているのだが、これは現実界に基を置こうとする彼の唯物論的努力であろう。また、それとともに自我の原形となる他者のイメージへの同一化について、フロイトのイマーゴの概念が持ち出されているが、このイマーゴは想像界と象徴界の二つの領域を包括したものとして機能しており、それらの間の区分がなされていない。それに対して、ここではL図を使って鏡像段階を解釈しているので、想像界と象徴界は、はっきりと区別されている。

この論文において、イマーゴと並んで重要な概念に、分断された身体像があったが、これについてはすでに述べたように、人間の子どもの未熟性に関するボルクの胎生児化説によって説明がつけられていた。これも、やはり唯物論的思惑からきているのであろうが、後にこの胎生児化説的考証は捨てられることになる。そして、逆に、人間は始源において神話的な完全性をもったものであり、言葉の世界に子どもが入るときにそれが失われ、身体は分断されたイメージの下に置かれるようになる、との解釈に変わる。これは後に明らかになろう。

この章では、まずラカンの教育活動のなかで想像界に重心が置かれた時代の理論展開について話すべきなのだが、人間世界はやはり言語によって構築されており、その上でイメージの世界について語ることができるのだから、想像界のみに限定して主体を扱うわけにはいかない。そういうわけで、先取りになるが、ここで最小限でも象徴界に触れることを余儀なくされている。象徴界については第二章において中心的に扱われることになっている。その前にラカンの教育活動のベースとなる理論的要素で、この時代に鏡像段階とならんで考案されたもう一つの重要な考えについて述べておきたい。それは時間に関する考えで、ラカンの理論的構築の全般にわたって重要な役割が与えられている。時間といえば、カントの先験的感性論によれば時間と空間は直観の先天的形式であるとされる。鏡像段階が空間におけるイメージ把握の問題となっており、それとこれから扱う時間の論理とを併せると、ラカンの先験的感性論とでもいえるかもしれない。

時間の論理

精神分析において、時間は直線的に流れるものではない。

過去は未来を予知的に把握し、未来は過去を遡及的に決定する。鏡像段階において、いまだ自らの身体の全体的把握に到らない幼児は、鏡に映る自らのイメージにより、予知的に自分の身体の未来の統一を把握する。そしてまた、この統一したイメージを他のうちに見ることにより、遡及的に自らの分断像が思い起こされ、不安な状況に陥るのであった。つまり、ここでは現在、未来、過去が交わりあうのだ。

ラカンは一九四五年に、「論理的時間」と銘打った小論文を美術手帳誌に発表した。そこでは「三人の囚人のクイズ」を例に取り、時間の弁証法を展開している。

三人の囚人

三人の囚人A、B、Cが刑務所長の前に呼び出され、クイズを与えられる。

「ここに三つの白丸と二つの黒丸がある。これを各自の背中に一つずつ貼り付ける。互いに他者の背中に付けられたマークを見ることはできるが、自分の背中に何が付いているかを直接見ることはできない。また、互いに相手にそれを知らせることもできない。論理的思考に基づいて、自分の背中に付けられたマークの色を判断しえた者はすぐにこの部屋から出ること。最初に部屋から出、かつ、その論理的説明をなしえた者は、刑務所から釈放される。」

三人の囚人の背中には、すべて、白いマークが付けられる。

［解答］

各人は一定の時間考慮した後、一斉に出口へ向かう。それぞれがこう考える。

「私（A）の目の前には二つの白が見える（A→B○　C○）。もし私（A）が黒だとすると（A●→B○　C○）、他二人（B、C）は、次のように考えるであろう。

1——私（B）の目の前には黒が一つ、白が一つ見える（B→A●　C○）。

2——もし、私（B）が黒だとすると（B●→A●　C○）、Cは目の前に黒を二つ見ていることになる（C→A●　B●）。黒は二つしかないのだから、Cはすぐに自らを白と判断し（C○→A●　B●）、部屋から出ようとするはずだ。だがCは部屋を出ようとはしない。

3——Cがすぐに出ようとしないのを見たBは、自分が黒だという前提が否定され、白だと結論づけて部屋を出ようとするだろう。BもCも同じ条件下に置かれているので両者は同時に動き始めるはずだが、Aは黒だという最初の前提が間違っているのでそうしない。

4——私（A）は自分が黒だという前提が間違っていることに気が付き、自分は白だと判断する。

5——A、B、Cの三人は全く同じ条件下に置かれているので他のB、Cの二人とも、同じ結論に達し、自分たちは白だと判断するはずだ。」

A、B、Cの三人は、同じ時間でこの結論に達する。ゆえに三人一斉に出口に向かおうとする。

［考察］

この解答は、黒が二つ見えれば結論は疑う余地がなく、それを見る者はすぐに部屋を出る判断を下すはずだという論理に基づいている。2の局面で、おのおのは他の二人がすぐに決定を下さず躊躇している態度を見て、判断の基準にする。結局三人一斉に出口に向かうが、三人が同じ行動を開始するとき、おのおのの判断はぐらつき始める。Aにとって、B、Cは自らの推論の対象であるが、その判断は、B、Cのとる実際の行動によってなされる。すなわち、B、Cの躊躇がAの判断基準となっているのだが、B、Cが行動を開始しようとするとき、判断基準が失われてしまう。

AとともにB、Cの判断もぐらつき始め、行動を開始した三人は一旦停止し、再考察を始める。結論はやはり同じである。つまり、私Aが黒であれば、B、Cは躊躇するはずはない。少なくとも、自分より先に出発するはずである。

この論理は三つの時から構成されている。

(1) 注視の時

目の前に二つの黒があるとすると、私は白である。これは、一目で判断される瞬間的契機である。2×黒＝1×白、これは最初の与件であり、これをもとに推論が進められる。

(2) 理解の時

もし私が黒であれば、他の二人は、いずれ自らが白であると認めるはずである。これは主体が他を通して推論する時間であり、対象化された時間である。もし、私が黒ならば、他の二人は一瞬の躊躇もなく部屋から出ようとするであろうから、彼らが迷っていることからして、私は白である。これに要する時間は、最も短い場合は注視の瞬時に近づくが、最長の場合は不確定である。

(3) 結論の時

私Aは他の二人B、Cが動かないことから、自らが白だとの解答を得る。

このとき、他の二人が自分より先に判断を下し、行動を開始すると、私は結論の機を逸してしまうことに気づく(なぜなら、私の判断基準は他の二人の未判断である)。私は焦燥に駆られる。そこで、私は慌て急いで結論を下す。これが結論の時であり、これを逃すと自分が黒ではないとの結論に達することができなくなる。結論の時に理解の時間のままでとどまっていると、理解する間に結論を下す時間を失ってしまう。ゆえにこの焦燥は、問題の性質にかかわらず、論理的時間の緊急性である。時間を焦燥が断ち切るときに、主体は自らの真理に到達する。

判断とは、主体の行為である。主体は自らの行為をもとにして、初めて確信に達する。そして、この行為の原因となるのは焦燥である。だが、この確信は確証されたものではない。Aが自らの確信を決定し、一歩踏み出すとき、他の二人も同じ行動をとる。その結果、確信はぐらつき、迷いが生じる。おのおのの決定は、他の躊躇にその基準を置いている。それゆえ、他の行動の開始は自らの確信をゆるがせることになる。共通の論理の働きで、三者とも同時に二度目の躊躇を繰り返す。ここで、最初に下した判断は予知的なものであったことが明らかになる。三人は状況の再考察を強いられることになるが、今度は主体的確信の結果を再び適用するだけで解答が得られる。つまり、二度目のとどまりは、とどまりとして証明の意味を果たすのである。

こうして、主体の判断の論理が完成する。

——主体は焦燥に駆られ行為に走る。この決定は、予知的な確信である。

——行為がなされた後、遡及的にその正しさが証明される。

すべての確定的判断は一つの行為であり、行為によってのみ、主体は自らの確信の正しさを保証する。

「論理的時間」の論文は、L図が作られる以前に書かれたものだが、このテクストを通して読むと、透かし模様でL図が表れてくるのが見える。主体は想像的他、他の二人の囚人に投影を行ない a—a' の間を何度か往来するが、自らの真理——これは刑務所長—絶対的他者（A）のメッセージ——に達するには主体的行為が要請されていることに気づく。行為がなされて初めて、自らの真理に確信を得る。これは驚くべき結果である。というのも、真理は真理として独立してあるものと一般には考えられているが、この論理からすると、行為が真理を生み出すのである。

行為の問題は、L図でははっきりしていなかったが、このテクストはL図の上で行為がどのように作用しているかを示してくれる。精神分析は主体を問題とする。主体は行為を通して初めて表れる。また、行為は分析において、様々な形をとって表れる。アクティングアウト、間違い行為、一種の passage à l'acte（行為に走ること）である自殺行為、そして、分析の終末の問題にも行為は重要な役割を果たす。

このテクストは、行為を取り扱ったものとして、ラカンの初期、一九四五年に書かれたものだが、後期になってもその意味を失っていない。ラカンの最後のセミネールの一つ（一九七七年、つまり三〇年後）のテーマに、論理的時間の第三の契機、「結論の時」が選ばれていることからも、このテクストの重要性が窺えるであろう。

ラカンはこの論理を一つの詭弁（Sophisme）と呼ぶが、確かにここには一つの詭弁的な要素が含まれている。このクイズの前提として、最初に三人の囚人は同等な論理的状況下に置かれている。つまり、おのおの個人的な論理的能力の差異は無視され、すべてが同じような反応を見せるものと考えられている。状況は純粋に論理的であり、一種のアルゴリズム的計算が可能となる。同一の条件下では同一の結論が出てくるはずである。おのおのの囚人はコンピュータ内蔵ロボットのようなものであり、与えられた瞬間にそろって問題の計算を始め、三者同じ時間を経て結論に達し、一斉に出口に向かって動き始めるだろう。そこには何の躊躇もなく、決して停止することもないであろう。

それでは一体、どこから主体的要因――疑惑、戸惑い、躊躇、焦燥、行為がやってくるのであろうか。

Aが予知的確信に達し始めるとき、他の二人も行動を開始する。Aはそれを見て自らの判断に疑惑をもつようになるが、それは、他の二人の理解のための時間が自分と違っていたらどうなるか、二人が間違った論理的推論をすればどうなるか、という思惑があるからである。

つまり、ラカンはここで、主体的な差異の可能性を導入しているのである。「論理的時間」に含まれる疑問点はここにある。純粋論理から、どのようにして主体が生まれるのであろうか。それはおそらく、われわれはコンピュータ内蔵ロボットではなく人間であり、人間に純粋論理を当てはめてもどこかで何かそれに当てはまらない未知のxが生み出されるということを示唆する。

ここでわれわれは主体の問題に突き当たる。

「鏡像段階」の冒頭でラカンは、精神分析的経験は「われわれをコギトに直接由来するすべての哲学に対立させる」と言っている。ここではコギトとは心理学化されたデカルトの自我を指している。そのような自我は自律し、実体を持ち、統一した意識的主体であり、自らを自分自身の支配者だと考え、精神的諸機能を統合する中枢機関である。簡単に言えば、脳内に住まい、身体をコントロールしている小人のようなものである。そのような主体は哲学的に否定され、もう誰も問題にしないと思われるかもしれないが、実は現代においてさえ、脳科学者が脳の機能を解明しようとする際に、知らず知らずのうちにそのような主体を想定している場合もある。例えば、脳は様々なモジュールの組み合わせでできあがっていると考えられることがよくあるが、その際に、モジュール間の関係において、ある特権的な審級が全体の統合を司ると想定するときがそうである。自律性を備えた心理学的主体という想定はそう簡単になくなるものではないのだ。

それに対して、精神分析は意識の特権を否定し、実体をもたない、分裂した主体というものを考えようとする。例えば精神分析は、意識は自律した主体ではなく、その奥には無意識が潜んでおり、意識は氷山の一角でしかないと考えることによって、主体を意識と無意識に分裂した構造として考える。自律的で統一した心理学的主体を完全に否定して主体を考えることは非常に困難な課題である。なぜなら、心理学的主体を否定することは主体そのものを否定することに繋がり、機械論的な構造主義のようになり、主体の無いプロセスとして構造により自動的に動かされ、意識はその反映にすぎないとしか考えられなくなってしまうおそれがあるからである。またたとえ意識と無意識の分裂を認めても、無意識に実体を与えて、陰ですべてを支配する主体と見なし、無意識が心理学的主体の役割を果たすという場合もある。ラカンは一時構造主義を代表する一人であるかのように扱われていたが、それはラカンが主体を考える際に、レヴィ＝ストロースの構造主義などから、心理学的自我を前提としない考えのための手がかりを得ていたからであった。ただ、他の構造主義者たちは主体という概念を簡単に破棄することができたが、ラカンにとってやはり主体の概念は精神分析に不可欠なものであったので、構造主義に沿いながらも、主体というものを常に護ろうとしたのだ。そういうラカンを、レヴィ＝ストロースは「ラカンは内緒で主体を取り入れようとしている」と皮肉を交えて批判していた。だが人間を扱う場合には主体の責任という概念を抜きにしては考えられないのであって、ラカンは決して主体という概念を捨てることはできないのだ。極論をすれば精神分析理論とは主体の論理を構築することだと言ってもよいだろう。

この点において、鏡像段階にせよ、論理的時間にせよ、それぞれ主体を考えるための試みの一つと見ることができる。

鏡像段階においては、私（Je）という主体は鏡像という全体的統一イメージに同一化をして理想的自我イメージを獲得し、自らの身体の分断イメージを乗り越えようとする。だが理想的イメージはまた自らの現実とのギャップを見せつけ、私は理想像に近づくために二次的に同一化を重ねていく。しかしそこには漸近線的に近づくことしか許されず、私は常に不調和（discordance）のなかに残るのである。

論理的時間においては、機械的論理が、論理から外れた、説明不能な主体的要因によって妨害され、人間的時間が構成されるのであった。

これらの二つの例では一方では不調和、もう一方では論理的な欠如という何か否定的な概念が作用していることがわかる。精神分析で必要とする主体とはまさにこのような全体的調和に対する否定的な要因によって要請される概念なのである。このことを、本書の主体に関する最初の考察として取り出しておこう。

第二章　言語構造

一九五〇年代前半から、ラカンは最初自宅で、そしてその後サンタンヌ精神病院に場所を移して、独自のセミネールを開くようになった。これは彼の理論的発展の源泉となり、一九八一年における彼の死の少し前まで、三〇年近く続いた。

セミネールの最初の一〇年間は「フロイトのテクスト解明のセミネール」と名づけられ、「フロイトへの回帰」と掲げたスローガンのもとに精神分析研究が続けられた期間である。当時の精神分析は、フロイトよりもフェニヘル（O. Fenichel）を読むというような風潮にあって、分析家たちはフロイトの考えから少しずつ離れていく傾向にあった。これに対抗して、ラカンはフロイトのテクストを再読することを主張するが、とりわけ、諸テクストの中でも、応用精神分析の一分野として、それまでないがしろにされていた無意識の生成論に関する三部作、『機知――その無意識との関係』『日常生活の精神病理学』『夢判断』を重要視した。

その頃はちょうど、ラカンと言語学との出会いが行なわれた後であり、当時盛んになってきた構造主義言語学の諸概念を用いてこれらのテクストが読解された。「無意識はひとつの言語のように構造化されている」というラカンの基本的命題は、まずフロイトの三部作の要約である。

ラカンはこの三部作をもとに、欲望のグラフという一つの図式を作りあげた。それは主体の欲望の構造を一つの図式で表したもので、一九五〇年代末に至るまでのラカンの初期の理論的考察の集大成ともいうべき意味をもっている。

ラカン理論の把握のために、このグラフの理解は不可欠なものである。この章では、グラフがどのようにして作り上げられたかを順を追ってみることにする。

その前に、言語学について考えてみよう。ラカンと言語学の関係は複雑である。彼は、言語学の諸概念をそのまま用いたわけではなく、必要に応じて自分自身の解釈を加えながら、言語学の諸カテゴリーを使っている。一部の言語学者には、これが厳密性を欠くものとみなされて、いくつかの批判も出ているが、これは精神分析学的観点と言語学的観点の違いから生ずるもので、ラカンが言語学の諸カテゴリーの使用を誤ったものと判断することはできない。

ここでは、言語学的なカテゴリーではなく、ラカンの使用する基本的なカテゴリーの説明を行なう。

記号

現代の言語学の源流ともいえるフェルディナン・ド・ソシュールは、記号の持っている二面性に注目して、上のような図を考えた。

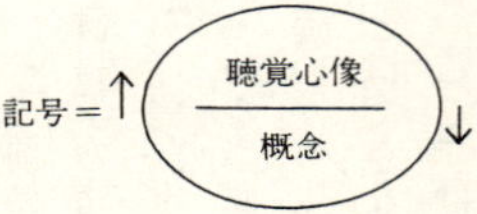

一つの記号は、聴覚心像と概念の統合によって構成されている。

彼は記号の聴覚心像に当たる部分をシニフィアン（Signifiant—意味するもの、記号表現、能記とも訳されている、S^tと表記する）、そして、概念をシニフィエ（Signifié—意味されるもの、記号内容、所記、S^eと表記する）と名づける。

ラカンは、これに彼独自の解釈を与える。ソシュールによって、記号（Signe）はシニフィアンとシニフィエの二つの部分に分かれているものと考えられたが、ラカンは記号とシニフィアンを対立させて考える。

ラカンによると「記号はシニフィアンとシニフィエが癒着したものとし、シニフィアンとシニフィエとは独立して存在する」ものである。記号とは、例えば道路標識である。⊘は駐車禁止を表す以外、何の意味もない記号である。それに対して「はし」というシニフィアンを取ると、これには様々な意味—シニフィエを与えることができる。

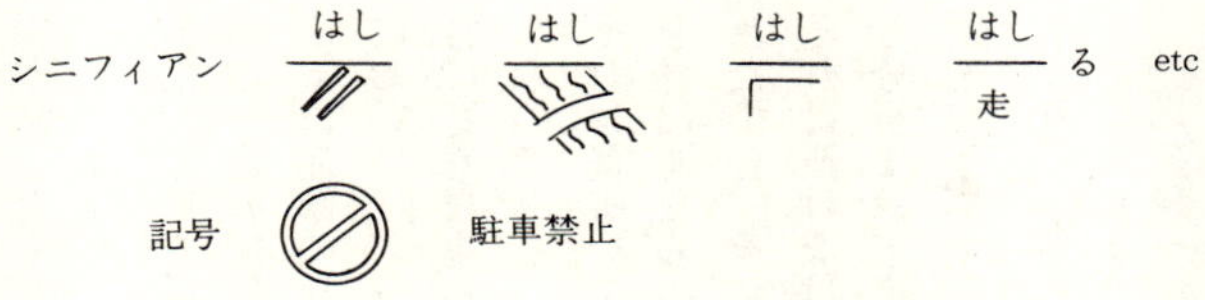

シニフィアンは、それ自体では固定した意味、シニフィエをもたず、文章のなかで他のシニフィアンとの前後関係をもとにシニフィエが決定される。

はし　で食べる
はし　を渡る
はし　に寄る
はし　る

「はし」の場合は単独の語が問題となるが、一般的にシニフィアンは他のシニフィアンと繋がって（articulation）初めて意味が決定される。

頭を使う
頭数
針の頭
頭がいたい

これらは同じ「頭」というシニフィアンであるが、それによって意味されるもの、シニフィエはそれぞれ違っている。

このように、シニフィアンはシニフィエとは独立して存在するものであり——$\frac{S^t}{S^e}$——シニフィアンとシニフィエの間には一本の区切りの線があると考えられる。

これは分析において、直接適用されうる構造である。医学において、症状とは一つの固定した意味を持つ記号であると考えられ、一つの症状はその種類に多少の広がりはあるが、ある一定の病気と関連している。例えば「咳」は結核、風邪など限定された病に結びつく。ゆえに症候のリストとそれに結びつく症名とのリストを作ることができる。ところが分析においては、一つの症候に対して固定した意味を与えることはできない。一つの症候には常に特殊な主体的意味があり、それは、患者自身が見つけ出さねばならず、他人には未知なものである。精神分析では分析家がその意味を知っているものだとされることがあるが、それは間違いで、分析家といえどもそれを直接知ることはできない。分析家は患者がそれを見出すための援助をするだけである。分析家がそれを発見し、患者にその意味が与えられた場合、それが患者の真理だという保証はどこにもなく、逆に暗示となってしまうので、それは避けなければならない。

分析では、症候のリストを作ることができないし、そうすることは症候の未知の意味に対して予断することとなり、それをもとに解釈を進めることは逆に治療の障害となるのだ。

（注）分析作業は患者が進めることであって、分析家はそれを導く役割を果たす。分析家の方が分析を始めると、分析家自身の分析になってしまい、その結果患者に暗示を与えることとなる。このようなわけで、ラカンは患者を被分析者と呼ぶことをやめ、自ら分析する者であ

るという意味から、分析者（analysant）と呼ぶ。そして分析を指導する者——分析家（analyste）、との区別をつけている。本書では混乱を避けるため、患者については分析者ではなく、分析主体と呼ぶことにする。

シニフィアンとシニフィエを区別する線はラカンの分析理論にとって、決定的な役割を果たすものである。人間の言語構造とは、この二つの次元の分離にほかならない。「無意識は言語のように構造化されている」は、このことから帰結するものだともいえる。

シニフィアンとシニフィエを分離して考えるとすると、一つのシニフィアンの価値は何によって定義されるのであろうか。

一つのシニフィアンは他のシニフィアンに対比してのみ価値をもつ。{A、B、C、D}という四つのシニフィアンからなる集合をとってみると、AはB、C、Dでないもの、BはA、C、Dでないもの、としてのみ独自性をもつことができる。

例えば、男は女との対立により意味を持ってくる。このようにシニフィアンは対立的、相対的なものであって、他のシニフィアンとの差異によるもの、他のシニフィアンがそうでないものという陰性な実体である。

ラカンは記号とシニフィアンの違いをロビンソン・クルーソーが南の島で足跡を見つけた場合を想定し、次のように言っている。

足跡があれば、それは人間が歩いたことを示す記号である。だが、もしその足跡が消された跡があれば、そこには主体の行為があり、それは最初の足跡に対して主体を表すシニフィアンである。

$$\text{記号} = \frac{\text{足跡 } S_1}{\text{何か}} \qquad \text{シニフィアン} = \frac{\text{足跡 } S_1}{\text{主体}} \longrightarrow \frac{\text{それを消した跡 } S_2}{}$$

記号の場合は、単独で存在（S_1）する。例えば煙は火を表すものであって他には何も表さない。シニフィアンの場合は常に複数で構成され、その最低はS_1―S_2の二つのシニフィアンの繋がりである。対立的性格により、シニフィアンは、最低限の二項だけですべてのものを表現することができる。例えばコンピュータの言語は0と1だけで構成されているが、それによって辞書に収められているすべての単語をインプットすることが可能である。

分析において、分析主体はしばしば夢について語る。夢のイメージは単独では何かを表す一つの記号であるが、夢の一つのイメージを他のイメージに結びつけると一つの限定された意味が生じる。夢の解読はそのようにして行なわれるが、このとき、夢のイメージは記号であることをやめ、シニフィアンとして作用するようになる。そして、それまでの記号のイメージとしての充満性は失われてしまい、それ自体内容を持たない空虚なものとなってしまう。

ラカンのテクストを読む場合、このシニフィアンという用語は大変にくせ者である。ソシュールの使うシニフィアンという用語は言語を構成する要素であって、通常言葉とよばれているものから構成されている。それに対して、ラカンはシニフィアンを非常に広い範囲で使っている。極端に言えば人間社会のすべてがシニフィアンなのである。なぜなら人間社会は言語によってできあがっているからである。そしてそれ以上に、まだシニフィアンとは呼べそうにもないもの、例えば主体の経験の痕跡として無意識に留まっているイメージさえもシニフィアンと呼んでいる。またフロイトが使うイマーゴなどもシニフィアンと見なされる。ラカンが使う用語にはこうした非常に曖昧な使用法がなされることが多く、それがラカンのテクストを読む際に大きな困難のもとになるのである。後にラカンはシニフィアンをS_1とS_2という二種類のものに分類して考えた。S_1はむしろ単独のシニフィアンとして記号であるといった方が正確であるように思えるのだが、それまでシニフィアンと呼び、読者を大いに混乱に陥れるのである。

共時態と通時態

言語活動（Langage）は、二つの軸の絡み合いのなかで繰り広げられる。一つの文章を構成するときには、一方でシニフィアンの選別、他方では選別されたシニフィアンの結びつけが行なわれる。簡単に言えば、それは辞書的構造の軸と文法的構造の軸である。

――例えば、「空は青い」という場合、まず「空」は空、川、山、水……の集合体から選ばれ、「青い」は青、赤、白……から選ばれている。これが同時に共存する集合からの選択である。
――そして次に、それらの単語が文法に従って時間軸上で構成される。空―は―青い
――できあがった文章は、シニフィアンの一つの連鎖をなす。

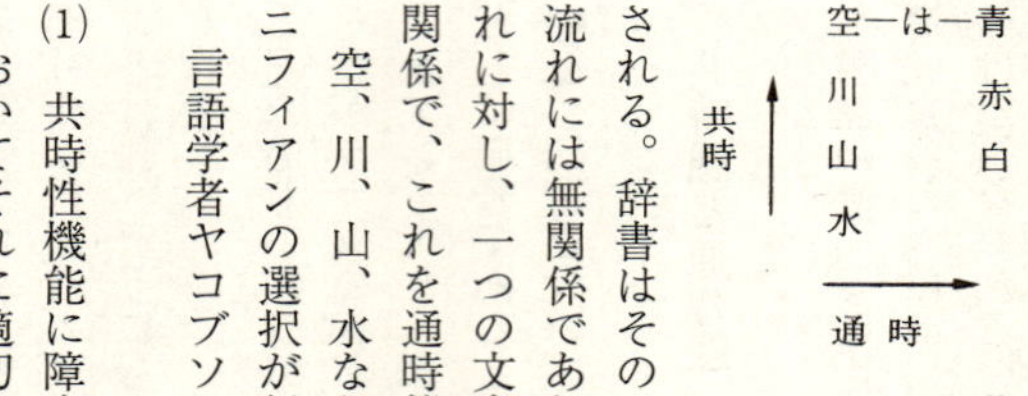

シニフィアンの選択は、シニフィアンの場ともいえる場においてなされる。辞書はその一つの例である。そこはシニフィアンが同時に共存する場で、時間の流れには無関係であり、いわば広がりを持った場的次元である。これを共時態と呼ぶ。それに対し、一つの文章の結びつきは時間の流れに従って構成される。こちらの方は線的な関係で、これを通時態と呼ぶ。

空、川、山、水などの集合体は、辞書のなかで共時的な場をなす。そして、そこからシニフィアンの選択が行なわれ、次に文法的、通時的に構成されるのである。

言語学者ヤコブソンは、失語症がこの二つの軸に応じて分類できることに注目した。

(1) 共時性機能に障害がある患者においては、文法的な機能は保たれるが、一つの状況においてそれに適切な単語を見つけ出すこと、そのもの自体の名前を見つけることに大変な困難さを示す。何かを表現しようとするとき、彼は常にそれに関連する周辺の単語へ

の横すべり的現象に陥り、それから逃れることができない。象徴化、隠喩的機能が破壊され、常に換喩的なシニフィアンの用法しかできず、これは聞き手にしばしばコミックな印象を与えることになる。

(2) 通時的機能の障害は、単語を文法的に結びつける機能の破壊であるが、シニフィアンの選別機能は残っている。このとき文章は電報文のような文体となり、隠喩的表現が多量に用いられる。

刺し縫いボタン (point de capiton)

$\frac{S^t}{S^e}$という公式が示すように、シニフィアンはシニフィエから独立した存在である。シニフィアンとシニフィエは平行な線を辿り発展する（次頁図1）。すなわちシニフィアンの意味は常に様々な形でずれていき、シニフィアンは自らの意味を確定することができない。だがシニフィアンはそれでも限定された意味を生み出さなければならず、意味が生み出されるにはこの二本の線がどこで交わらなければならない。では、シニフィアンの連鎖はどのようにシニフィエと交わり、意味を生み出すのであろうか。

ラカンは、セミネール第三巻の『精神病』でシニフィアンとシニフィエの二本の平行線は刺し縫いボタンというもので結びつけられ、その結果シニフィアンには固定した意味が

図1

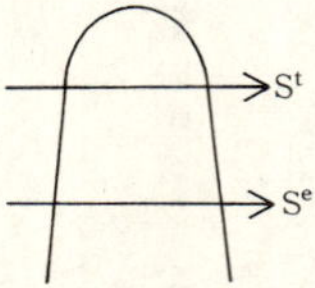

図2

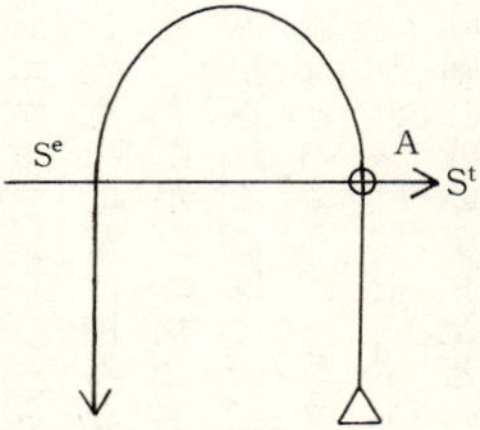

図3

与えられると考える。

刺し縫いボタンとは、マットレスの詰め物を止めるボタンのことを指すが、ちょうどマットレスの上部と下部を図2のように止めることから譬えにとっているのだ。このボタンが欠けるとシニフィアンは固定した意味を持つことができない。

ところが、シニフィアンとシニフィエを平行に発展していく流れとみるのは正確でない。一つの文章は最後の単語が発せられて初めて固定した意味をもつ。シニフィアンとシニフィエの関係は逆行的にある。図3を見ていただきたい。水平に流れる線はシニフィアンの流れを表すもの、そして、もう一本の線はシニフィエが生まれるために必要な線である。右下の三角形の印は、意味しようとする意図を表す。われわれが何かを言おうとするときにはシニフィアンを使って表現するほかない。この表現意図が最初にシニフィアンの線と交わるところはシニフィアンの貯蔵庫を表す。ラカンはシニフィアンの宝庫と呼び、共時的な言語の場で他者（A）の場である。Aにおいてシニフィアンの選別が行なわれ、文章が始まる。次にこの線は下降し、もう一度、シニフィアンの線と交わる。これは、文章が終わり、句読点が打たれる場、メッセージが成立する場で、意味が生じるシニフィエの場である。シニフィアンとシニフィエを二本の逆行する線で表すことは、それらが論理的時間で扱ったパロールにおける二つの時間的効果、予知効果、遡及効果をもっているということを表している。

この刺し縫いボタンの論理は、実はすでに述べた、「充溢したパロール」と「空虚なパロール」の関係を別の形で言い表したものでもある。

空虚なパロールはただのおしゃべりとして際限なく続けることができるが、どこまでいってもそれを発する主体の存在には触れないままに残る。パロールをシニフィアンと考え主体の存在をシニフィエと考えると、

$$\frac{\text{パロール} = S^{t}\ (A)}{\text{主体の存在} = S^{e}} \longrightarrow$$

とどこまでいっても平行線を辿る。それに対して充溢したパロールはそれを発した主体の存在をも決定する。

$$\text{パロール} = S^{t}\ (A) \downarrow \text{主体の存在} = S^{e}$$

この充溢したパロールについて、ラカンはラシーヌの『アタリー』の一場面を例として

あげている。このシーンでは信仰を失いつつある者に対して「神の恐れ」というパロールが発せられ、それはその人の不信心を一挙に信仰に変えてしまうのだった。

また例えば、ある女性を好きな男がいつまでも好きだと言えず、世間話だけでつきあっているうちはその人の愛は不確定のままに残り、二人の関係も曖昧な友人関係のままに留まる。だがある日「愛している」という言葉が発せられた瞬間からその関係は決定的に変わり、もはや後戻りはできなくなる。

分析においても、思いもよらないときに過去の忘却した記憶に繋がるような言葉が発せられると、それを機会に分析主体は自分の立場を変えてしまうことがある。それは分析における解釈である。

これらは充溢したパロールの例である。これらはまた論理的時間で問題となる行為とも緊密な関係をもっていることに注目していただきたい。

一つの文を構成しようとするとき、まず初めに一言発せられるが、そのときにはまだ実際に、どのようなフレーズになるかは未定である。そこでは最終的な意味を予知しているにすぎない。そして、最後の単語が終わるときに初めて、最初に発せられた言葉の意味が確定する。これは句読点の遡及的効果である。一つのパロールが始まるとき、その意味はまだ固定しておらず、単にそれを予知しているだけなのだ。また一旦始まったフレーズを予知通りに終えるのは大変困難である。公衆を前にして話したことのある方は、この経験をお持ちであろう。言葉が予期した方向に進まず、最初の意図とは違ったことを言ってしまうこともしばしばある。この予知―遡及効果の間で、無意識の形成物の一つ、言い間違いが起こる。

無意識の形成物

無意識の形成物とは、夢、機知、言い間違い等で、前記のフロイトの三部作で扱われている現象である。フロイトはそれを通して無意識の作業における諸機制を究明しようとしている。同様に、われわれもここで、フロイトの挙げるいくつかの例をもとに、無意識の作業がどのようなものかを見てみよう。

最初の例は、『機知』のなかで最初に扱われているもので、詩人ハイネが生み出した機知である。

ハイネは『旅さまざま』のなかで、ヒルシュ・ヒアツィントという一人の貧乏な人物を登場させている。彼は大金持ちのザロモン・ロートシルトに会ったときのことを自慢し、「彼は私を対等に、全く familionär に扱ってくれた」と語る。familionär は familiär（親しい、家族的な）と Millionär（百万長者）が結びついてできた単語である。

familiär
Millionär
―――――
familionär

フロイトはこれを圧縮と呼び、無意識の一つの機制としている。

ハイネは詩人としてこの言葉を創造して一つの機知を作り出したが、彼が詩人ではなかったならば、この会話は散文的なものとなっていたであろう。例えば、「ロートシルトは、私を自分と全く同等のようにうちとけて（familiär）、百万長者（Millionär）が貧乏人になしうる限りに親しくもてなしてくれたが、金持ちのへりくだりは、常に相手に何らかの戸惑いを起こさせる」という説明的な文章である。ここには、貧乏人が金持ちに対してもっている辛辣さが直接表現されている。この場合、ロートシルトとヒアツィントとの関係は、金持ちの思い上がり―貧乏人の羨望、ねたみ……という想像的な他者との双数的（dual）な競合関係であり、そこで言われるのは、自我の満足に結びつくL図上での a―a' の線上に交わされる空のパロールである。

ところが、ヒアツィントが familionär と言うとき、状況は全く違ったものとなる。それは、聞く相手の笑いを呼び起こし、相手は納得し語り手に一つの承認を与える。ここで一つの機知が成立する。ここでは彼の対話の相手は、もはや想像的な場には置かれていない。それはどのような場なのだろうか。

一つの言葉を話すときには必ずその言葉独自の規則、用法に従わなければならない。文法に適い、かつ、辞書に収められている語彙に基づいた表現を用いなければ、相手には意味が通らなくなってしまうだろう。ところが familionär のような言葉はハイネが創作した新造語であって、辞書のなかには見つからない。言葉の規則という観点からすると、造語は一つの違反、もしくは間違いに相当する。通常、言葉の誤りは軽蔑の対象となり、それが子どもにおける間違った言葉の用法の場合は、両親による罰則の対象ともなる。だが familionär のような機知が生ずるときには、その規則違反的性格にもかかわらず、相手に一瞬のひらめきを与え、その時宜を得た性格から相手の笑いを呼び起こし、規則による検閲を取り外すことによって語り手を受け入れさせ、一つの承認を取りつける。対話における聞き手は常に語り手に対して言葉の用法を司る者、言葉の審判人としてあり、語りの価値を判断する。この familionär の場合には、聞き手はそれを意味あるものと判断するのだ。聞き手は語り手にとってもはや想像的関係をもつ他者であることをやめ、a―a'を超越した一つの絶対的な審判として対峙する。それはS―Aにおける象徴的他者（A）の場に置かれ、語り手に承認を与えるのである。

ところで、familionär が単なる言い間違いではなく、一つの機知として認められるのはどうしてであろうか。どちらも言葉の用法の立場から見ると、規則から外れたもので、意味のないものである。言い間違いの場合は、聞き手にとって無意味に終わってしまい、軽蔑と嘲笑の的となる。逆に機知においては、無意味の中から新しい意味が閃光のようにひらめき放たれる一瞬が生まれる。このひらめきが他に対する一つのメッセージをなし、それが〈他者〉の場に認知され、そこに取り込まれるのである。

だから、メッセージを成立させるのは、言葉の用法、規則、コードに含まれないものが他の場に認められるときの、無意味であったものが意味へと逆転するときの閃光である。

すでに、シニフィアンとシニフィエについて一つのグラフを作った。機知はこのグラフにおいてどのように位置づけられるだろうか。

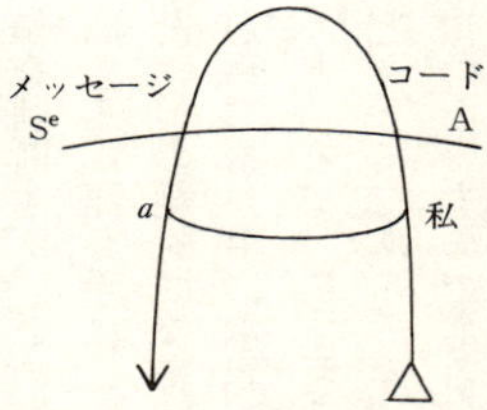

想像的関係の場合、「ロートシルトは私を百万長者と同等に親しくもてなしてくれた」という文は、一見、私から発したもののように取れるが、言葉は私が作るものではなく、すでに〈他者〉であるAの場にあり、そこから取り出されるものである。すべての発言は言葉の場、他者（A）の場から出発し、私に反映され、また〈他〉の場へ戻っていく。ゆえにこのディスクールは、A—私—a—メッセージを通り、またコードの場に戻ってくる。この場合は想像的関係であるので、言葉は私と他者（a）の間で交わされ、そこでは構成されたパロールは空のパロールである。ゆえにメッセージも空のメッセージであり、最初Aから出てきたとおり、またAに戻っていく。最初のAは最後のAと何の差異的区別も付

けられず、いかなる実体のあるメッセージも受け取っていない。この回路は単にAの規則に従うだけのもの、風に吹かれて空回りをするパロールの風車である。

それに比べ機知が成立する familionär ではグラフの上部の線を通る。このディスクールの場合、パロールは私を通らない。なぜなら、familionär を創った主体は私ではないからだ。ここに創造の神秘が見られる。モーツァルトは手紙のなかで、「私の音楽は、私の頭のなかにはっきりと完成して表れ、私はそれを聞き取り、書き写しているだけであり、それがどこからやってくるのか、どうして現れるのか、私には全くわからない」と書いている。これは、芸術は私によって創造されるのではないことを物語っている。

機知と言い間違いには、その主体を考えると、ある種の相似が認められる。言い間違いをした場合、言った当人はすぐにその訂正にかかるが、このことは、彼が自分は言い間違いの主体ではないと否定していることを意味しているのであって、言い間違いの現象は彼自身も知らないところから来ているのである。

このように言い間違いも、私の意図の外にあるわけだが、機知と言い間違いの差は、最終的な〈他者〉の承認に係っているのであり、主体的観点からすると両者は同じことである。このことを考慮に入れると、機知が私から始まるのではないことが理解できよう。

最初の三角マーク、意味しようとする意図が、Aにおいてシニフィアンと出会い famili……が発せられる。そして二度目にシニフィアンの線と交わるとき mili の同音性によっ

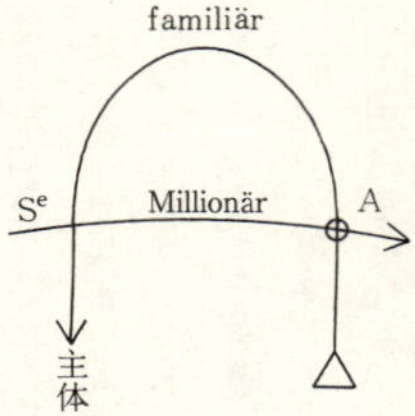

て Millionär の方にゆらぎ、familionär が新造語として成立する。こうしてAにより認可され、再びAに戻っていき、一つのメッセージが完成する。同時にこの機知には一つの主体が想像されるようになる。メッセージの完成はシニフィアンによるシニフィエの効果成立$\left(\frac{S^{t}}{S^{e}}\downarrow\right)$を意味する。

以前の図における意味の成立とここでの意味の成立は、別の構造をもっている。最初の図においては、文法的に正しい文はシニフィエの効果をもつのであったが、ここでは意味が生じるには、逆に言語の規則から外れたものが規則コードの場に認められ、取り入れられることが必要である。

隠喩と換喩

ラカンはこの時期には意味を signification と sens に分けて使っている。signification は一つの文法的に正しい文には必ず成立する意味であって、これは意味作用とも訳されている。これに対して、sens は nonsens、ナンセンス、無意味なところに生じる意味を指す。familionär の場合は、その無意味性が意味を生み出している。これは、一種の閃光を発するもの、美的効果を生み出すものとして、詩人にとって大変に馴染み深い、隠喩と呼ばれているものに相当する。

隠喩は、一つのシニフィアンを他の一見何の関係もないシニフィアンに置き換えることによってつくられる。例えば、おからのことを卯の花などと言うのも、今では陳腐な表現となってしまったが、最初にそれが言われたときには一つの詩的効果を出したのであろう。これは豆乳の絞りかすという貧しい食べ物であるおからに、何の関係もないように見える、美しさの象徴である花の名を置き換えたときの詩的効果である。

私は、おからを食べた。

私は、卯の花を食べた。

前記の familionär も、一つの置き換えとして考えることもできる。

familionär
―――
familiär

隠喩について、もう一つ例を取り上げてみる。これは、『日常生活の精神病理学』に収録されている最初の例であり、フロイト自身の体験による、固有名詞の度忘れの一例である。

あるとき、ダルマチアのラグザから、ボスニア－ヘルツェゴビナに旅行していたフロイトは、ちょうど一緒に乗り合わせた男とイタリアについて話すことになった。その時オルヴィエトの大聖堂にある最後の審判を描いた壁画が話題にのぼったのだが、フロイトはどうしてもその作家の名を思い出せなかった。思い出そうとすると、画家の名シニョレッリの代わりにボッティチェリとボルトラフィオの名が浮かんだが、それが正しい名前でないことは初めからわかっていた。

この度忘れの原因は、それまでに交わされていた会話の内容にあった。

彼らはちょうどその前に、ボスニア－ヘルツェゴビナに住んでいるトルコ人の風俗習慣について語り合っていた。男の話によるとトルコ人は全面的に医者を信頼していて、運命に従順であり、死に至る病の宣告に対しても、「先生（Herr ヘル）仕方がないです。助かるものなら先生が助けて下さるでしょう」、と運命的な返答をするそうである。ちょうど、そのときフロイトの頭のなかに、トルコ人は性的快楽を何よりも重視しており、死に対する諦めより、性的不能に陥ることを何よりも恐れているという記憶が浮かんできた。だがあまりそのような話題には触れたくなかったので話さないでいた。また、それより二、三週間前、フロイトがトラフォイ（Trafoi）に滞在している間に、彼の患者の一人が不治の性的障害により自殺したとの知らせを受けていた。この出来事もこの度忘れに関連しており、その影響で、フロイトは当時、性と死に関する事柄を忘れようとしていたのだ。

なぜなら、彼は医者として、死をも支配する絶対的支配者（Herr—Signor）の立場にありながら、患者の死によってその場から失墜してしまったからだ。その罪悪感からHerr—Signore〔注：Herr はドイツ語で主人、～氏を意味し、イタリア語では Signore に相当する〕

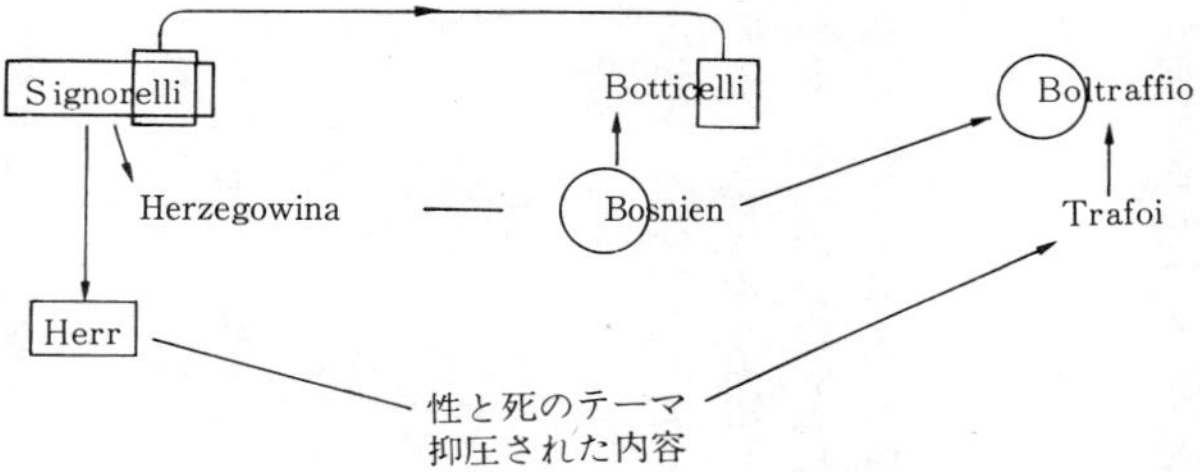

を抑圧してしまい、Signore と類似する Signorelli という固有名詞の度忘れが生じてしまったのだ。またオルヴィエトの Signorelli の壁画は性と死をテーマにしていることも関連している。

フロイトに従ってこの度忘れを図式化して示すと上のようになる。

フロイトが抑圧しようとしている性と死のテーマは Herr—Signore—Signorelli の結びつきから固有名詞の度忘れを引き起こす。その忘れられた場所に、Botticelli と Boltraffio がやってくる。その機制は次のようになっている。一方では Signorelli から Herr を通って Bosnien-Herzegowina に連なる線が成立する。他方、Signorelli は全体的に失われたのではなく、Signor の部分のみ抑圧されるが、elli の部分は残っている。Botticelli と Bosnien の Bo がつながり、Signorelli と同じ画家 Botticelli の名が意識に浮かぶ。性と死に関するテーマに直接結びついている Trafoi は Bosnien の Bo と結びつくが、その際、隠蔽のために foi が ffio に変えられ Boltraffio が Botticelli と並んで浮かんでくる。
Botticelli と Boltraffio は発音上の類似によってやってきた名詞であるが、このような機制をフロイトは移動と呼び、ラカンは換喩と呼んでいる。
familionär と Signorelli の構造を比べると、次のようになる。

$$\frac{\text{familionär}}{\text{familiär}} \quad \frac{\text{familiär}}{x}$$

$$\frac{\text{(Signorelli)}}{\text{Signor}} \quad \frac{\text{Signor}}{x}$$

先のハイネの例で familionär と言われたとき、そこで忘れられたのは familiär である。familiär が隠れてしまうのは、ハイネにある家庭的事情（familiär）があり、それに結びついてこの置き換えが生じたものだとフロイトは付け加えている。x はハイネの家庭的事情を表す。その家庭的事情とは、ハイネにはザロモン・ハイネ（ザロモン・ロートシルトと同名）という大金持ちの伯父がいたが、貧乏なハイネに何の助けも与えず、逆に、ハイネに対し見下した態度を示していた。また、この伯父には娘がおり、ハイネは彼女を大変愛していた。だが、この伯父はハイネの貧しさを理由に、二人の結婚に反対した。このことはハイネの人生にとって大きな出来事だった。

familiär はこのような理由で抑圧されてしまったが、そのときに familionär が生まれてきたのであった。

Signorelli において抑圧されたものは Signor である。Signor の下の x はフロイトの個人的事情である。Signor はドイツ語で Herr に当たり、絶対的支配者、死と結びついて、死の前に無力であったフロイトはこれを忘れてしまおうとするが、忘れられた名前の後には何もやってこない。機知においては、隠喩的創造が行なわれ familiär の消失の後に残った穴は埋められてしまうのに対し、Signorelli ではそこは空白として残ってしまう。

そこには、抑圧されたものの元に戻ろうとする力が常に働いており、その力に対抗するために、様々なシニフィアンの組み合わせがなされる。その過程は前図に示されており、その結果は Botticelli と Boltraffio となって表される代理形成である。この代理形成は隠喩とは違って新しい意味を生み出す機能はなく、抑圧された諸要因が組み合わさって形成された換喩的残り滓である。だが、フロイトはそれからさかのぼって抑圧された言葉を見出すのだから、それは抑圧されたものを見つけ出す手がかりともなるのである。

以上の結果、この二つの例には無意識の修辞学の一つの隠喩の機制が、一つはそれが成功したものとして、そしてもう一つは失敗したものとして、作用していることが明らかになるであろう。

機知には、隠喩とは別の機制、換喩的効果に変えられたものもある。

これも詩人ハイネの語る機知の一つで、彼がパリのサロンで友人のスーリエと一緒に話をしていたときのことである。

スーリエはそのとき、サロンに入ってきたパリの大金持ちが取り巻き連中に囲まれるのを見て、「見たまえ、一九世紀が金の子牛を拝んでいる」とハイネに言ったところ、ハイネはこう返答する。「子牛にしては大分、老けているね」。スーリエはこの金持ちを旧約聖書のなかの金銭崇拝を意味する黄金の子牛に譬えて皮肉っている。これは一種の隠喩であり、それによって一種の機知的効果をかもし出している。しかし、ハイネの一言によってこの隠喩的効果は潰されてしまう。ハイネは金の子牛の、子牛の部分を隠喩と考えずに、字面上の解釈で機知を投げ返すのだ。こちらは一つの換喩的機知である。

ラカンは換喩を「一部分で全体を表すもの」と定義しており、その例として、コルネイユの『ル・シッド』のなかで三〇隻の船を三〇の帆と表現しているものを挙げている。船と帆には緊密な関係があって、帆は船の一部である。ここでは一部である帆で船全体を表している。

同様の関係が黄金の子牛にもあてはまるかどうか検討してみよう。

一つのシニフィアンは多数の意味の集合であると考えられる。例えば黄金の「子牛」と、若い牛という意味での「子牛」とでは意味内容を異にするのだが、どちらも子牛というシニフィアンの下では同一の集合体をなしている。

黄金の子牛と言う場合、そこにある子牛の意味は聖書の意味に由来する牛であると一義的に決定される。ハイネはそこで、黄金の子牛を一度子牛全体の集合に戻し、そこからその一部をなす若い牛という意味を取り出し、次にこの一部分を子牛の全体像として用いたのである。この機知は、子牛の持つ多様な意味の横すべり的現象を利用した換喩的機制によって成立するものといえる。

換喩的機制が隠喩的機制と区別される点は、隠喩がまだ明白に成立してはいないシニフィアンどうしの関係から、新しい関係が生まれるのに対し、換喩は、シニフィアンの間ですでに存在する関係によって結びつき、隠喩のように違反と承認の現象は見られないということである。

換喩は、単に意味上の関係だけにとらわれず、発音上の類似により結びつくシニフィアンの関係でもある。その例をあげると、カクというシニフィアンには、欠く、角、格、核、等が連想される。フロイトは夢の構成において働いている機能について、こう言っている。「半諧音、同音性による結びつきも、他の関係と同じように扱われている」(『夢判断』五〇七頁)。

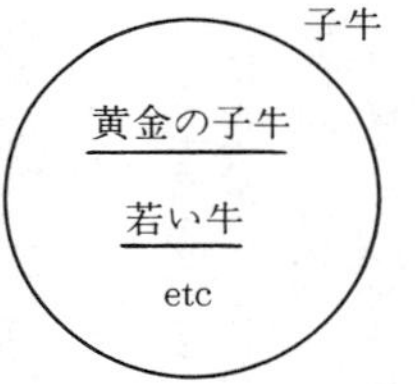

このような機能は、隠喩的な機能の説明に使った familiär と Millionär や Signorelli の例にも働いている。familionär は、familiär と Millionär が mili と när の同音性によって結びついたものである。Signorelli

の例では、一連の単語が発音の部分的同一性により連鎖をなしている。Botticelli と Bosnien は双方のシニフィアンの一部をなす Bo がそれぞれの全体性を表し、Botticelli = Bosnien の等式が成立する。

精神病患者の妄想においては、この換喩があからさまに露呈してくる。それに反し、隠喩的機能は失われてしまう。

フロイトのシュレーバーの症例のなかにこういう一節がある。

——Santiago か Cartago か

——Chinosentum か Jesus Chistum か

——Abendrat《夕焼け》 か Atewot《呼吸困難》 か

——Ariman《アーリマン》 か Akerman《農夫》 か

これらのシニフィアンは、部分で全体を表すという換喩機制によって、等式化されていくのである。Santiago = ago = Cartago このようにして、一つのシニフィアンは次々と他のシニフィアンに繋がり、一つの妄想体系がつくられていく。

シニフィアンの間には様々な換喩的関係があり、その関係を通してシニフィアンの複雑な連絡網が成立し、無意識の膨大なネットワークをなす。隠喩はこの換喩的構成を前提としており、換喩の働きの結果、隠喩が創造される。

以上のことをラカンは数学的な公式で表している。それをここであげてみよう。

換喩　$f(S\cdots\cdots S')=S-s$

隠喩　$f\left(\frac{S'}{S}\right)=S+s$

――Sはシニフィアン、sはシニフィエ、fは機能

――$(S\cdots\cdots S')$はシニフィアンの連鎖

――$S'|S$は一つのシニフィアンを他のシニフィアンに置き換えること

――+、−は各機能に新しい意味（sens）が生まれるかどうかを表す。

最初の公式は、換喩においては、シニフィアンどうしの隣接関係、意味上の類似近接性、音表上の同一性により、シニフィアンが横すべり的に入れ換わることを表す。右項にある（−）の印はS'とsの間を切り離す横線（$S'|S$）を意味し、シニフィアンとシニフィエの間には新しい関係が成立しないことを言っている。二番目の公式では一つのシニフィアンが他のシニフィアンに置き換えられ、その結果、S'とSの間にある横線が突き破られ$\left(S'\uparrow S\right)$、新しい意味（sens）が生ずることを表す。

言語の中心的二軸性の観点から、この二つの修辞学的機能を見てみよう。換喩は一つのシニフィアンの意味的ないしは形態的類似性により次々に連鎖が成立するという点で、通

時態に相当する。他方、隠喩はシニフィアンを置き換えて、同時に共在する二つのシニフィアンからの選択という点で共時態の性格をもつ機能である。

隠喩にせよ換喩にせよ、結局、シニフィアンの置き換え機能であるゆえに、現実的にはその区別をはっきりさせるのは困難な場合が多い。その本質的差異はシニフィエの次元においてはっきりする。換喩における結びつきはシニフィアンの間にすでに成立した関係をもとになされるため、新しい意味は生まれない。それに対し、隠喩では置き換えられる二つのシニフィアンの間に既成の関係は存在しない。

その関係を保証するものは隠喩を創り出した者自身である。隠喩による意味（sens）のきらめきは、ここからやってくる。それは新しい意味の源泉であって、詩には欠かせないものである。詩人は、この新しい意味の創造によって詩人といえる。隠喩の成立には〈他者〉の承認も必要だが、詩人は〈他者〉を承認させる力をもっている者なのだ。ただ、ここでは詩人が詩を創り出したという表現は正確ではない。すでに述べたように詩的創造は詩人本人も知らないところからやってくるのであり、逆にできあがった詩が詩人に詩人としての存在を与えるのである。詩人の能力とは、どこかからやってくる詩をうまくキャッチする技なのだ。

山登りにたとえてみれば、ひとつの山に全く未踏の道を切り開いて山頂に達するのは隠喩的であり、すでにある道を利用しながらそれに変化を付けて登るのは換喩的であると言えよう。

隠喩の機能に関して、もう一つ面白い例をあげてみよう。言葉を覚え始めた子どもが「犬はニャーニャー、猫はワンワン」と言って遊ぶ光景にラカンは注目する。

子どもが言っていることの理解できない大人は、それを正そうとするが、実は、子どもはちゃんと、犬がワンと鳴き、猫がニャーと鳴くのを知っている。ワンワン、ニャーニャーは記号として、物と一義的に結びついているものではなく、シニフィアンとしてある。

このような自然関係を無視した置き換えを可能にするのは、物から切り離されたシニフィアンの基本的性格によるもので、それによってシニフィアンは自由の羽を得、自分とは何の関係もない物の上に止まることができるようになるのである。

ある物に名前を与えると、名前のみが自立して動き、物自体は無視されるようになる。ここから、シニフィアンは物の殺害であるといえる。そして、最初に物を殺すシニフィアンが隠喩である。子どもが「犬はニャーニャー」と言うとき、彼は自由になったシニフィアンの威力を試しているのにほかならない。

隠喩のもう一つの例として、われわれの身近に触れることのできるものに、ののしり言葉がある。フロイトの五つの症例のうちの一つ、「ネズミ男」のなかで、患者が幼年時代、父親から罰を受けたときの出来事を記している。彼はそれに大いに反抗し、父親に対し、「お前は皿だ、タオルだ、ランプだ」(『エクリ』八九二頁)とののしりの言葉を投げつけたのであった。怒りに燃えたこの子は、父親に無機的な名を投げつけ、人間の座から引きずり下ろそうとしているのだ。

これは一つの隠喩であり、シニフィアンによる物の殺害である。ののしり言葉は言い表せない憎悪の対象に向かって投げつけられた言葉である。憎悪の対象を、シニフィアンの外にあるもの、シニフィアンが欠けているところにおいて、物自体ともいうべきものとして摑もうとする行為なのだ。

詩は隠喩的創作といえるが、それに対し、小説、特に現実主義の小説は換喩的といえる。それは常にいくつもの型に入ったものの積み重ねから成っており、それぞれの定形は常に、他のものへ送り出す換喩的機能をもっている。細部の精密な描写は、逆にその彼方にある欠如を喚起し、次から次へと他の物に流転していく。読者はその連鎖に巻き込まれ、小説の紆余曲折を追っていく。換喩は身体の部分を描写して全体像を呼び起こすことによってエロティックな効果も生み出すことができる。それはまた身につけたものを一枚一枚剝いでいく、ストリップショウのエロティシズムでもある。何も隠さずに直接身体をすべて露出させると、それはポルノグラフィーへと陥ってしまうのだ。

換喩と隠喩の構造の差は、普通名詞と固有名詞との比較によっても理解できる。

辞書を開くと一つの単語は他の単語によって説明されている。説明を与えた単語は、また別の単語によって説明され、同様な過程が際限なく繰り返される。S→S′→S″……。

ところが、この循環過程が固有名詞に行き当たるとどうなるだろうか。

固有名詞はそれ自体でその名詞自身を表し、他への意味の送り出しはしない。ゆえにこの過程が固有名詞に行き当たるとき、その循環は断ち切られ止まってしまう。他への際限ない送り出しは換喩的構造であり、その流れを止めるものが固有名詞であるが、固有名詞は固有なもの、特異なものに名を付けることにより成立し（$\frac{\text{固有名詞}}{\text{特異なもの}}$）、これは隠喩の構造$\frac{S'}{S}$と一致している。隠喩は新しいものの創造である。これは、それを創造した詩人のみが意味を保証し、他に保証を求めることをしない。〈他者〉はそれを保証するのではなく承認するのだ。つまり隠喩とは、それ自体で意味をもつのであって、このことが固有名詞と隠喩の共通点をなしている。

ここで一応無意識の言語的機制の基本的事柄の説明を終える。後に心的構造の要ともいえる父性隠喩について述べることになるが、それは隠喩的構造をもったもので、その理解にはこれらの基本的事項が不可欠である。

精神分析において中心的な概念となるものの一つに欲望がある。父性隠喩はこの欲望を正常化させるもので、その欠如は精神病的主体構造を呼び起こす結果となる。父性隠喩の説明の前に、ここで欲望についてラカンの考えを検討してみることにしよう。

第三章　欲望

動物には本能があり、それに従って行動する。ところが人間には本能といえるものは認められない。本能とは個体を保つこと、種の存続を保証すること、簡単に言えば食べることとセックスに関してであるが、人間においてはセックスにせよ食べることにせよ快楽の追求という性格が重視され、本来の生殖とか栄養補給とかいう役割は二次的になっている。だから、人間において本能は行動のための原則としては成り立たないのだ。では、人間は何をもとに行動するのであろうか。われわれはそれを欲望と呼んでいるが、人間の欲望は本能的なものでも、生来のものでもない。人間には本能が欠けているがゆえに、その欠如を補うために欲望が生まれてくるのである。欲望を見失うともはや生きていくことも困難になる。

フロイトの用語で、欲望と密接な関係にあるものに「欲動」（Trieb Pulsion）がある。これは従来「本能」（instinct）と訳されていたが、このことはフロイト解釈において大きな誤解を招くもととなった。それは無意識を心の奥底に潜む本能の貯蔵庫と考えることに結びつき、無意識に一つの実体を与えてしまうことになる。ユングは無意識のなかに元型というものを認め人間行動の基盤としたが、それでは本能という考えに後戻りしてしまうのだ。フロイトの無意識は空であり、深層的な深みをもたない表面的なものである。無意識の言語的構造という命題は無意識の深層性を取り去ってしまい、そこに一つの欠如を認める。欲望とはこの欠如に結びついている。この章ではラカンの欲望の理論がどのように発展してきたかを追ってみることにする。

ヘーゲル——支配者と奴隷の弁証法

フランスのヘーゲル理解は、戦前、高等研究実習院で行なわれた哲学者A・コジェーブによる『精神現象学』の講義でなされた解釈に大きく負っている。彼は、現象学をその第二部で展開される支配者と奴隷の弁証法を中心に組み立てられているものと考え、大変ユニークな解釈を与えている。この講義には、後にフランスの知識人となる人たちが大勢参加しており、ラカンもその一人であった。彼の講義はレイモン・クノーによって出版され、今でもヘーゲル研究には欠かせない一冊となっている。

ラカンはコジェーブのヘーゲル解釈に大いに影響されたものと思われ、彼の最初の欲望理論には、その支配者と奴隷の弁証法的な展開に相当するものが認められる。

コジェーブの解釈によると、ヘーゲルの現象学は、意識の単純な対象体験から始まり、絶対知に至るまでの過程の叙述である。そのなかで欲望は支配者と奴隷の弁証法の動因として作用している。

まず初めに意識は対象を通して疎外化され、その結果、対象とは自分自身であることに気づく。次に意識は自意識に移行するが、そこでは自意識は自省することのない客観的事象を対象とすることをやめ、自らと同一水準にある他の自意識を捉え、それによって承認を得ようとする。言い換えれば、一つの主体はもう一つの主体に主体として認められることによってのみ満足を得るようになるのである。ここから一つの弁証法が展開される。

(1) 一つの主体が、もう一つの主体によって主体と認められることを欲する場合、認める立場にある主体も、やはり主体として同じような認知を求める。
(2) そこで二個の主体の間で、互いに相手によって自らを認知させようとし、二つの欲望の間に衝突が起き、闘争が始まる。
(3) この闘争は、どちらか一方が死んでしまうか、もしくは他の一方に譲ることにより解決をみる。
(4) 一方が死んでしまった場合、残された主体は一人きりとなり、自らの承認に必要な他者を失ってしまう。これでは欲望の満足は得られず、彼は袋小路に陥る。

(5) 闘争において死の可能性を垣間見るとき、主体は死によってすべてが失われてしまうことを了解する。そこにおいて、生に執着する者は、死の危険を冒してまで他者から認められることを断念し、他者に勝利を譲る。そして彼は勝者を己の支配者と認め、奴隷となり、勝者に仕える身分となる。

奴隷は死を恐れて勝利を譲る。

ゆえに彼の真の支配者は死である。

ここで、支配者と奴隷に関する弁証法の最初の契機が終わることとなるが、問題は真に解決したわけではない。ここでまた新しい矛盾が発生し、それが次の契機へと移行する動因となるが、それはどういった性格のものであろうか。

勝利を収めた支配者は、生に執着し、相手に勝利を譲ってしまった奴隷に認められることになるが、奴隷は死を恐れる卑しい自意識であって、そのような相手による承認は、支配者にとって決して真の承認とはならない。彼は欲望の満足が得られないまま、奴隷の貢ぎものを消費しながら、無為に時を過ごす。一方、奴隷は支配者に仕える身となるのであって、彼は労働により、自然を改造し、生産物を得、それにより支配者を喜ばそうとする。彼は自らの生産物を通して支配者に認められることで満足を得る。

勝者は不満のなかに取り残され、敗者のみ欲望の満たされる道が開かれるというのが、この弁証法の結果新しく構成される矛盾である。だが、奴隷にとって、このような満足は自意識の地位から脱落した末に得られるもので、真の満足とはいえない。奴隷に残された道は、自ら解放の道である。

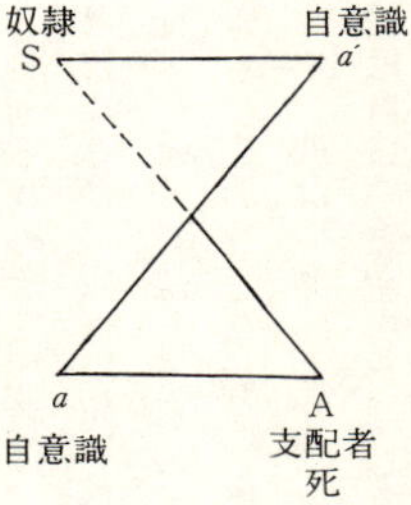

彼はその道を追って、次々と現象学の諸契機をさまよい歩くことになる。

ラカンは、分析理論のためにそれらの契機をいくつか取り上げている。ヒステリー症、強迫神経症、精神病などの臨床的構造を、これらの契機から説明しようとしていた時期もある。

以上の支配者と奴隷の弁証法を見ると、第一章で扱ったL図の構造との相似点に気づかれるであろう。

想像的関係にあるa—a'は二個の闘争する自意識に相当する。象徴的関係S—Aは支配者であるとともに、絶対的支配者、死との関係として見ることができる。この二つの図式は完全に一致するとはいえないが、ある程度の共通点はみられる。

二個の自意識の闘いは、お前か、私かの二者択一の関係であり、a—a'の想像的関係と同じ性格をもっている。そして象徴的関係S—Aにより、主体は他者（A）からメッセージを受け取り、想像的関係には終止符が打たれる。このとき主体は、法の場を認めることにより、遡及的に己のメッセージを逆立した形で受け取り、ここに真のパロールが成立するのであった。それと同様に、奴隷が相手を支配者として認めるとき、己を奴隷として決定するメッセージを受け取る。支配者が同時に絶対的支配者、死であるということも、象徴界は死の場所を表す、つまり物自体の死を意味する――これは隠喩に関する項で説明した――ことを思い浮かべれば、二つの図式での支配者と象徴界の死との共通点を認めることができるであろう。

ヘーゲルの支配者と奴隷の弁証法は、欲望を他の欲望による認知とする、L図のような考えを理解するために大変有用なものであった。つまり、空のパロールによる相互の承認は不可能であり、真の承認は象徴界に向かわなければならず、そこで充溢したパロールを受け取って初めて、主体は想像的二者関係の間で作用する破壊的欲望から逃れることができる、というものであった。

反復と欲望

欲望を承認の欲望と考える論理を、もう少し観点を変えて見てみよう。無意識は記憶痕跡からできあがっていると考えることができる。子どもは生まれてから色々な経験を重ねるが、それらの記憶痕跡はマークのようなものであり、いったん印しづけられると消えることはない。われわれはそれらを思い出すことができないだけで、痕跡としては残っている。精神分析において、ときには非常に幼少期のほんの些細なことに関する記憶が現れ、驚かされることがある。例えば天井に吊られている回るおもちゃをベビーベッドから眺めている記憶である。これは分析作業による抑圧の解除により、抑圧された記憶に結びついていた周辺の記憶が戻ってきやすくなった結果である。

無意識のなかで抑圧されたまま残っている痕跡とはトラウマであり、トラウマは意識的体系によっては認められないので無意識にとどまる。無意識のトラウマが意識化されるためには、〈他者〉によって承認されなければならないのだ。したがって分析とは〈他者〉によって承認されるための道を造ることだといえよう。

無意識に置かれたシニフィアンを、ラカンは non-réalisé（現実化されてないもの）と呼んでいた。non-réalisé とは、全く存在しないものではないが、いまだ言語的存在として現実化されていないという意味で、それをいかに言語化させるかが分析作業の課題なのである。この現実化されていないものは、そのままじっと無意識にとどまっているものではなく、承認を求めて出てこようとする。ラカンは、無意識は抵抗しないと言っていた。抵抗するのは自我の側であり、自我の側から無意識を抑圧して出てこないようにするのである。この無意識にとどまる現実化されていないものが承認を求めて出てこようとする運動を、ラカンは欲望と呼んだ。そしてそれは言語化されることへの欲望であるから、欲望は象徴界のものだというのだ。この象徴界的欲望は、羨望や嫉妬に支配される二つの主体の間の双数的な想像的欲望とは全く異なったもので、主体の奥底に根付く無意識の根元的痕跡からやってくるものであり、この時期のラカンはそこに到達しようとすることが主体の真の欲望だと考えている。このように考えると、承認というものがいかに分析に密着したものであるかがわかるであろう。

ところで、欲望を認知と考えると、一つの問題が生じる。フロイトにとって、欲望と結びつく欲動（Pulsion）は決して完全には充足し得ないものであり、常に一定の緊張状態を保っている。それでは、欲望が真のパロールによって認められた場合の充足とは、一体何に相当するのであろうか。欲望が決して尽きないものであることは、われわれの日常生活でも常に経験することだ。真のパロールが交わされたとき、主体は充足を得るわけだが、その後はどうなるのだろう。欲望を認知によって説明することは、欲動の恒常性を説明するには不十分である。

フロイトによると、欲望は失われた対象を再び見出そうとする運動であるが、この対象は完全に失われてしまったもので、それを見出すのは不可能なこととされる。つまり、欲望の充足はあり得ないのである。

この問題により、ラカンはヘーゲル的なパロールの承認による欲望の概念の説明を断念し、フロイトの欲動の恒常性をより適確に理解可能とする、シニフィアンによる欲望の理論化を討ろうとする。

泣き声

フロイトは心的機構についての最初の体系的試論、『科学的心理学草稿』のなかで、人間の心的装置の成立過程を解明しようとする。彼は優秀な神経学者であり、自分の知見から当時まだほとんど誰も使っていなかったニューロンという概念を道具にして、問題に取り組もうとする。現代では脳科学が発達し、脳の構造を研究する際にニューロンという考えは欠かすことができないのであるから、フロイトの試みはかなり先見の明があったといえよう。だが、その研究を単に現代脳科学の先駆けと見なすことはできない。彼はあくまでも神経症の症状や夢のように主体的次元が関与してくる分野の問題を扱おうとしてニューロンに言及したのであって、脳科学のように主体性を排除する客観性の分野と同じように考えることはできない。結局、彼はこの試みを失敗したものと見なし、この試論を闇に葬ってしまおうとした。だが、歴史の偶然により、このテクストは時代を超えて残ることとなり、われわれも目にすることができるようになった。これは精神分析にとって大変に幸運な出来事である。フロイト自身はこれを失敗作だと考えていたものの、そこにはフロイトの最後期に至るまでの理論的構築の基礎が盛り込まれていたからである。

彼はこの試論のなかで、幼児の始原的自立不可能性を人間の心的経験の根底をなすものだと考えている。おそらくラカンがこの試論を目にしたのは鏡像段階についての論文より大分後になってからのはずであるが、ラカンもまた「鏡像段階」で生まれたばかりの子どもの未熟性に理論的に重要な位置を与えているのは、決して偶然ではないだろう。

フロイトによれば、内的緊張に見舞われる幼児の最初の緊張緩和手段は、情動表現、泣き声といった筋力運動などの内的変更によってそれを取り除こうとすることである。だがこの種の緊張は生体の欲求から生まれてくるもので、単に内的運動によって緩和させることはできない。それは外部の者が具体的に返答を与えることによってのみ解決される。具体的には、それは乳を飲ませることなど、幼児の生の欲求に応えることだが、生まれたての子どもは、決してそれを自分だけで解決することができず、母親的な〈他者〉の存在は絶対に必要となる。欲求が〈他者〉によって満足されること、これが人間世界における初めての充足体験となり、この内的緊張放出の様式は主体の心的構造の決定に重要な意味をもつようになる。フロイトはこれを相互理解の経験と呼び、それは同時に、主体の最初の充足体験として後の行動の指標となるのである。

子どもの泣き叫ぶ声と充足体験の関係を、ラカンはどのように見ているであろうか。

子どもにとって、泣き声は最初まだ何の意味ももたないだろうし、それが自分自身から発せられているのかどうかもわからないはずである。というのも、生まれたての赤ん坊にはまだ自分という意識を与える自我が備わっておらず、泣き声は誰かが出すというより単なる生体の生理反応としてのみ発せられるからである。そこには何の意味も含まれていないはずであり、赤ん坊にとっては緊張が高まったことの単なる反応の一つにすぎない。ところが、それをそばで聞く大人には、何か意味のあるものだと受け取られ、一つの要請として解釈される。解釈の基準となるのは、実際に子どもがそれをどう感じているかというよりも、母親が子どもの泣き声を自らの欲望の観点から解釈するということであり、それに応じて子どもに一つの返答が与えられる。そして、この返答により、子どもにとって単なる音にすぎない泣き声が意味をもつようになり、母への呼びかけの機能を果たすようになるのだ。

母親が子どもに与えた返答は、子どもにとって記憶を構成する一つの印として記入され、その印は、母親の返答が自らの欲望に基づいてなされるがゆえに、母の欲望を表す印となる。この時点において、子どもにとって母親は一つの印に過ぎない。このプロセスが繰り返され、子どもには母親——最初の〈他者〉——によって記入された印の一つの集合体ができあがる。この集合体は、相互理解の印、充足体験のマークによって構成されているのだ。

フロイトの考えによると、最初に記入されたマークは充足体験を表し、以後、体内緊張が高まると、子どもは直接このマークにエネルギーを備給し、幻覚的にマークを思い出すことで最初の満足を再び得ようとする。このような幻覚体験が主体の最初の欲望の表れであり、フロイトは草稿のなかで、これを心的過程の第一段階として一次過程と呼んでいる。

　これを図に表すと左のようになる。最初に体内の緊張が高まり、泣き声が発せられる。これに他者の返答が加わり、最初の充足体験が得られ、そこにaというマークが記入される。例えば、乳を与えることである。

　以後、子どもは緊張が高まるとこの経験を幻覚的に再現させようとする。しかし当然、これでは真の満足は得られず、彼は幻覚的満足を追求することをやめ、現実に目を向けようとする。そして、知覚aが真に知覚であるか、それとも幻覚でしかないのかを知るために、現実試練という方法で知覚を試そうとする機制を作動させる。

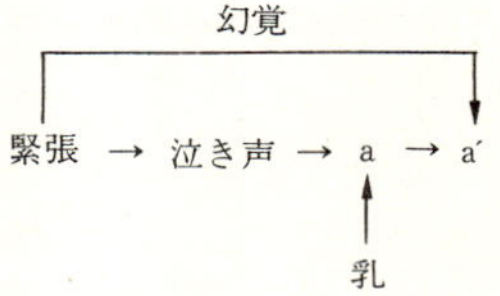

　この機制では、知覚を直接緊張解放に結びつけることを一旦停止し、主体は知覚を試行錯誤によって吟味し、その結果、現実に与えられた知覚のみにエネルギーが備給され、内的緊張は解放されるようになる。
　この過程を、フロイトは心的器官の二次過程と呼んでいる。
　ここでの第一次、第二次過程の説明は、フロイトの『科学的心理学草稿』の簡単なスケッチであって、十分な説明にはほど遠いものである。
　この草稿はフロイトの最初の体系的な心的装置の解明の試みだが、このなかに、フロイト理論の全体を通して展開されている概念が多量に盛り込まれており、この論文はフロイト理解に欠かせない。

草稿についてはまた、後に取り挙げることになろう。

ここで注目すべきは、第一次過程において他者によって記入された印、記号が問題となっていること、つまり、人間にとって言語的次元は始原的に作用しているということである。これを見ても、ラカンの無意識の言語構造という命題は、彼の独自の発明でなく、フロイトを読むことにより、フロイトの考えの根底にあるものをラカンが摑み、それを明確な形で表現しているにほかならないことが理解される。

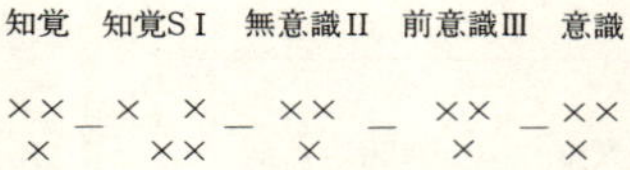

草稿より少し後、フロイトは友人フリースにあてた手紙（一八九六年六月一二日、手紙五二番）のなかで、上のような図を使って心的装置を説明しようとしている。

これは、知覚がどのようにして意識に達するかを説明しようとするものだが、おのおのの段階から、次の段階への移行をフロイトは翻訳という言葉で説明している。これはそれぞれの段階が言語的構造をもつことを意味しており、無意識の言語的構造という命題に大変近い図式である。

フロイトは草稿のなかでは、神経学的な言葉を使って心的機構の説明を行なおうとしているが、ラカンはこれを欲求、要請、欲望の三つの段階によって捉えようとしている。

生まれたばかりの子どもは、生体の欲求に迫られている。生体の欲求とは現実界のものであり、それが他者に伝えられるには言葉の使用によって表現されなければならない。それは、言葉による要請としてなされる。生体の欲求という現実界に属するものが象徴界のものである言葉による要請として捉えられるわけで、ここには、前章で扱った隠喩と同じような置き換えの構造を見ることができる。

$$\frac{\text{要請}}{\text{欲求}}$$

ところが、象徴界は本質的にシニフィアンによって分節され、区切りのある単位で構造化されているのに対し、現実界は連続したものだと考えられ、シニフィアンによる区別には収まりきらない構造をもつ。このように互いに異なる次元の間での置き換え、交換は完全なものになり得ない。これは、象徴界によって現実界の切り抜き作業をしていることに当たり、魚をすくうとき、大きな魚は残るが、小さいのは網目から逃げてしまうようなものである。

例えば、物理学はシニフィアンによって現実界を把握しようとする努力であるが、それは発展にしたがって問題が減少するどころか、発展すればするほど新しい問題が出てくる。これは象徴界と現実界のギャップを表しており、埋めることのできないものである。それと同様に、言葉でなされる要請と現実界の欲求の間には一つの亀裂が生じ、この亀裂を埋めようとすることが欲望とよばれるようになる。これを図に表すと上のようになる。

要請とは、言葉でなされるもの、シニフィアンの連鎖である。これと欲求の交わる点Aが母親である。母親は最初の他者との出会いの場をなし、そこで子どもは印を受け取る。その結果、欲望が生まれるのだ。

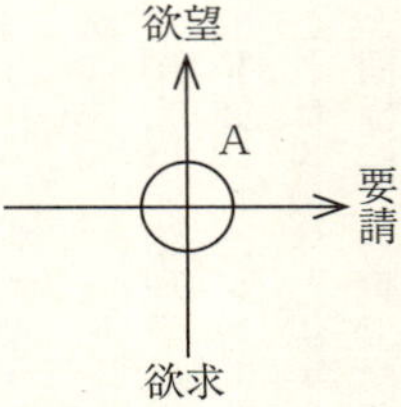

これは子どもと象徴界との出会いの図式だが、次に欲望に触れた子どもが、逆に言葉を使って他に要請を表すときはどうだろうか。

彼は欲求の言葉を借りて（つまり、母親との接触が行なわれる口実となる点、例えば、食べ物を要求する口などを仲介として）、母親の現前を要請するようになる。食べ物をねだることなどによって母親がそばに居てくれること、母の愛の要請が出される。子どもが菓子をねだるとき、聡明な母親ならば、単に頭を優しくなでてやるだけで、子どもは満足することを知っている。子どもは、菓子を通して愛の証を求めているわけだ。

それに対して、子どもの要請をそのまま受け取り、子どもの要求するままに応えてやると、彼は最後には何も受け付けなくなるだろう。拒絶することによって、彼は自分が求めているものは、愛情という、母親がお菓子のようには与えることのできないもの、母親が持っていないものを要求しているのだ。

ラカンはこのことを指して、「愛とは、持っていないものを与えることだ」と言っている。

要請は、与えられうるすべての物を愛の証と変換することにより、物の特殊性を消し去る（aufhebt）、そして欲求に対する満足として受け取るものは、愛の要請をただ踏みにじるだけのものになり下がる（『エクリ』六九一頁）。

ここではヘーゲル用語アウフヘーベン（aufheben → aufhept）、揚棄という用語が使われており、それは、与えられたものが否定された後、その否定から新しいものが生まれるという、ヘーゲルの基本的弁証法を表している。ここでは母親から与えられた物は、その特殊性がすべて消し去られ、母の子どもへの愛の証としてのみ意味をもつようになることをアウフヘーベンに例えているわけだ。母親は、子どもの要請の返答として物を与えるのだが、その要請が欲求の言葉を使ってなされるとき——例えばお腹がへること——、母親が文字通りそれを解釈して単純に欲求の次元で返答を与えると、子どもの愛の要請は踏みにじられてしまうことになるのだ。

要請について、もう少し展開してみよう。フロイトは『快感原則の彼岸』のなかで、母親の不在のさびしさを、ひもの付いた糸巻きで遊んで紛らわそうとする子どもについて述べている。この子どもは、糸巻きを見えないところに投げ、同時に「オーオー」と声を発し、次に糸巻きを手許に引き戻し、「ダー」と発する。このとき彼はうれしそうな表情を示すのであった。ドイツ語で「オー＝フォルト」(Fort) は、あそこ、「ダー」(Da) は、ここ、を意味する。この子どもは、糸巻きを母親と見なし、受動的に耐えることを余儀なくされる母親の不在を、糸巻きを用いて能動的に再現し、それを引き寄せることによって、母親を喚起し、困難な状況を克服しているのである。

この遊びのなかで、子どもは母親の現前―不在を糸巻きで象徴しているが、ここには言語の最低限の構造が認められる。

二つの音素の対立――オーとダー――はシニフィアンの最小単位として働き、その組み合わせによって彼は、自らの置かれている現実とは別の現実性を作りあげているのだ。ここに見られる二という数はシニフィアンの最小単位を構成するもので、これだけですべての言語的表現が可能である。この例は、言語が現前―不在に由来することを示している。

つまり、言葉を使ってなされる要請は常に、この現前―不在が根底にあり、要請することは、とりもなおさず現前の要請である。そして、現前の要請とは、愛の要請、つまり母親がそこに居てくれることへの要請にほかならない。

ラカンはこのことを、愛の要請の無条件性と言っている。要請とはその内容いかんにかかわらず、無条件に、常に愛の要請である。

以上のことから要請の二面性が明らかになる。

(1) 欲求の充足を要請するもの、すべての欲求の充足要請は、言語世界に住むわれわれにとって、シニフィアンの連鎖を通らなければならない。したがって、この要請は分節化された要請である。

(2) シニフィアンの次元を通った要請は、要請の相手に対する無条件の愛の要請となる。すなわち、要請は、その彼方に愛の要請の地平を形成する。

これを図にすると左のようになる。二本の要請の線は、時間的に分化しているもののように説明を行なったが、これはまた、一つの要請が発せられるときの要請の二面性とも言えよう。

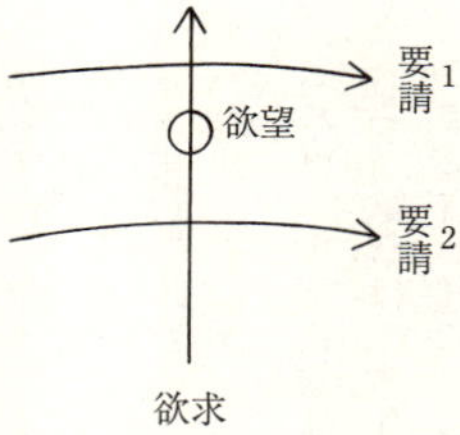

ラカンは『エクリ』(六二九頁)にこのことを要約して次のように書いている。

要請は主体の生をその諸条件に繋げることにより、欲求を剪定することで、要請の彼方に、欲望が形作られる。そしてまた、現前と不在の無条件の要請であるこの要請は、愛の要請の根底、他の存在を否定しようとする憎悪の根底、そして、要請の求めているものの裡に潜む無知の表現不可能なものの根底をなす無の三つの形態をとる存在欠如を呼び起こし、欲望は、要請の此方に自らの穴を掘る。

これは、大変に複雑な文章であるが、ほぼこれまでの説明を要約している文である。すなわち、欲望は二重化された要請の中央で成立するということである。

ここに言われている愛、憎悪、無知は人間の三つの情熱としてラカンが挙げているもので、無と結びついている。

これらについては後で取り扱うことにする。これまでの説明で一応、次の項に移るために必要な要素は揃ったと思われるので、ここで一旦、欲望についての説明を中止し、父性隠喩についての説明に移る。

父性隠喩

主体の心的構造の要ともいえるのが、父性隠喩である。ラカンはこれを基準にして、精神病と神経症の区別をつけている。

これは一つの隠喩であり、以前扱った隠喩と同じ構造をもっている。

$$\frac{\text{父の名}}{\text{母の欲望}}\quad\frac{\text{母の欲望}}{x} = \text{父の名}\left(\frac{\text{A}}{\text{ファルス}}\right)$$

父の名とは主体の欲望を正常化する機能をもつものである。これを説明すると次のようになる。

子どもの前から母親が不在となると、子どもに一つの問いが生じる。「お母さんはどこに行ったのだろうか。どうして僕（または私）から離れていくのだろうか。お母さんには他のところに僕（または私）よりも興味の対象となるもの（x）があり、別の欲望があるのだろうか」。小さな子どもが果たしてこのような問いを立てるのかという疑問が出るかもしれないが、実際にこのような問いを口に出すことはないにしても、こうした問いによって突き動かされていることは確かであろう。

こうして母親の不在は、母親の欲望を、xをシニフィエとする一つのシニフィアンとして成立させる。母親の欲望の鍵を持っているのが父親であれば、このシニフィアンに父の名が置き換えられ、隠喩化された結果、意味効果（S＋s）としてファルスが成立する。

これだけを読んでもラカン理論になじみのない方には理解困難であろう。次にこれらの諸項目、父の名、母の欲望、ファルスについて解説するが、その前に一つの準備段階がある。

父性隠喩は、ラカンによるフロイトのエディプス・コンプレックスの解釈である。ラカンの解釈に立ち入る前に、フロイトのエディプス・コンプレックスについておさらいをしてみよう。

(注) エディプス・コンプレックスとはまず人間がいかに言語を受け入れて言語の世界に入っていくかの構造についての説明であり、次に具体的な形をとったその構造の神話的説明がある。ラカンの父性隠喩は前者に相当するものであるが、フロイトのエディプス・コンプレックスの説明は後者の性格を強くもっている。本書ではどちらもエディプス・コンプレックスと呼んでいるので混乱する恐れがあるが、注意していただきたい。

エディプス・コンプレックスは三つの段階から構成されている。

(1) 最初、子どもにとって母親は唯一の性的な対象であり、この時期に子どもと母親は閉ざされたなかで満ち足りた関係にある。ここでは、子どもと母親の直接の結びつきはある意味では、近親相姦的な関係にあるといってもよいであろう。

(2) 次に、父親がこの関係を邪魔するものとして、二人の間に割り込んでくる。父親は母子相姦を禁止する者であり、子どもから愛の対象をうばおうとする障害物となる。この父親に対し、子どもは敵対的態度をもち、父親がいなくなればよいという願望をもつようになる。これが父親殺しの欲望である。

(3) ところが、父親は子どもに対し、絶対的強者の立場にあり、子どもに対して一つの脅迫、すなわち去勢脅迫を持ち出す。それを前にして、子どもは母親との近親相姦の欲望を諦めざるを得ず、自らの欲望に一つの方向転換をもたらす。彼はここで欲望を母親に向けることをやめ、母親の欲望の対象となっている父親を欲望の軸とするようになる。

この時点までは、子どもの性に関係なく、男の子も女の子も共通の過程を通るが、ここに至ってそれぞれの欲望の戦略に変化が見られるようになる。

男の子の場合には、父親は自分のペニスを去勢しようと威嚇をする者と解釈される。ペニスを失うことを拒否する子どもは、母親を直接の欲望の対象とすることをあきらめ、母親を自分から取りあげる力をもつ父親のようになろうとし、父親に同一化を計る。その結果、父親を一つの理想像として立て、父を愛するようになる。ここで彼は、男性的なものを獲得するのである。

女の子の場合は、自分のペニスの不在に気づき、自分にペニスを与えてくれなかった母親に対し、逆に遺恨を持ち始め、母親との関係には距離が生じる。そして父親に目が向けられ、父親からペニスの代わりに子どもをもらおうとして父親を愛されようとする。そのために女の子は女性らしくなるのである。

男の子において、母親から父親への方向転換は急激になされるのに対し、女の子の場合にはそれはより漸進的に行なわれ、母親との離別ははっきりした形をとらず、母親に対して常にアンビヴァレントな感情が残る。

これが、フロイトにおけるエディプス・コンプレックスの大まかなアウトラインである。ラカンはこれをどのように展開するであろうか。

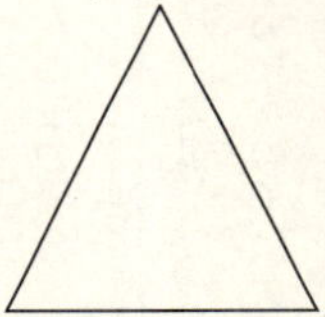

フロイトにとって、最初の段階は母と子の二元的関係であったが、ラカンはそこにもう一つの項のファルスを加え、一つの想像的三角形を想定する。ファルスとは母親の欲望を満足させるはずの想像的対象である。

子どもは母親の欲望の対象である。母親は子どもと一緒にいることに満足を感じるが、子どもの面倒を見ることの他にやるべき仕事を抱えており、常に子どものそばにいることはできない。当然母親はあるときは子どもの元を離れてはまたそこに戻る。母親のこうした現前―不在の理由は子どもにとって理解できないものだが、子どもはその彼方に意味の次元があることを想定するようになる。

$$\frac{\text{現前—不在}}{\text{それが意味するもの}=S^{e}}=\frac{\text{母の欲望}}{x}$$

つまり、母親は欲望を持つ者であるが、その欲望の意味（＝シニフィエ）は子どもにとって理解できないもの（x）である。母親の欲望の対象としての子どもは、このxの場所に置かれることとなる。このxの場に来るものは、母親の欲するもの、すなわち母親に欠けているものを満たす役割を負い、子どもはこのxに自らを同一化する。xには何の実体もないが、子どもは肉体上の男と女の差異を敏感に感知し、母親に欠けているもの（x）はこのペニスであると考えるようになる。

その結果、彼は母に欠けているペニスに同一化し、自らを母親のペニスの役割を果たすものとして母親に捧げるのである。当然これは性器もしくは排泄器としてのペニスではなく、母親の欲望を満足させる対象としてのペニスなのだ。つまり、母親の欲望を意味するもの（x）はペニスではなく、ペニスはこのxに想像的形態を与えるものである。ペニスとxのこのような結びつきから、ラカンはxに、ギリシャ語でペニスを意味するファルスという言葉を与えている。

したがって、ファルスとペニスは同じものではない。ペニスはファルスに一つの想像的形態を与え得るものであるが、他にもファルスに形態を与えるものはたくさんある。

鏡像段階において、子どもが鏡のなかに見る像は一つのファルスである。

一九五九年のセミネールで、彼は『ハムレット』をテーマにとるが、その時Girl＝ファルスの等式を持ち出し、オフィーリアの語源はophallosで、それはファルスを表しているものだと言っている。

幼児がペニスに大きな関心を寄せるとか、ペニスが性感帯となるなどと言われるのは、こうした意味でのファルスに関係してくるからだ。

また多くの男性は自分のペニスの大きさを大変気にかけ、自分のペニスは小さいと思ってコンプレックスを持つ人もいる。これも器官としてのペニスではなくファルスが問題になっているからである。

古今東西を通じてペニスには特別の意味が与えられてきたが、どうしてこのあまり審美的でもないお粗末な器官がこれほどにまで重要視されるのかは、ペニスの背後にはファルスが控えているのだということを無視しては理解しがたいことである。

分析の場でもペニスはよく話題になるテーマである。例えば女性の場合でも、自分はペニスを持っているとどこかで思い込んでいる人が少なからずいる。

フロイトの五つの症例のなかの一つ、ハンス少年の場合をとってみても、ペニス―ファルスは彼の生活における重大な関心事の一つとなっている。彼はすべての物をオチンチンの付いている物とそうでない物に分類する。

また、女の子の場合も、自分はペニスを持っていると思い込み、大きくなればクリトリスがペニスになると思っている。子どもにとって、このペニス―ファルスがない人間は考えられないことだ。フロイトにおける父親の去勢脅迫は、子どもが女性にはペニスがないことを認め始めて、自分もペニスを取りあげられるのではないかと不安をおぼえることにほかならない。

ペニス―ファルスをこのように見ると、前述の想像的三角関係の意味もはっきりしてくる。

子どもの欲望は母親の欲望を満足させることである。そして母親の欲望の対象はファルスであることから、子どもはこのファルスに自分を同一化しようとする。この同一化は多分に受動的な性格をもち、子どもは母親によってその場所に置かれ、同一化される、と言った方が正確であろう。

母と子は、そこでは想像的な閉ざされた世界にある。子どもは想像的な何の実体もないファルスに同一化するがゆえに、自分自身の実体を持ち得ず、己の存在を母親の気まぐれに任せている。子どもは、母親の欲望の疑問（x）に対してファルスという想像的なもので答えているのだが、母親の世界は言語の世界、象徴界であり、想像的なものはxの真の解答にはならない。

後に述べるようにxは無の点である。無の点であるxに子どもが同一化するとき、人間にとって根源的な不安が生まれる。実体のないxに同一化するということは自らを無の地点に置くことであり、その無に巻き込まれて存在を失ってしまう危険から不安が生まれる。子どもの幻想の世界では、動物や鬼に食べられてしまうシーンがよくある。また、夢のなかで底なしの穴に吸い込まれるような感覚を味わうこともある。これらは、己をファルスに同一化することにより、xの無に自らが吸い込まれることを表している。

ハンス少年の例においては、馬の恐怖症が問題となっている。その馬はハンスを食べてしまう存在として、彼の恐怖の的になっているが、これは彼にとって意味のわからない欲望をもった母親を馬に置き換え、馬を恐がることによって、不安から逃れようとする恐怖症の機制である。

ここでは不安と恐怖の違いが作用している。不安が生じるとき、その対象物ははっきりした形をとって表れるわけではない。実体のはっきりしない何かが近づいてくることが不安であって、それを前に人間はなす術を知らない。それに対して恐怖とは何かに対する恐怖で、何かに恐怖をもつときには、その対象から逃げてそれを避けるという手段がある。恐怖症とは、対象がなく、不安を生み出す母親の欲望に、恐怖の対象として現実的な形を与えること――ハンスの場合は馬――によってそれを避けようとする機制である。

想像的三角関係は、母と子が互いの欲望を満たし合い、何も不足のない楽園であるような閉ざされた世界ではない。そこは絶えず不安が訪れる可能性をはらんだ世界である。子どもにとって不安から逃れることは切実な問題となる。安定した他の世界への脱出の試みは外的な要因から引き起こされるものではなく、内的な不安定性にその因を発している。

想像的関係は子どもと母親との間にあって十分な満足を与えるものではない。結局、子どもは真に母親の欲望を満足させるものが何であるかに答えるため、一つの探索を始める。子どもがある年頃になると周囲の人たちに様々な質問を浴びせ、どのような返答にも決して満足せず、大人を困らせるようになる。そこでは、母親の欲望の謎が原動力として働いているのであり、子どもにとってこの謎を解くことは重大な意味を持っている。この問題を解くために、子どもは母親の世界、〈他〉の世界を隅から隅まで駆け巡るわけだが、そこで彼がめぐり合うのは、父親である。父親が去勢の脅迫を伴って子どもの前に出現する。子どもがファルスと同一化するということは、母親にファルスを与えることを意味する。母親は子どもを媒介に、ファルスを保持した母親、ファルス的母親となる（Mère phallique）。

ファルス的母親は子どもの前で絶対的な力をもって存在し、子どもは絶えずこの母親に飲み込まれる危険にさらされている。このときにこの関係から子どもを救い出すのが父親の役割である。父親は母親からファルスを取りあげ、自らの法をもって子どもに母親と直接結びつくことを禁ずるとともに、母親にも子どもを欲望の対象とすることを禁じ、世界を法によって正常化させる役割を担っている。

この父親の次元は現実（réalité）の次元ではない。実際にそんな父親がいるかどうかが問題ではなく、子どもが母親の世界を探索しているとき、母親が子どもにかける言葉のなかで、母親が欲しているものは子どもではなく、第三のもの、何か他のものであることを子どもに気づかせることが必要なのである。

子どもは、母親が自分以外に欲望の対象をもっていること、つまり他の（Autre）欲望を確認しなければならない。この他の欲望は、子ども以外に向けられるのであれば何を対象としてもよく、これを通じて父親の次元が子どもに達する。他の欲望の対象となるものが、父親である。

父親の次元が現れることによって、母親の欲望の対象は、ファルスに同一化した子どもではあり得ないことが露呈する。以後、子どもは母親のファルスではなくなり、母親はファルスを剥奪されたものとなる。これが子どもにとって去勢脅迫として作用する。

要約してみよう。

――子どもは母親の欲望の対象として、母親に欠けているファルスに同一化する。

――その結果、母親はファルスを保持し、己の満足を得る。ファルスによりペニス―クリトリスに特別な意味が与えられ、そこが性感帯となり、幼児期のマスタベーションが始まる。

――つぎに、父親の出現によって母親の関心は子どもとは全く別のものであることが判明すると、子どもはファルス的な価値を失うことになり、これが去勢脅迫となる。

この段階はエディプス・コンプレックス解消に移行するための過渡的局面である。最後の段階に到ると、父親は禁止、脅迫といった陰性の役割を果たすものではなく、陽性のものとして機能するようになる。そのときには父親はファルスを保持している者として現れる。母親の関心が父親に向かうのは父親が母親の欲望を満たすファルスを保持していて、母親に欠けるものを与えるからである。この父親は母親から、ファルスに同一化した子どもを無価値なものにしてしまい、母親を欠如した存在としてしまう。

父親が去勢するのは、実は子どもではなくて母親なのであるが、子どもはそれを、自らのペニスの去勢として受け取るのである。

去勢脅迫の怖さは子どもにとって耐え難いものである。なぜなら、彼は母親の世界にあって、そのファルスに同一化することによってのみ己の存在を確認していたのであったが、父親の出現によって母の他の欲望を知り、自分の存在の意味が無と化すのを見るはめになるからである。そこで、彼に残された道は、存在から保持に向かうことである。母親のファルスであること（存在）をやめ、ファルスを保持している父親のようになり、自分もそれを保持しようとする、父親への同一化の道である。父親を自分の理想像（idéal du moi—自我理想）として立て、それに同一化することによって子どもはファルスを保持する者となり、母親の欲望に応えることができる。

このように、父親は子どもの存在を脅かす否定的な機能と母親の不安定な欲望から子どもを救い出す肯定的な機能をもっている。フロイトの父親に対するアンビヴァレントな感情とはこのことを指す。エディプスの最後の段階では肯定的な父親がはっきりした形をとって表れるが、父親がここで突然表れるのではなく、父親の次元は初めからすでに存在しているものである。

(1) 最初の段階において、父親は表面に出ないが、母親の欲望を満たすファルスの問題が出てきた時点で、すでに象徴界の次元が想定されており、そこに父親の姿が隠れている。ここでは父親は影となって作用している。

(2) 次は、父親は母親の言葉のなかに他の欲望として見出される、母によって仲介された父親である。

(3) 最後に、父親は顕在し、自我理想として子どもの同一化の対象となる。

そして、この父親から超自我が生まれる。ここで問題となっている父親は、必ずしも実際の父親である必要はない。父親の次元を表す場が問題となるのであって、そこに来るものは何でもよい。

父親を自我理想として立て、それに同一化しようとするのは男の子の場合であって、女の子の場合は、最後の段階において変化が見られる。

女の子の場合もやはり、〈他〉の場において去勢に遭遇し、自分はファルスになり得ないことは知らされるが、そこでファルスとペニスの混同により、自分がファルスに成り得ないのはペニスを持っていないからだとの結論に達し、去勢を自らのものとして受け入れる。そして、ペニスの不在の原因を母親に帰し、自分にペニスを与えてくれなかった母親に遺恨を抱き、その反動として父親の方に欲望を向ける。そこで彼女は父親に愛され、そのファルスになろうとし、父親の子どもを欲しがるようになるが、これは子どもを父親から授かるファルスと見なすからである。フロイト用語ではこれをペニス羨望という。

女性の外見に対する重要性は、このような女性特有の欲望の選択から生まれる。去勢コンプレックスに出会うとき、彼女は自らをファルスを持っていない者として去勢を一旦受け入れるが、次に自らの不保持を隠蔽しようとして、外見を着飾ろうとする。彼女はここで見せかけの論理を利用しているのだ。何もないところに一つの幕を張ると、その向こう側に何かが存在するような錯覚を与える効果を生む。女性の化粧は、この原則をもとにしている。女性の化粧の重要性は最初、女性分析家J・リビエールによって指摘された。女性は自分自身を着飾ることで、内的な空虚を逆に充満の見せかけに変え、自らの外見をおとりにして男性の欲望を誘い、欲望の対象となることによってファルスとなろうとする。また、女性らしさを表す恥じらいは、自分にはペニスがないことに対する恥じらいである。

この観点から見ると、エディプス・コンプレックスは「持つ」と「存る」、保持と存在の弁証法ともいえる。

——男性の場合は母親のファルスであることから始まり、その不可能性を知ることによってファルスを保持する父親に同一化し、自らもファルスを持とうとする理想化の道を選ぶ。

――女性の場合は、母のファルス的存在から自らの不保持を認めることを経て父親のファルスになろうとし、見せかけ（paraître・par-être）によって、自らの存在を得ようとする。

男性、女性の心的構造の違いは、このように生物学的に決定されるものではなく、ファルスを軸にした主体的行為によって決定される。上記の男性化、女性化はすべての男性、女性がこのような道を通って自分の性を決定するというものではなく、それは理論的な一つの典型であって、実際はそれに多様な変化形が加わる。これ以外の主体的態度も十分に考えられる。逆に、このような典型的な過程はまずないと言ってもよく、それぞれの主体によって、性的構造決定過程に特異的な変化が加わる。問題は、動物にとって各自の性的行動は自然に決定されているのに対し、人間には男性、女性の行動様式を決定するものがないということである。無意識には性を区別するシニフィアンはなく、性の決定はすべてファルスという男性的シニフィアンに対する態度によってなされるのだ。それゆえに、同性愛者、性転換症などがあり、これらは決して異常なもの、病的なものでなく、主体のファルスに対する立場を示している。精神分析には通常われわれが考えるような正常、異常の概念はなく、すべてにおいて主体的決定が問題となる。これが分析を、善悪の基準によって成り立っている道徳の次元の彼方、主体的行動が問題となる倫理の世界に置くのである。

性的決定の唯一のシニフィアンがファルスという男性的なものであるということは、女性にとって特に自らの性に疑問をもたせるものである。女性において多く見られるヒステリー症は、この性の問題が核となって神経症をなしている。「私は女なのか、男なのか」という問いはヒステリーにとって己の存在に関わる問題なのである（ヒステリーは女性だけに見られるものではなく、男性にも見られることは性的決定が生物学的なものでないことを示している）。

ヒステリーに対して、神経症のもう一方の極をなす、より男性的な強迫神経症における基本的疑問は「私は存在しているのか、存在していないのか」である。存在の問題としてのハムレットの有名な文句 "To be or not to be" は「生きるべきか、死ぬべきか」と訳されている。ハムレットが強迫神経症だというわけではないが、精神分析的にいえばこれは「存在か非存在か」と訳す方がより正確であろう。

性的決定にはまた、両親の欲望も大きく作用する。男の子を期待していた親に女の子ができ、その子を男の子のように育てると、子どもは親の欲望に応えようとして自らを男性と決定する場合がある。この場合、子どもは生物学的構造を無視して自らの心的構造を正しいものと見なし、肉体上のことは自然の一つの誤りだと考えるようになる。法的に見ると、これは大きな問題となるはずである。動物としての人間に法を適用してこれを女性と見なすべきなのか、それとも、主体的決定を法の対象として男性と見なすべきなのか。国によっては性転換を認めているところもあることをみれば、これは現実の問題であることが理解されよう。

男性的なシニフィアン、ファルスによるラカンの性決定論は、男性優位を主張するものとして女性解放運動から大いに顰蹙を買ったものだが、これは全くの誤解といえよう。ラカンには女性蔑視の考えはなく、逆に女性の方が、常に幻想の虜になっている男性に比べて存在的により真理に近いものとしている。また、分析者としては女性の方が心的構造的にみて、より適しているとも言っている。後期になってラカンは、『アンコール』のセミネール（一九七二年）において、女性を中心的に扱っている。彼はそこで男性がファルス的享楽をもって限界とするのに対し、女性はそれを超えた享楽に達することもできるという享楽の論理を展開している。

フロイトの症例シュレーバーにみられるように、精神病においては女性化がしばしば問題となる。神経症の女性化と精神病の女性化は、どのような違いがあるのだろうか。神経症の場合は、エディプス期を経過した後の心的構造であるのに対して、精神病では、エディプスが排除（forclusion）されていると考えられる。前者では去勢が受け取られた後に、能動的に女性化を獲得しようとするものだが、後者では受動的に女性化される。シュレーバーにおいては、フレヒジッヒに迫害される妄想がこう述べられている。「こうして、私に対する陰謀ができあがった、……それは……私をある人物に渡してしまおうとする企てであって、つまり、私の魂は、その人物の手に渡されてしまうが、私の肉体の方は……女性の肉体に転換される。そうなった暁には、私の肉体は、その人物の性的悪用のままに委ねられ、それが済むと、ただ放りっぱなしにされ、腐敗するまま棄ておかれるコースをたどる訳である」（『フロイト著作集9』二九〇頁、人文書院）。

精神病のこの受動性は、子どもが母親の欲望の対象、ファルスの場に置かれるときと同じ状況に患者が陥ることを示している。フロイトはこの意味において、シュレーバーの症例について、「自己愛への逆戻りが、パラノイアに特有な退行を意味している」（『フロイト著作集9』三三九頁、人文書院）と言っている。

子どもが母親のファルスに同一化されるとき、彼は母親を完全に満足させる対象の場に置かれる。これが自己愛の根底になるものである。すなわち、「子どもは母親の欲望の対象となる自分を愛する」わけである。この自己愛への逆戻りとはエディプス以前の状態に退行する現象で、シュレーバーはそこで無の危険に曝されることになる。それに耐えられない彼は、妄想によってそこから脱出を計るのである。

フロイトは、女性を受動的性格によって特徴づけようとしているが、これは自らを欲望の対象、ファルスに同一化することを指している。この点において女性と精神病は一見共通点があるように見えるが、あくまで女性は主体的にその場に向かうのに対し、精神病では主体性が失われ、エディプス以前の状況に陥ってしまうのである。

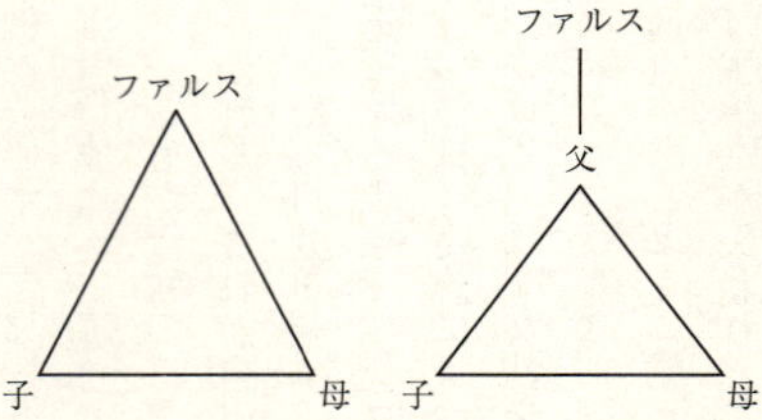

女性化と男性化の問題、そしてそれと精神病との関係について簡単に触れた後、再びエディプスに戻ることにしよう。

父親の出現によって、想像的三角形は破壊され、新しい象徴的関係が生まれる。それは四つの項からできており、それまでのファルス、母、子の三つの項に父の項が加わる。それとともにファルスの性格にも変化が起こる。以前の三角形では子どもは母親の法——気まぐれな調子の狂った法——の下に隷属していたが、次に父親が己の法を携えて母と子のなかに入り込み、母からファルスを取り上げる。それによって子どもは母親の調子の狂った法から抜け出し、父親の規則ある法の下に自分を置くことが可能になる。父親はファルスを持つ者、子どもに、ファルスに対する新しい可能性を与える次元をもたらす者として現れる。今まで母親とは、想像的ファルスによって結ばれていたが、父親はそこに象徴的ファルスをもたらすのである。

想像的ファルスはギリシャ文字の小文字φで表し、象徴的ファルスは大文字Φで表すことにする。

小文字のφから大文字のΦに移行するとき、去勢（−φ）が行なわれる。この去勢は母親の去勢を意味するが、母親の去勢とは逆説的表現である。というのも、母親はそもそもファルスを持っておらず、それを取り上げるとはおかしな話である。母親のファルス（φ）とは、実は、子どもが己の存在を確かめるために自分自身をイメージとして母親に投影するもので、そうすることによって、子どもは自分が母親にとって何であるのかという問い

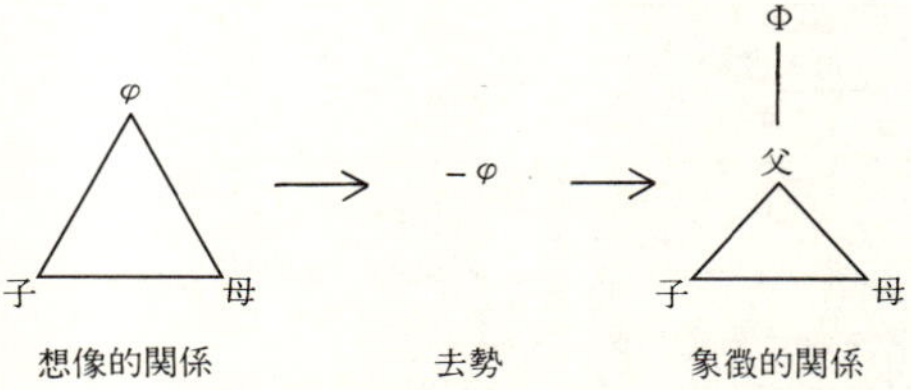

に「自分は母親のφである」と答えているのである。去勢（−φ）はそれゆえに子どもの存在を根底から脅かすものとなり、子どもはそれを正面から見定めることが決してできない。父親がその代償として違った形でファルスの保持を許すときにのみ、この去勢は子どもに受け入れられるのである。この違った形でのファルスとは大文字のΦである。

　象徴的ファルス、大文字のΦは想像的ファルス（φ）が否定、つまり去勢され（−φ）、その代償として象徴界から獲得されたファルスをいう。想像的ファルス（φ）はイメージとして母親の欠如を埋めるものとして子どもが母親に与えるものであるが、象徴的ファルスは父親から来るひとつのパワーであり、この世界で実現できるものである。例えば父のように強くなるとか立派になるということは象徴的ファルスを獲得することになるのだ。想像的ファルスは否定

$$\underbrace{\frac{\text{父の名}}{\text{母の欲望}}}_{②}\ \underbrace{\frac{\text{母の欲望}}{x}}_{①} = \underbrace{\text{父の名}\left(\frac{\mathrm{A}}{\text{ファルス}}\right)}_{③}$$

①母の欲望のシニフィアンの前で、子どもはそのシニフィエxにファルスを与える形で応える。
②父が母の欲望に応えるものとして出現する。
③父の名が母の欲望に置き換えられ隠喩が成立する。そこで大文字の他者Aが存在するようになり、ファルスが機能するようになる。

することができるが、象徴的ファルスはすでに否定を含んだもので、それ自身を否定することはできない。

ラカンによるエディプス・コンプレックスの解釈は、以上の通りである。父性隠喩とは、このエディプス・コンプレックスを公式的に表したもので、これまでの説明でその意味がほぼ明らかになったであろう。

この項の初めに挙げた父の名の公式を使って、ここに展開したことをまとめると上のようになる。

父の名とは固有名詞である。そして、固有名詞が隠喩と同じ構造をもつことは第二章で説明した。父親の場に来る固有名詞ということで、父の名と呼ばれる意味が理解できよう。この父性隠喩、父の名は隠喩として、新しい意味を生み出す。これが象徴的Φである。同時に母親の欲望のシニフィアンは抑圧され、無意識（A）が成立する。

欲望のグラフ

父性隠喩によって中断されていた欲望のテーマをここで再び取りあげ、それを要約するものとして一九五八年からラカンが使い始めた欲望のグラフというものを構築していくことにしよう。

生まれたばかりの子どもは、一人ではまだ何もできず、完全に無能力な状態に置かれている。彼にとって初めての他者である母親は、己の法、子どもに対する全能性をもって、つまり、自らの都合によって子どもに対応する。子どもにとって母親の行動は気まぐれで理解を超えており、母親は全能性を備えたものと映り、子どもはその全体化したイメージに自分自身を同一化する。その結果、同一化の対象となる理想的な全体像は、遡及的に子どもの現実の未熟性を思い起こさせ、彼の失望の原因ともなる。

この時期と子どもの母親との接点は二重の性格をもっている。一方では子どもの自我(moi—*m*)と他者(*a*)のイメージ(image de l'autre—*i*(*a*))としての関係で、これは想像的性格をもち、鏡像段階に相当するものである。他方では、言葉で結ばれた象徴関係、母と子が関係するときに交わされる要請の次元である。

機知の章で扱ったグラフをもう一度取り出して、この二重の関係の役割を見てみよう。

図1の①の線と交わる点Aは、象徴的関係のもととなるもので、ここで子どもは、他者（A）からシニフィアンを授かるのであった。また、この他者（A）は子どもにとって全能性を表すもので、フロイトのいうエディプス期以前の女性的超自我となる。②の線は、想像的関係を表す〔注：超自我には母親からくるエディプス以前のものと父親的なエディプス以後のものがある〕。

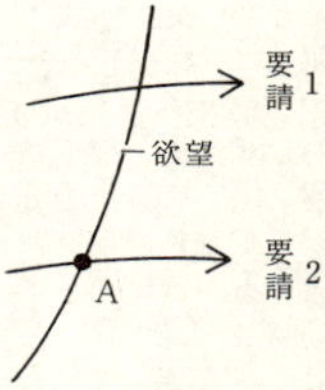

図2

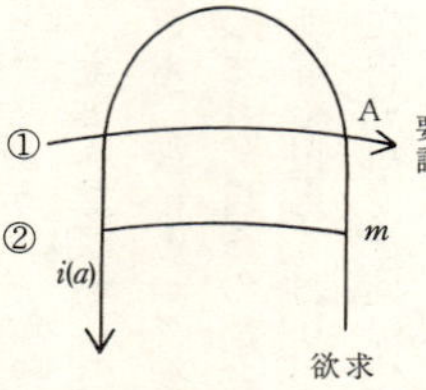

図1

図2において、要請の線が二重化されるには、欲望の次元が必要であった。欲望とは要請と欲求との格差から生じるものであったが、A地点で要請と欲求との間に隔たりがない場合は、どうなるであろうか。その場合、A地点で母親は子どもを完全に満足させ、自分自身も子どもによって満足し、一つの完全な他として子どもに接することとなる。子どもは自らの要請を出す必要がなくなり、自分自身の要請の可能性を失ってしまう。つまり、これは母親が子どもに対し欲求の次元だけで接し、その満足だけに気を配るという場合である。例えば子どもが泣くときに、母親がそれを単に食欲の現れとしかとらない場合、子どもの存在は口に還元され、自らの主体的存在を封印されてしまう。子どもはそれには耐えられなくても、この時点ではそれに対する抵抗手段をまだ十分に持ち合わせていない。幼児の食欲不振はこの段階での

最低の主体的抵抗を示している。これは、己を単に欲求の次元にある動物的存在として扱われることへの否定を、食物を拒否することで表しているのであって、これにより子どもは、無という主体的食べ物を得るのである。

このような事態を避けるには、子どもに満足を与えることを拒絶することが必要である。幸いなことに、通常これは自然に行なわれる。なぜなら、母親は常に子どもと一緒にいるわけにはいかず、他にもしなければならない仕事や関心事があり、子どもが全く母親の虜になることはあまりない。さもなくば、この時点で精神病、また極端な場合は自閉症的構造が決定される恐れが出てくる。これは母親の意志に関わる問題ではなく、母親の欲望の次元が問題になっている。母親の欲望が子どもに集中し、子どもを自分の欲望を完全に満たす対象として扱った場合、子どもは母親の世界に閉じ込められてしまうのだ。

これは〈他〉の欲望の問題である。母親に〈他〉の欲望がある場合、子どもはそれを敏感に嗅ぎとり、自分は母親を満足させる存在ではないのかもしれないという疑惑を抱くようになる。そして、母親の真の欲望は何であるのかを疑問にもち、その答えを捜し始める。子どもが様々な質問をし、大人を困らすようになるのはこの時期である。

ここには母親の女性性も関係してくる。女性が母親になったときに、その女性が母親であることに満足し、女性であることの困難を捨て去って母親になりきってしまうとき、子どもは母親の欲望に押しつぶされるであろう。逆に母親であることを拒否し、女性性ばかりを追及するときにも、子どもは行き場を失い、辛い状況に置かれるだろう。だが一般的にこうした極端な傾向は避けられ、多くの女性は母親になることを受け入れても女性性を完全には捨てない。女性性は子どもに向けられるものではなく、例えば男性に対してあるとするなら、母親の女性としての部分は母子関係の外を目指していることになる。この場合には、子どもにとってそれは母親との関係のなかで新鮮な空気となって、子どもを外気に当てる機能を果たすのである。

母親の欲望は欲動の言葉を使って探索される。母と子は人体の穴を媒介として結ばれている。食べ物を与える口、排便教育の肛門、語りかける耳、見つめ合う目などである。欲動はこれらの穴に結びつく。より正確に言えば、これらの穴に関して、母と子の間には色々な要請が交わされるのである。欲動とは主体とこれらの要請との関係を表す言葉である。排便教育を例にとってみると、そこで問題になるものは母親から子どもになされる排便の要請である。子どもがそれに応えることは、母親の欲望を満足させるものとして、母への贈り物の意味をもつようになる。それによって母親の要請が満足されると、ここに母子相姦の関係が成立する。ある時期が来ると子どもは排泄物に対し嫌悪感を示すが、これは母子相姦への拒否を表している。欲動では、要請と欲望との間で混同が起こっているのだ。つまり、子どもは母の要請を母の欲望ととっているのである。

欲動の満足は、母子相姦を意味するものであるため、エディプスに達するにはその満足は拒絶されなければならない。ある段階でこの拒絶がうまく作用しなかった場合、その段階への固着が成立する。口唇期や肛門期における固着である。すべての段階において拒絶が作用した後に、前エディプス期を脱出することが可能になるが、すべての段階の消化は一つの理想であり、通常必ずどこかにいびつな点を残しながらエディプスに達する。

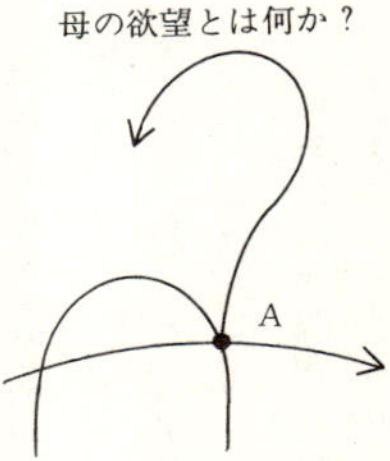

図1

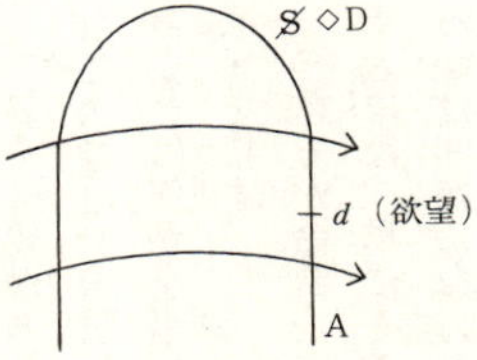

図2

図1では、Aの場から疑問詞が発せられることを示す。図2では、その疑問によって、要請の線が分化することを示す。（S̸◇D）とは欲動を示す記号で、S̸は主体を表し、Dは要請（Demande）を表す。中央の◇は両者が関係することを示す。すなわち、欲動とは主体と要請の関係であることを表している。

フロイトの誤った解釈としてよく見られるものに、この欲動の諸段階を生物的な内的発展段階だと見なすものがある。だが、欲動とは、子どもと母親間の要請に、口唇、肛門などの形態を与えるもので、それは生物的な関係というより、言語的関係を表すものである。より正確には生物学的なものと言語的なものの接点である。

子どもは母親の要請に応えることで母親の欲望を満たそうとするが、その時にその満足が拒絶されると子どもにとって一つの疑問が生じる。この疑問こそ、子どもが母親の世界から脱出するための鍵である（図1）。

満足が拒絶された場合、要請の線は二分化する（図2）。そこで主体は、欲動の言葉（$\$\Diamond D$）を使って母親の欲望の対象を捜すわけだが、この時期に欲動が満足されると前記の固着が起こる。欲動の満足は、〈他〉の欲望の疑問詞を消してしまう。

要請と欲望の混同によって要請の満足が欲望の満足として受け取られる場合、欲望に対する解答は一応与えられ、疑問の余地がなくなる。これが固着現象であり、この時は二本の線がまた一本に逆戻りしてしまう。子どもが母親の世界から抜け出すには、常に線を二分化しておく必要があり、そのためには要請は拒絶されなければならない。

またこの線は、言表（énoncé）と言表行為（énonciation）の差を表すものとも考えられる。言表とは何かを表現するときの表現自体を指し、言表行為とは表現する行為という主体的次元を指す。

一つの言表が命令形で行なわれるとしよう。例えば「ミルクを飲め」である。この言表を聞く人には、単にミルクを飲むことだけが要求されているのであって、言表の彼方に何があるかは問題にならない。命令形ではそれを受け取る者に対し、何の疑問ももたずにそれに従うことのみを要求する。命令の次元は言表にすべて表される。「ミルクを飲め」は欲求を満たすに必要かつ十分な言表としてあるもので、その内容は、その言表と完全に一致する。ゆえに、命令形においては、いつ、誰が発するかは問題ではなく、主体的要因は捨て去られる。

命令形の反対側に位置する言表形態は、疑問形である。「何が欲しいか?」と問いかける場合、言表の内容は、言表の次元ではなく、言表行為の次元に置かれる。疑問形においては、問いかけの言表とそれに含まれる欲望との分離がなされる。「何が欲しいか」の問いかけに対しては、その言表を発する行為の次元において解答が捜される。——「彼は私に、何を欲するか、と尋ねるが、一体、私に対して何を欲してこのように問いかけるのだろう」——ゆえに疑問形においてその内容は空であり、言表行為だけが問題になる。

言表行為とは言表の彼方の次元を指す。それは通常の言表には表せない言表の残滓、または言表に対する過剰であり、そこには主体的次元が表れる。このように言表行為と言表のギャップは疑問形においては最大となり、命令形において最小となる。そしてこの両極端の問に様々な文法的様態を配列することができる。

一二三頁の図2の下側に当たる線は、言表の線である。主体がその線とA地点で交わるとき、何の残滓も残さない言表が主体に対して与えられると——例えば命令形——主体はここで停滞する。それに反し、言表が言表行為を伴って与えられると、主体は疑問詞に引っぱられ(図1)、下部の線を抜け出して上部の線に移行する。要請は言表と言表行為の線に二分化するのだ。このことはロボットに話しかけることを想像すれば、簡単に理解できよう。ロボットは機械として命令に従うだけである。下部の線は極端にいえば、ロボットに話しかけるようなものなのである。

人間が欲望の次元に達するには、語りかける側も欲望を持った人間として、つまり、言表行為を伴った語りかけ、感情や愛情を必要とすることは当然である。

S(Ⱥ)

母親の言葉のなかに、〈他〉の欲望の兆しが認められるとき、子どもとの要請による関係を表すグラフの線は二分化され、子どもはその上部に当たる言表行為の次元に至る。彼はそこで欲動の言葉（$◇D）を使って母親の欲望の対象を探す。この段階においてすべての要請の満足が拒絶されるとき、すなわち要請と欲望の対象は一致しないこと、母の欲望は〈他〉の欲望であることが示されるときに、主体は次の段階に移行することができる。

子どもが母親の欲望に関する探索の果てにめぐり合うのは何であろうか。それは母親の去勢、正確には母親の去勢を指し示すひとつのシニフィアンである。何も意味しない純粋なシニフィアンであり、すでに死んでしまっている父親を指し示すシニフィアンであるといってもよい。子どもの探索は純粋に象徴的な、この父親に出会うことにより中断される。

このシニフィアンは、母親の欲望を完全に満たすような対象は存在しないことを示し、子どもにそれ以上探索を進めることの意味を失わせてしまう。子どもに存在を与える可能性を秘めていた母親の欲望は、空虚な穴と化し、子どもが母親のファルスとなる希望は失われる。子どもはそこで虚無の絶望のなかに落ち込む可能性を知る。そこに至るまでの過程において子どもは母親の欲望を満足させようと、ファルスへの同一化を計ったのである。というのは、そこには母親の欲望が満足される次元が存在するという前提がまずあり、その場に子どもはやってこようとするのである。父親は母親を満足させる者であるがゆえに、そこは父の場であるともいえる。つまり、ファルスとしての子どもは、父親の場に自らを同一化しているわけだ。しかしながら、要請の拒絶により、母親の欲望の要請としての満足は得られず、彼は彷徨を余儀なくされる。その果てに、子どもは、要請の拒絶は構造的性格をもっており、単なる偶然に基づくものではないことに気づく。そのとき、子どもの前には母親を満足させるべき父親はもはやいなくなっており、その抜け殻、すなわち空のシニフィアンのみが残る。この象徴的父親は母親を満足させうるものは何もないことを子どもに示す。つまり、母親にはファルスがない。母親のファルスは存在できないということであり、それによって母親の去勢の現実が明らかになる。最初、子どもにとって、母親は一つの全体的な全体性を備えたものであったが、この去勢によりそれが失われてしまう。

ラカンはこれを他者（A）に一本の棒線を引くことで表している（Ⱥ）。（A）は一つの全体像を持つものだが（Ⱥ）ではそれが失われ、そこに引かれた棒線は一つの欠如を表している。この棒線の反動で、子どもは母親とファルスとしての自らの存在を失ってしまう

(−φ)。母親の去勢は子どもの存在を取り上げることになり、子どもは去勢をそのまま受容することは決してない。彼はそれを認めることを拒否し、抑圧のなかに忘れ去ろうとする。これが抑圧の核となるものである。

己の存在の壊滅の脅威を前にして、子どもはどのような態度をとり、この危機を回避するのであろうか。それを明らかにするには、ここは主体的行為が待たれている時点であることを理解しなければならない。先にとりあげた三人の囚人の譬えは、この行為についての論理的展開であったが、その例が示すように、ここで主体は行為をなさなければ己の存在を得る可能性を失ってしまう危険に出会うのだ。

主体が目の前にするのはファルスとしての存在の不可能性である。それに対し、主体は一つの置き換えを行ない、自らの存在を救おうとする。主体はそれを一つの禁止されたものと見なすことにより、この場面を回避する。つまり、不可能なものを禁止されているものと見なすことで、その禁止の彼方に一つの可能性の次元を創り出すのである。不可能なものというぽっかりと開いた穴に、一つの想像的なものを置き、蜃気楼の効果を生み出す幻想を創ることにより、自らの存在を守ろうとするのである。

父親は、母親の欲望の満足（これは不可能なことである）を禁止するがゆえに、その禁止の彼方にファルスの可能性が生まれる。子どもはこのような父親を創りあげ、それを周りにある現実に重ね合わせる。これによって父の名は具体化され、一つの内容のある欲望の対象が生まれるのである。不可能を禁止されたものと見る場合、禁止する者としての父親という次元が生じるのである。

母親の欲望は子どもには理解できない全くの無形態なものであり、その前で子どもはなす術を知らないが、父の名によってそれに一つの形態が与えられると、何らかの反応を示すことができる。母の欲望は父の名によって隠喩化されたわけであるが、これにより欲望に規律が与えられ、子どもは法に支配された言語の世界に生きることが可能となるのだ。

母親の去勢は構造的なもので、それを行なう誰かが存在するわけではない。それは他の場合における一つの欠如である。主体はこの欠如に直接出会うわけではなく、欠如を示す一つのシニフィアンに出会うのである。このシニフィアンをラカンは、S(A̸)という記号で表している。

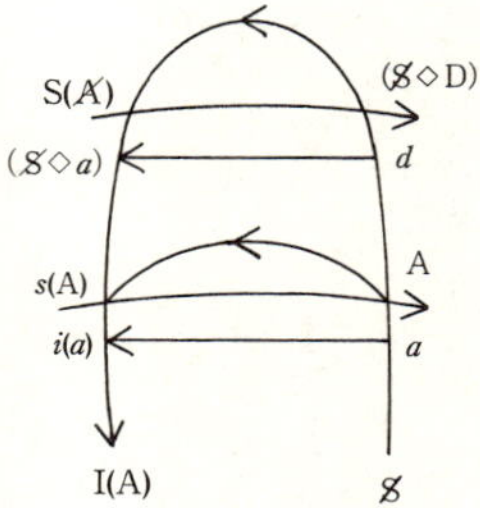

これで一応、ラカンが欲望のグラフと呼ぶものに含まれる主要な概念が出揃ったので、グラフの解読のために取り組むことが可能となった。

欲望のグラフ続

(S̸◇a) は、幻想を表す。

I(A)は、自我理想を表す。

($\$ \diamond a$)
↓
s(A) ← A

Aの地点で、主体は欲望（d）の謎に出会う。それによって要請は二分化し、主体は言表行為の線上（$\$ \diamond$D）に移行する。この謎の解答はS(Ⱥ)で与えられるが、それは幻想（$\$ \diamond a$）によって覆いかぶされてしまう。

また幻想は、欲望の謎への返答の機能をもつものである。d→（$\$ \diamond a$）

幻想はまた、自我理想の核としても働く。幻想によって一つの理想像が作られたのである。（$\$ \diamond a$）→I(A)

症状についてはまだ解説を付けていないが、それはs(A)の場所に位置し、Aによって幻想に形態が与えられたものである。

このグラフは、主体が他の場から去勢を経て、自我理想を完成させ、自らの欲望を持つに至る構造を示す。

これは、一九六〇年に到るまでのラカンの理論的主要テーマを集約している図式であり、ラカン理論のなかでは重要な位置を占めている。彼の理論の全体がここに表されているわけではもちろんないが、後の彼の発展は、このグラフを礎になされている。ラカンはこれを〝欲望のグラフ〟と呼び、欲望をもった主体の構造を示しているが、これはまた、パロールが発せられるときの構造であるともされている。すなわち、Aから発する言葉は

S(Ⱥ) を通った後に s(A) のシニフィエの場にたどり着き、主体のパロールとしての意味をもつことになるのだ。

このグラフはまたエディプス・コンプレックスを説明するものだともいえる。ラカンの理論的貢献の一つは、フロイトが神話として考えたエディプス・コンプレックスを、神話としてではなく構造として説明しようとしたことである。ラカンはそのために、このフロイトの神話を様々な角度から何度にもわたって考察を重ねた。そのいくつかの例を検討してみることにするが、その前に、エディプス・コンプレックスが神話としてはっきりと提起されたフロイトの後期の論文の一つ、『トーテムとタブー』をまず紹介しよう。

トーテムとタブー

フロイトによるとこの論文は、集団心理学における未解明のいくつかの現象に精神分析の観点を応用し、それを究明しようとする意図で書かれたものだとされている。

しかし文化人類学的にみると、今日ではこの論文の内容は何の根拠もないとして、全く無視されている。そしてフロイトの考えを受け継ぐ人たちからもさして信憑性のない、単なる応用精神分析の一例としてあまり重要視されていない。

この論文について精神分析の内部および外部から出されたこうした否定的な意見とは対照的に、ラカンはこれをフロイトの理論のなかでも重要な論文の一つであるとし、自分のセミネールにおいてもしばしば問題にしている。また、フロイト自身もこの論文が大いに気に入っていたようだ。

本論文は、原始的集団生活を営む未開の部族におけるトーテムとタブーの役割や機能について光を当てようとする試みで、その構成は次のようになっている。

(1) 有史以前の人類はサル社会から発展したものである。そこでは、サル社会でボスザルがすべての雌ザルを支配するように、部族の長がすべての女を保有し、すべての性的享楽を独占している。

(2) 子どもたちは、この独占的立場に不満を抱き、ある日、兄弟どうし協力してこの長を殺し、それを食べてしまう。長の死体を食べることにより、長の持っていた威力を身に付けようとするのである。

(3) 長のいない部族において、子どもたちはそれぞれ女を手に入れ、欲望を達成できるはずであったが、実際はそうではなく、兄弟の間で女を争奪するための戦いが始まることとなる。性的欲望は兄弟たちを結びつけるものではなく、分裂させてしまうものである。部族には、争いを治める強大な力を持った長はもはやおらず、戦いは際限なく繰り広げられる。

(4) その果てに、兄弟たちはこの戦いの無意味性、そしてすべての者が殺し合うと部族全滅の危険があることに気づく。

(5) また殺した父親については、それまで自分たちを縛り付けていたことで憎んでいたが、同時に部族の守護者として愛されてもいた。生前は憎悪によって愛情が隠されていたのが、いったん殺してしまった後では、憎悪は満足させられて後退し、今度は父への愛情が前面に出るようになった。その結果、愛する人を殺したという罪悪感が強く表れ、その贖罪として父親を祀りあげ、敬い、父の法である近親相姦禁止の掟を守って部族内の女性には手を出さないようにするのである。

(6) そして殺した父親をこの掟のトーテムとして立て、兄弟たちはトーテムに同一化を計る。これにより部族に平和が訪れるようになる。

人類学的考察としては全く突拍子もない説のように見えるこのお話も、ラカンの解釈によるとその内的な論理にはしっかりしたコンシスタンスがあることに驚かされる。フロイトのトーテムとタブーの構成と前記のグラフとを比較すると、いくつかの類似点がある。

これは、フロイトがエディプス・コンプレックスに与えた現代の神話であって、ラカンのグラフもエディプス・コンプレックスを表すものであるから、両者は同じ内容を表していることになる。

原始的部族の長はすべての女を独占する者であるが、そこには二つの意味が含まれる。すべての女の享楽を独占することは、女を享受すると同時に女に享楽を与えるという意味もある。ところが女、母親を満足させることは構造的に不可能であるのはすでに述べた通りだ。ここでは、女を満足させる能力をもった父親が

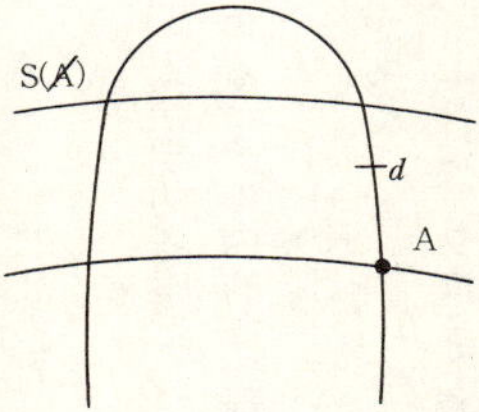

「昔～があった」という神話の形をとって仮定されているのである。

またフロイトによると、子どもはおっぱいを飲むことによって父親に同一化するとされる。おっぱいを飲むということは、母親を満足させる場としての父親を認めることである。子どもが母親から受け取る食物は、この父親と同じ機能をもち、それを食べることは、父親を殺し、それに同一化を計ることを意味する。子どもが食物を受け入れるときは、このような同一化が行なわれており、それによって子どもは母親を満足させる対象、ファルスとしての場所に置かれるのだ。しかしながら、このファルスは想像的なものであって、想像界に不可避な混乱を引き起こす結果となる。

これは、トーテムとタブーでは、兄弟間の争いの段階に相当するものだ。グラフでは、AからS(Ⱥ)の間の過程として表されており、母親の欲望の謎（d）が原動力となってこ

の段階は進展する。

最後に、争いの無意味性を知ることは、S(Ⱥ)に達すること、そして和解に到り、掟を立てて、父親のトーテムに同一化することは（$\$\Diamond a$）からI(A)に到ることとして表されていると解釈できる。

一人の子どもがぶたれる

フロイトは抑圧を二つの段階で考えていた。最初に原抑圧があり、次に本来の抑圧がなされる。ラカンはS(Ⱥ)を原抑圧の場に相当するものだと考える。S(Ⱥ)は象徴界の穴を指し示すシニフィアンであり、その穴が構成されることが原抑圧だというのである。フロイトはこの原抑圧を誰にも決して到達できない抑圧として述べている。しかしながら、これは一つの幻想的表現をもっており、われわれはそれを通して原抑圧の存在を知ることができる。フロイトはそれを基本的幻想と呼んでいる。フロイトは分析実践を通じてこの基本的幻想を抽出し、それを「一人の子どもがぶたれる」幻想と名づけ、同名の論文で扱っている。

この幻想は女の子の場合に見られるものである。男の子にも基本的には同様な構造が見られるが、いくつかの点で歪曲が見られることから、より純粋な形で表れている女の子の場合を例にとっている。
それは、三つの段階から構成されている。

(1)　分析のなかで、患者の頭に一人の子どもがぶたれている光景が浮かんでくる。後になり、その子は兄弟であることが判明する。叩く者は父親である。父親は私の嫌いな子を叩く。なぜなら、父は私を愛しているから。これがこの場面の意味するところのもの、つまり父親への近親相姦的願望である。

(2)　次に来る場面は、意識的に浮かぶものではなく、分析により再構成されることによってのみ把握される。ここでは叩かれる者は患者となる。
「私は父に叩かれる」、これは患者には快感として感じられる。ここにおいて、競合する兄弟はいなくなり、患者一人だけが存在する。第一の場面において、「叩く」というシニフィアンは「嫌いである」というシニフィエをもっていたが、ここではそれが「愛している」というシニフィエに代わる。「父は私を叩く、なぜなら、私を愛しているから」ということになる。

これは、エディプス・コンプレックスを表している。

(3)　最後は、エディプスを経過した後の場面でそこにはもう父親の姿はなく、一般的な形態をとった強力な人物がそれに代わり、その人物が幾人かの無性格な男の子を叩くという形をとる。幻想の主体はその光景を見ている。この場面は性的興奮を伴い、自慰的な満足が呼び起こされる。

最初の場面は、兄弟との想像的競合関係を表している。そこにはライバルが父のような人によって取り除かれればよいという主体の願望を読むことができる。これは、日常生活のなかで誰かとライバル関係になったときに、知らないうちにわれわれが持つごく普通の幻想である。

次に来る場面はこの幻想の中心をなすもので、これは無意識、つまり、意識に到達しないメッセージを含んだものである。フロイトは、これを第一の場面において、父親に愛されるという近親相姦的願望に起因する罪悪感が自らを処罰しようとするものに結びつくものだ、と説明をしている。すなわち、近親相姦は自らをφの位置におくものであり、それを父親は罰して去勢$(-\varphi)$を成立させるのである。

アラビアの諺に「夫は妻を毎日一度は叩くべし」というのがある。夫は何の理由もなく叩くのであるが、妻は何が理由で叩かれたかをすぐ理解するであろう、というわけである。

母親の欲望の満足は不可能である。すなわち、真の近親相姦とは不可能なことであり、不可能なことはできないのであるから、それに対する罰もありようがない。ところが、それをひっくり返して、まず罰を受けたとすると、一つの罪を犯したことを意味するようになる。これによって、不可能にそれが可能であるかのような形態を与えることができる。この論理と同じように、アラビアの妻は、叩かれることにより、自分でその理由を見つけ出すのである。

　幻想のなかでは子どもは叩かれたことによって快感を見出すが、これは罰が同時に罰の原因になったのであろう。禁じられたものを犯す享楽に結びついているのだと考えられる。これを父親の観点から見ると次のようになる。子どもが去勢に到るのは母親の欲望の構造的不可能性に起因するもので、決して誰かによってそれがなされるわけではない。ところが、その不可能性を誰かの禁止の結果だとすると、そこに一つの可能な場が生まれる。ここで主体は父親を創り出し、それに叩かれることによって享楽の可能性を保とうとするのである。

　われわれはこの幻想のなかに可能―不可能の弁証法を見出すのであるが、ラカンはそこにもう一つ分析理論に欠かせないものを認める。それが主体である。主体とは、叩かれた者、一本の棒によって叩かれた一つのシニフィアン（$\not{S}$）である。この棒によって主体は消滅する。主体はファルスで在ろうとするが、そのファルスには棒が引かれ（$-\varphi$）、自らの存在を失ってしまう。

　主体とは、象徴界における単なる一つのシニフィアンの欠如、おのれのシニフィアンを持たないものである。

幻想とは、主体が受動的に被るこの脱落をお話として逆転させ、主体の能動的行為の結果であるかのように見せかけることで、主体が自分自身の存在を保証しようとする手段である。

これまで、フロイトのエディプス・コンプレックスとラカンによるその解釈について説明してきた。こうしたラカンの解釈をみると、彼がいかに正統的にフロイトを理解しようとしているかがよくわかる。そしてまたラカンの解釈はフロイトの理論に新しい光を当てて、われわれを驚かせてくれる。

しかしながら、これまでのエディプス・コンプレックスの説明は、神話的、物語的であるということにおいて、多分に想像的次元に偏っているところがある。それを補う意味で、次にJ・A・ミレールの『母胎』(Matrice) という小論文を借りて、もう少し論理的な説明に入ることにする。

母胎 (Matrice)

この論文は、題名『母胎』が示す通り、シニフィアンの論理の母胎となるものを抽出するものである。ここではその一つの応用を試みるが、この論文の言わんとすることをすべ

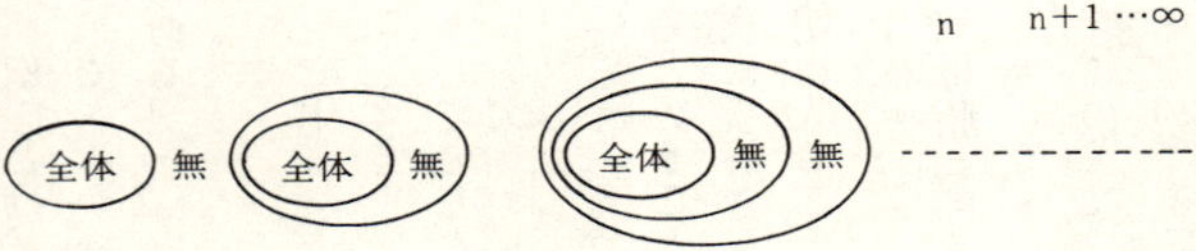

て網羅するものではない。

全体と無

最初に全体を捉えようとすることから考えてみよう。全体を捉えるとは、何も残さないことである。すなわち、全体の外は無である。そうすると全体は、自らの外部に無を残すことになり、全体が真の全体であるためにはこの無も含まなければならない。ここで新しい全体ができる。ところが全体が全体である限り、必ず外部に無を残す。こうして全体を捉えようとする運動は、一つの過程となり、際限なく続く。

nとn+1の差は、常に一つの無であるが、同時に無は存在しないともいえる。ゆえにnとn+1の差はない。つまりnはどこまでいっても、最初の全体と同じでもある。

印とその連鎖

一つの印を記入すると、二つのものの存在が始まる。印とその印を消した後に残る場所である。その場所を表す印を最初の印に付け加えると、また新しいものが一つ加わり、最初の欠如は繰り返される。つまり、一つの印は自らの全体性を表すことができない。

シニフィアン

n＞1のシニフィアンの集合体を考える。一つのシニフィアンは、自分以外のシニフィアンによってのみ定義される。たとえば、{赤、白、青、黒}の集合において、赤は白でも青でも黒でもないことから区別される。

nの各々のシニフィアンは（n－1）によって定義される。しかしながら、シニフィアンのn集合体そのものの定義は不可能である。そこには常に、一つの定義が欠けている。

「全体と無」の論理、「印とその連鎖」の論理、「シニフィアン」の論理、これらは一つの論理を三つの形で表したものであって、その根底には、シニフィアン、記入された印は一つの欠如をもたらすという論理がある。

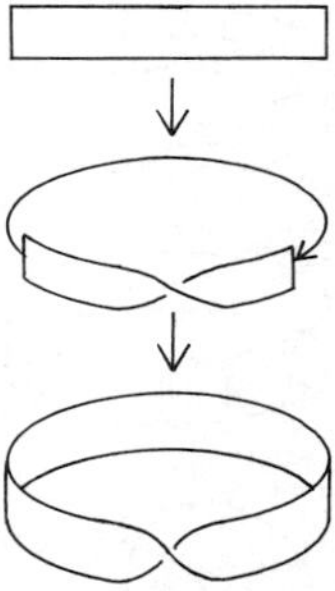

メビウスの輪

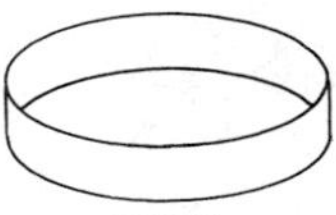

円筒形

この論理は、メビウスの輪というトポロジー形態で表すこともできる。メビウスの輪は、一つの長方形を半回転させ、その両端を繋ぎ合わせたものである。

メビウスの輪は、円筒形に比べて、い

くつかの興味深い性格をもっている。円筒形の上ではその表面の一点から出発し、また元の場所に戻ってくるためには、それを一周すればよいが、メビウスの輪の場合に同じことをするには輪を二周する必要がある。これは

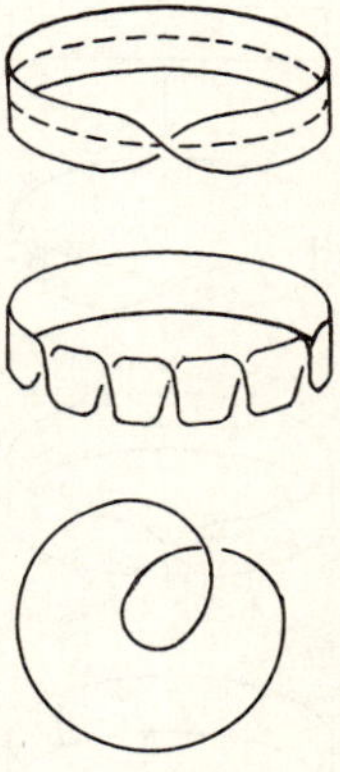

切断線

一つの印が二つのものの存在を表すという印の構造と同じ構造を示すものである。また、メビウスの輪の表面の一点を取ると、そこには必ず表と裏があるが、それを全体として見た場合、表も裏もない一つの面から成り立っていることがわかる。これは全体と無の相反するものの同一性を表している。つまり、最初の全体と無の弁証法は、メビウスの輪の上を回転しているものと考えることができる。

この輪の中央部を点線沿いに切ると、円筒形のように二つの部分に切り離されることなく、長方形を二回転して繋ぎ合わせたときに得られる一つの輪が残る。

この輪は、表と裏が分離した構造をもつ。つまり、メビウスの輪的な歪みがなくなってしまうのだ。ところが輪の切断線は右図のようになっており、二回転で元に戻るという、メビウス的構造をもっている。このようにメビウスの輪特有の歪みは、輪を中央の線に沿って切断することで取り去ることができるが、残りの輪の面上から取り除かれた歪みは完全に消え去るわけではなく、その切断線に集約されるのだということができる。

第三章の初めに、フロイトの『科学的心理学草稿』における子どもの始原の満足体験に関して触れた。そこで彼が述べていることは、子どもの心的動因として働くものは、子どもが得た最初の満足体験を全体的に再現しようとする努力だということであった。子どもが満足体験を得るとは、〈他者〉から子どもに満足を表す一つの印が記入されているということである。そして、それを全体として再現するときには、上記の母胎の論理が適用される。ここで全体↓無↓全体の不断の過程が始まることになる。

子どもが母親の欲望の謎に出会うとき、彼はそれに一つの解答を与えようとするのであった。全体↓無↓全体の論理は、それを別の形で表現したものにほかならない。

この過程の内部で、子どもは一つの解答を出そうとするが、結局、それに相当するものは何も見つからない。この過程は構造的に際限ないものであるゆえに、それを止めることを可能にする解答はあり得ない。ここで子どもは解答の不可能性に遭遇する。つまり、解答がないということが解答なのである。この解答を前にして、子どもは一つの行為を強いられる。父性隠喩を創り出すという行為である。ただ子どもが父性隠喩を創造できるためには父親の存在の可能性を示す何らかの印が母親の言葉のなかに示唆されなければならない。これは新しい意味の創造という隠喩の基本的性格をもち、それまで流動的であったファルスの意味を固定する機能をもっている。ここにおいて、子どもは母親の欲望に対する解答を得、正常化された自らの欲望をもつことができるのである。

この過程はメビウスの輪をもとに理解することができる。シニフィアンは自らの固定した意味をもたず、常に自らの意味を他に送り出し、その反映によってのみ意味を生み出す。母親の欲望の謎とはこのようなシニフィアンの換喩的性格に由来するものである。メビウスの輪の上において、この謎はその表も裏もない構造によって表される。

また、この輪を一四二頁の図のように切断すると、表と裏の二面性を持った輪が得られる。この二面性はシニフィアンとシニフィエの二面性（S|s）であり、それによってシニフィアンは固定した意味をもつようになる。これは換喩的一面性を持ったメビウスの輪を切断し、意味の定まらないシニフィアンに一義的な意味を与える行為であって、一つの隠喩を創造することに相当する。

メビウスの輪を使って換喩、隠喩の構造を表すことができることがわかったが、それに加えもう一つの重要な概念をそこに見ることもできる。分析において主体と呼んでいるものは、メビウスの輪より取り除かれ、その切断面に集中する歪みなのである。切断行為によって輪の上面から排出され、その内部と外部の境界に位置されるようになる主体は、メビウスの輪の上での未決定の位置から棒を引かれた主体（$S\!\!\!/$）の場に落ちる。主体は最初から無の場所に落とされることを宣告されているのだが、隠喩的行為を用いて、それを自身で自らを叩き落とすという構造にすり変えるのである。基本的幻想の第二の場面、「父は私を叩く」はこの構造を集約している。

主体

すでに本書の第一章の終わりに、精神分析における主体とは何であるかについて簡単な導入を行なった。主体とは分裂したもので、不調和や欠如などの否定的な要因を主体的なものだと述べた。

上では、主体をメビウスの輪の歪みとその切断を使って説明しようとした。それは、一般的に考えられているような実体を持った意志的な主体、心理学的主体とは異なり、何の実体も持たないもの、人間という動物が言語世界に入る結果生まれる一つの効果、シニフィアンの効果である。

言語理論の導入によって初めてこのような主体の理論化が可能になったわけだが、分析の理論化活動を始めて以来、ラカンは一貫して主体を、統一性を持つ自意識的実体と考えることに反対してきた。レーベンシュタイン、クリス、ハルトマンの三人組を中心とした米国の精神分析が自我心理学と成り果て、神経症を弱体化した自我の一つの病気と考え、その治療は、自我を強めて現実性に適応可能な人間を造りあげればよいとした。だが、こうしたアメリカ的プラグマティズムは、ラカンの考えとは全く逆のものである。彼らにとって、自我とは現実を支配すべき統一性をもった一つの実体である。それに反して、ラカンは、自我を想像的なものと見る。自我は自らを反映するイメージへの同一化の堆積から成り立っており、ちょうど、玉ネギの皮のように多層化されているものである。それを一枚ずつ剝いでいくと、あとには何の実体も残らないであろう。ラカンは、自我は一つの穴だと言っている。

自我心理学の治療においては、病気になり、弱った患者の自我を分析家の健康な自我に同一化させることに目的が置かれる。それゆえに、分析家は理想的な人格をもつ一つの理想像であることを要求される。自我心理学の批判を展開していた頃のラカンの考えは、神経症は逆に自我が強すぎることから引き起こされるという東洋的な自我の考えに近いものであった。分析家は一つの理想像であることをやめ、自我をできる限り消し去らなければならない。そして、患者の自我同一化の様々な位相を反映し、玉ネギの皮を剝くように患者の自我を裸にするべきであると考えていた。

ラカンは彼の理論的出発点ともいえる「鏡像段階」の論文以来ずっと、主体を、二面性を持ち矛盾を含むものとして考え、全体的統一性を持つ実体とする考え方に反対してきた。主体を分裂したものと考えることは、ラカンの分析理論の全体を貫く一本の線となっている。無意識の言語的構造の命題をラカンの理論の柱をなすものとすると、主体の分裂はラカンの根源的直観であるといえよう。主体の分裂は無意識の言語構造の前提となったものであり、また反対に、言語構造は結果として、主体を理論的に把握することを可能にしたのである。

フロイトの発見は、コペルニクス的転回にも譬えることができよう。それまで宇宙の中心を占めると考えられていた地球は、コペルニクス以後、単なる一惑星の地位に転落してしまったのであったが、これと同様に、主体は人間の中心にあってその現実を支配する統一性をもつ実体であるという自らの幻想を打ち砕かれ、逆に自分自身に矛盾を含み、何の実体ももたず分裂したもの、言語活動の一つの結果ないしは効果であるという、無の場所に落とされてしまった。

『エクリ』に収められているテクストの一つに、「フロイトの無意識における主体の転覆と欲望の弁証法」がある。主体の転覆とは、まさに世界の中心であった主体がおのれの場を失ってしまうこの転落を指している。分析が問題とするのはこのような主体である。

人間が言語の世界に入るとき、構造的に一つのシニフィアンが欠如する。主体とはこの欠如である。主体はおのれの存在を表すシニフィエをもたず、自分は何であるかを知らない。先ほどの「全体と無の弁証法」が表すように、人間が〈他者〉の世界からシニフィアンを受け取るとき、印の記入が行なわれ、つぎにその印を全体として再現しようとするとき、そこに一つの欠如が生じる。フロイトのいう反復とは、主体が最初の満足体験を完全に再現しようとする運動であるが、それは不可能であり、常に何か欠けたものが生じ、それが再び反復を繰り返させる原動力となるのであった。ここに主体は、失われた存在として生まれる。失われた存在といっても、最初に満ち足りた世界を想定するものではない。主体は存在欠如として生まれるとともに、そのような神話的な充足の世界を遡及的に措定するに過ぎない。

主体の存在欠如は、どのような形をとって表れるのだろうか。欠如とは、否定的存在であるゆえに、直接捉えることはできない。それは、つねに何かの欠如として表現される。主体は自らの存在欠如を〈他者〉の欠如として認めるのである。つまり、主体は〈他者〉の欲望として自らの欲望を経験するのだ。ゆえに〈他者〉の欲望を満足させるということは、そのまま自らの存在を決定することに結びつく。ラカンの有名な命題、「人間の欲望は〈他者〉の欲望である」の一つの意味がここにある。

（注） 他の欲望という表現は両義性を含んでいる。一方では他が欲望することを意味し、他方では他を欲望するという意味をもつと考えられる。これは欲望の両義性であって、欲望は果たして主体のものであるのか他のものであるのか、はっきり決定できない。

こうして、主体は、〈他者〉を満足させる対象を捜すわけだが、想像的ファルスが母親の欲望の対象だとするとその最初の解答は、全体としての自分の身体を想像的ファルスの場所に置くことである。だがそれは他者（A）の欠如$S(\not{A})$によって自らの去勢を呼び起こすこととなり$(-\varphi)$、その結果生まれた主体$(\not{S})$は存在欠如であるので、主体の存在ともいえる身体とは切り離されている。動物は身体そのもの（動物＝身体）であるが人間は身体ではない。人間主体は動物のように身体と一致せず、人間＝身体とはならない。人間はそもそも身体を失っており、後に何らかの方法で獲得しなければならないのである。鏡像段階において、人間はイメージとしての全体的身体を獲得するのであって、その前は他者の諸要請により分断された身体イメージしかもてない。すなわち言語が人間の身体イメージを分断するのである。鏡像段階の分断された身体像とは、このことを表している。鏡像段階の混乱した欲望は幻想によって規則化される。幻想によって主体は〈他者〉の欲望を自分自身の欲望であるとの錯覚に変え、自らを支配していると考えるようになる。このとき幻想は父の名の機能をもち、それにより母の欲望は法によって支配される。

精神病においては父の名が排除されており、母の欲望は法外なものとなり、その結果主体は自らの存在の指標を失ってしまう。精神病には単なる知覚に意味が生じるという現象がある。例えば、赤い自動車が通るとそこに何かの意味があるという確信が生まれる。これは、存在を失った主体が自らの喪失を知覚に含まれる空として反映させ、それを他の欲望の謎の意味として認めるのである。また、父の名の排除によって自らの幻想的支配を失った主体は、欲望の満足を要求する〈他者〉の絶え間ない声に直接さらされる。これは精神病における幻聴の経験である。神経症の場合は、〈他者〉からの声を直接聞くことはない。しかしながら、声は常に〈他者〉からやってくるものであり、神経症では、幻想によってそれを逆転させ、自らの言葉としているのである。これは神経症（通常の人）に共通する〈他者〉の欲望に対する無知でしかない。この点において、精神病はより真理に近いといえよう。

父の名の排除によって、主体は鏡像段階へと退行する。そこは主体と他者との区別がつかない世界である。主体はメビウスの輪の構造を切断することにより欲望を規則化するが、父の名の排除は切断行為の可能性を失くしてしまい、その結果、主体は表も裏もない世界にとどまることを余儀なくされる。

精神病の患者が、他者は自分の考えをすべて知っていると感じたり、子どもが大人は子どもの考えをすべて知っていると思うのは、メビウスの輪の一つの表面にとどまりながら表から裏に直接移行することが可能なように、主体と〈他者〉が同一面に位置し、主体の考えが直接〈他者〉の考えとなるからである。だが、子どもはある時期になると、両親が自分の考えを知らないことに気づく。これはメビウスの輪の切断に相当し、それによって表と裏が分離した一つの構造が成立し、主体における内部と外部が区別される。この時点から〈他者〉が直接意識にのぼることはなくなり、無意識が構成される。精神病の〈他者〉が直接主体に語りかけるのに対し、神経症の〈他者〉はこのような理由で無口になる。

メビウスの輪の切断の項で説明したように、切断によって、主体は外部に排出され、その切断面に局所化される。精神病的主体と神経症的主体は、この切断行為によって差異をつけることができよう。後者の場合、切断と密接な関係をもち、それにより一つの存在を得た主体であるのに対し、前者には切断行為が欠け、不確定な主体である。

この二つの主体は、幻想の主体（$\$\diamond a$）と欲動の主体（$\$\diamond D$）に分けて考えることができる。前者は幻想的存在をもち、自ら意識を持ちえているが、後者においては無名の頭の無い（acéphale）主体である。これらを別々に分離したものと考えるのは適当ではなく、むしろ、主体とは常にこのように二つの次元に分裂しているものと考えるべきである。ラカンの理論は、この主体の分裂を考えるためにあるものだともいえよう。この意味で、精神分析の理論は主体の理論なのである。

ここまでで、一応初期ラカン理解のために必要な基礎概念の説明を終わる。しかしながら、これまでの説明にはまだ不十分な点もあり、それを補足するために、また、今まで説明された概念の把握をより正確にするために、次に『エクリ』に収められている「主体の転覆と欲望の弁証法」の論文中の欲望に関する部分のテクスト解釈を試みる。

ラカンの文体は非常に晦渋であり、原文はフランス人が読んでも理解不能だとこぼすほどである。それを日本語に訳して読む場合には、全く意味が通らなくなる恐れもある。ここでは、ラカンの原文の独特のスタイルを平板にしてしまうのを覚悟で、できる限り平易な文体に直して訳出する。

主体の転覆と欲望の弁証法

このテクストは、一九六〇年、ロワイヨーモン（Royaumont）で、国際哲学会議が開かれた時に行なわれた発表である。

一九六〇年というのは、ちょうどラカンが現実界に対して本格的な取り組みを開始した年に当たる。それ以前の五八～五九年には構造主義的な理論化が一応完成し、その結果このグラフが作られた。つまりこのテクストは、ちょうどラカンがそれまでの理論に一つのまとまりを与えた一方、自分の理論のなかの問題点が徐々に明確な姿を現し始め、それに対処するための新しいオリエンテーションを模索していたときに書いた、過渡期のテクストである。このような状況から、これは一方でそれまで展開してきたことを統括するという面をもち、もう一方ではあたらしい概念――享楽の概念――を導入する新たな時期への幕開けという性格をもっている。それに加えて、この発表は哲学者たちの前でなされたことから、理論的に大変にまとまりのよいテクストとなっている。そのせいか、ラカン派の人たちの間でも、最もよく引用されるテクストの一つである。

さて、このテクストの解釈に当たって、われわれは『エクリ』の原書、八〇五頁に当たる部分から始めるが、ラカンの書いたものは非常に内容が凝縮されており、ときには一つの段落に一年間のセミネールで展開されたことが集約されていることもある。それゆえ、ここでは段落ごとに訳文を付け、それについての解説を試みることとする。

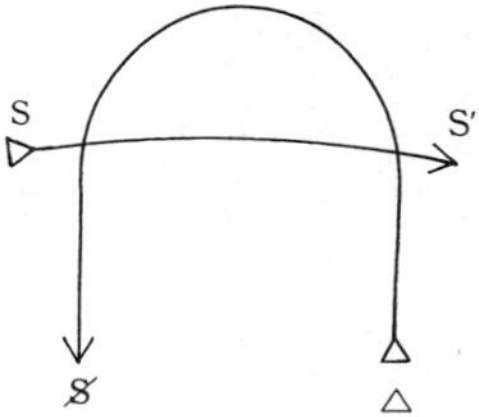

> これは基本的細胞といえるものである（上図）。ここでは、刺し縫いボタン（point de capiton）とわれわれが呼ぶものによって、シニフィアンが意味（signification）の際限のない横すべりを止めることが表されている。シニフィアンの連鎖は $(\overrightarrow{S\cdot S'})$ ベクトルで表されており、その線に逆行しながら $(\overrightarrow{\triangleright\cdot \not{S}})$ がそれと二点で交わっている。その詳細には立ち入らないが、ここでは $(\overrightarrow{\triangleright\cdot \not{S}})$ のベクトルに魚が引っかかったものとして見てみよう。これは、魚がすばしっこく泳いでそこから逃げていくことを表すというより、テクスト以前（pre-texte）の波間で魚を疲れ果てさせようとする意図、すなわち生の欲求の再帰の動物生態学的図式において想像される現実性を表すものである。

ここからグラフの構成が始まる。この段落の前半の部分は、大変明快なので説明の必要はないであろう。後半部分は典型的なラカンスタイルである。魚は $(\overrightarrow{S\cdot S'})$ のベクトルを表し、図はそれが釣針の形をした $(\overrightarrow{\triangleright\cdot \not{S}})$ のベクトルにひっかかっている様子を描いている。$(\overrightarrow{\Delta \cdot \$})$のベクトルの最初についているデルタ(△)は、言語世界に入ってシニフィアンの効果としての主体となる前の神話的存在を表し、単に生物学的な満足を得ようとする意図を表す。そして魚はそれに満足をもたらす対象である。動物生態学の図式と生の欲求の単調な繰り返しにおける満足という、言語以前(テクスト以前—pre-texte)のシニフィアンによって分節されていない世界のことである。これは人間が言語に入る前の存在、デルタ(△)がシニフィアンの連鎖$(\overrightarrow{S \cdot S'})$に出会い、主体が生まれることを表している。

文の各単語は他の単語の構成によって予知され、逆に後者の意味は前者の遡及的効果によって決定され、最後の単語が発せられることによりその文意が締めくくられるということにおいて、この刺し縫いボタンの機能は、文における通時性に見出される。

文が始まるときには、各単語はまだ確定しているわけではなく、他の諸単語の構成によって予知されているだけであり、また逆に他の諸単語の意味は各単語の遡及的効果により確定する。そして、文が終わったときに句読点が打たれて初めて、文の意味が生まれてくる。この限りにおいて、刺し縫いボタンの機能は、文における通時性、つまり文がシニフィアンの連鎖として時間に沿って発せられるというところに見出される。

しかし、共時的構造は、より背後に隠れており、これがわれわれを起源に導く。それは物に最初の属性を与えることにおいて隠喩である。これにより子どもは「犬はニャーニャーと鳴き、猫はワンワンと鳴く」と言い、物をその鳴き声から切り離し、一挙に記号をシニフィアンの機能に高め、現実性を意味作用（signification）の詭弁の高みに引きあげる。そして、本当らしさを無視して、この同じ物に、確認すべき対象化の多様性の道を開く。

通時性とは共時性とともに言語構造の二つの軸をなすものである。前者が時間の流れに対応するものとすれば、後者は場的広がりである。隠喩とは、同じ場所で一つの単語を別の単語に置き換えることであるから、これは一つの共時的関係だといえる。この隠喩によってシニフィアンは物と切り離され、独自の法則によって様々な意味を表すことができるようになる。詭弁とは物理的現実性を無視して、言葉のつながりだけで自由に表現することであるが、これは、シニフィアンの独自性によって初めて可能になる。本当らしさとは想像界の次元であり、確認、対象化、多様性とは象徴界の次元である。つまりシニフィアンのない想像的な世界では、対象の多様性を確認すべき手段は何もなく、単に連続的イメージだけが広がっているのである。つまり、シニフィアンは物を区別することを可能にするが、それにはまず、隠喩によってシニフィアンが物から解放されなければならない。

この可能性は四隅の場所取り遊びのトポロジーを必要とするであろうか。これは何でもない問題のようであるが、これにより以後の構成が左右されるとなると、多少問題となるものである。

「四隅の場所取り遊び」とは四角の四隅と中央に丸を描きそれぞれの丸のなかに一人ずつ立ち、ゲームが始まると四隅の人は場所を変えようとする。その間に中央の人が四隅のひとつの丸のなかに入ると、入れなかった一人は負けになる。いす取りゲームのようなものである。猫と犬、ワンとニャーの四つの項の入れ換えを譬えている。この遊びでは常に一人だけ場所の決まらない者が出るが、これはシニフィアンが固定した意味をもたないことを表しているのであろう。

途中の諸段階は省略して、最初のグラフにおける二つの交点の機能を直接示すことにしよう。Aと印された一方はシニフィアンの宝庫の場である。これはコードを意味するのではない。なぜならそこにおいては、記号は一義的に物と関連しておらず、シニフィアンが共時的、かつ可算的に集合しており、すべてのシニフィアンは他のシニフィアンとの対比によってのみ支えられている。s(A)と表記されたもう一方は意味が最終的に成立する句読点といえる。

一方は一つの場（空間というよりも、むしろ場所）であり、他のものは時 moment（持続するものではなく区切るもの）である。ここにある非対称性に注目していただきたい。

ここではAはシニフィアンの宝庫とされているが、このグラフが最初に持ち出された一九五七〜五八年の『無意識の諸形成』のセミネールでは、それはコードとされていた。コードには、一連の規則という意味や、情報を翻訳するためのシンボルや記号のシステムという意味がある。ラカンは、コードといった場合に、道路標識のように記号とそれが意味するものとが一義的に結びついているものだと解釈されることを恐れたのだろう。主体が言表を形成するときに出会うのは、物との一義的な関係を切られたシニフィアンである。シニフィアンはおのおの、他のシニフィアンとの差異においてのみ存在する（第一章参照）。s(A)は、Aのシニフィエ（Aの意味）、つまりAにおけるシニフィアンが一つの文として表現され、意味が生じるところである。一つの文章は句読点によってその意味が確定する。ゆえにこれは句読点を表す点であるともいえる。

双方とも、現実界の穴を構成するシニフィアンへ提供されたものという性格を持っている。一方は隠し穴として、他方は出口のための穿孔である。

われわれにとって現実界とは、世界から言語を抽象した後に残るであろう単調で充溢した世界である。そこには区別をつけるべきものは何もない。人間世界の多様性はその世界に言語が導入されることによって可能となる。言語が物を区別するのである。

人間世界の最も基本的道具に壺がある。壺は中に一つの空を有する。単調な世界は壺の発明により、穴を保有する世界となるのである。シニフィアンは他のシニフィアンに比較されてのみ自らの存在をもつもので、自分自身は固定した意味をもっていない。つまりシニフィアンの構造は中が空の壺と同じである。そして、壺と同じようにシニフィアンも内容は後から満たされる。このようなことから、シニフィアンは現実界の穴を構成する、とラカンは言うのである。

Aは中空構造を持ったシニフィアンの場であり、そこにはまだ意味が生じず、穴のままであるという意味で隠し穴なのである。s(A)は意味が生じる点であって、ここは隠喩の点だともいえる。隠喩の構造（S＋*s*）は新しい意味がシニフィアンとシニフィエを分離する線（S|*s*）をつき破って生まれ出ることであるという意味で、穿孔という表現が使われているのであろう。

主体のシニフィアンへの従属は、s(A) からAに向かい、Aから s(A) へと戻る回路に生じ、それはひとつの円である。そこでなされる発言は、自分自身の区切り以外に閉じることがないということから、言いかえると、自らの確信を与えるであろう行為が欠如しているという点において、それ自体意味のないシニフィアンの組み合わせのなかで自らの予知に結びつくのみであるというかぎりで、まさに一つの円なのである。

主体のシニフィアンへの従属はAにおいて印を授かることにより始まる。これは主体に記入が行なわれることであるが、記入されたものの意味は他のシニフィアンによって与えられる以外にはない。aはbである、というように最初のaは次のシニフィアンbによってのみ定義される。だが次にこのbを定義しようとするとcが必要となる。このようにシニフィアンに一つの循環が成立するとき、われわれは母胎の項で出てきた論理と同じ図式を認めることができる。その循環を止めるにはメビウスの輪の切断に相当する主体の行為が必要となるのであった。それによって表と裏が分離された構造を得るとき、一つの意味が確定する。これが自らに確信を与えるであろう行為である。それがない限り、文は予知的に発言されるのみで遡及的な意味を欠いたものとなり、空回りの円環を描くこととなる。

この円の円積法はAに置かれたシニフィアンの集合が完全性を持てば可能となるが、

そうすると、それは〈他者〉の場を象徴することとなる。これにより〈他者〉とは推測的計算によって完全に計算し得る、近代的なゲーム理論の主体にほかならないことがわかる。そこでは現実の主体は、自らの問題を解決するために、一切のいわゆる主観的誤謬、つまり心理学的誤謬の要素を考慮する必要はなく、完全に網羅することが可能な一つの組み合わせの記入にのみ関心を集めればよい。

円積法とは、与えられた円と等積の正方形を作図しようとするものである。しかしながら、これはπが超越数であることから不可能であることがわかっている。ここで円積法が持ち出されてくるのは、Aにあるシニフィアンを組み合わせるだけですべての意味を汲み尽くすことが可能であるかどうかということを譬えたものである。このことはちょうど、ゲーム理論において、相手は自分と同一の条件下にあると考え、相手の手の内の可能性を自分が置かれている諸条件の組み合わせだけですべて計算し尽くそうとすることに相当する。このゲーム理論は相手の手の内、すなわち、Aに置かれたシニフィアンが完全性をもつこと、つまり、それがすべての意味を網羅することによってのみ可能となる。その場合、計算には何の主体的要素も導入する必要がなくなり、ただ、シニフィアンの組み合わせの記入にのみ関心を集めればよいのである。

しかしながら、この円積法は不可能である。だが、それは単に、主体が構成されるのは自らをそこから消去しそれを不完全にし、そこにおいて、自らを勘定に入れると同時に、欠如としてのみ機能するという事実からだけの理由で不可能なのである。

〈他者〉の場には主体を表すシニフィアンが欠けており、それによって〈他者〉は完全性を失う。これが計算を狂わす要素となり、円積法すなわち意味を汲み尽くすことは不可能となるのである。

主体は、自らを勘定に入れると同時にそこには欠けているものであることを理解するためにビネーの紹介する子どもの例を取り上げてみよう。

小さな子どもは、兄弟のことについて「僕には三人の兄弟がいる。ピエールとポールと僕」と言う。彼はまだ自分を計算の外に出すことを知らないのだ。「僕」は数えるものであるとともに、数えられるものとして三人のなかの一人に入れられているが、実際には、彼の兄弟は二人である。ここに一つの剰余または欠如が生まれ、それによって円積法の計算が不可能となる。

第一章で時間の論理を考察したときに、どうして純粋に論理的計算において不確定な要素が導入されるのかということの説明はここにある。

もちろん、そこにある不透明さをすべて取り除くことはできないが、ラカンが言いたいのは、純粋にシニフィアンの組み合わせでできている論理的世界は、完全なものではあり得ず、そこにはシニフィアンの効果として、一つの不合理な要素が生まれる――これが主体にほかならない。そして、この要素によって時間は単に直線的に進むものではなくなり、予知的効果、遡及的効果が作用する弁証法的な時間として考えなければならなくなる、ということである。

純粋なシニフィアンの主体の〈他者〉はヘーゲルとともに、そしてヘーゲルに反して言えば――絶対的支配者としてそこへやってくる以前から、そこでは支配的立場をとる。なぜなら、現代の安易な情報理論が忘れているのは、コードとはすでに〈他者〉のコードであるということを抜きにしてはコードについて語ることはできない、ということである。ところが、メッセージでは全く違ったことが問題となってくる。なぜなら、主体はメッセージによって構成され、自らが発するメッセージでさえ、〈他者〉から受け取る。これによって、s(A)とAの表記の正しさが示される。

純粋なシニフィアンの主体とは、前章で扱った精神病的な主体を示しているが、この主体の前提条件となるのは、言語の場、〈他者〉の場である。

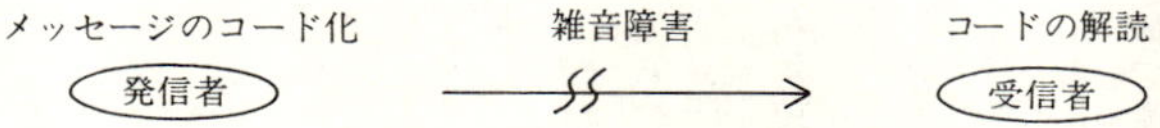

現代の安易な情報理論とは、上に示すような図式の構造をもったものである。

発信者は、伝えたいメッセージをコード化し、受信者に送る。それを受け取る受信者は、コードを解読し、それが終わるとメッセージは伝達されたこととなる。

この図式は、例えば、コンピュータ用語の伝達様式であって、それはメッセージとコードが一義的に結びついていることを前提とする。また、もしそこでメッセージの誤解があったとしても、それは伝達の途中における器具の故障とか雑音によるものとする以外には考えられないのである。ところが、実際にわれわれが言葉によってお互いに伝達を計ろうとするときには、意味の取り違いは常に起こることであり、逆に、われわれの伝達は誤解から成り立っている、といっても言い過ぎではないであろう。また、言葉の遊び、機知等の無意識の形成物も、言葉による伝達の世界における事柄である。だが、これらの事柄は、図のどこに入れればよいだろうか。メッセージとコードが一義的に結びついている場合にはこのような誤解、言葉遊び等は考えられない。それは言葉の多義性に由来するものであり、われわれが言葉を使うとき、それらを一義的なものに還元することはできない。言葉の多義性の究極の原因は〈他者〉の世界の不完全性にある。上の図の情報理論が忘れているのは、コードとはそれがいかなるものであっても、不完全性をもつ言語の世界のコードだということである。この不完全性は、数学においてゲーデルの定理が証明していることに譬えることもできよう。すべてのメッセージは、〈他者〉の場において構成される。主体が、それを自らのメッセージだと思っているのは幻想にすぎない。精神病において、患者は〈他者〉が語っていることをはっきりと意識している。神経症者はそれにカバーをかけ、自分からメッセージを発していると思い込むのである。われわれは知らないうちに他人の言った言葉を自分のものとして語っていることに気がつく場合もある。

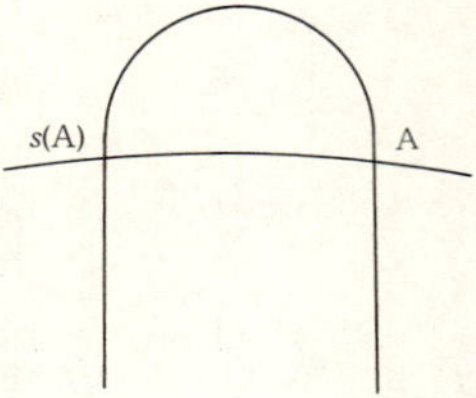

主体は自らのメッセージを他から倒立した形で受け取る。ゆえに、すべてのメッセージは〈他者〉のメッセージ、つまり他者（A）のシニフィエ（s）= s(A)である。このように考えるとAとs(A)の表記が適切であることがわかる。コードのメッセージとメッセージのコードの区別は精神病的主体において純粋な形をとって現れる。精神病的主体はこの前提的他者（A）以外何も必要としない。

メッセージは、コードを文法化して初めて成立する。ところが、シュレーバーの妄想のなかではそれが行なわれず、コードとメッセージは切り離されている。一方では、彼の原始語（Grundsprache）は、一種のネオロジスムから成り立っているコードであり、それ自体で意味をもつものとして、文法を適用することなく一つのメッセージを造り出そうとするものである。他方、これとちょうど逆の極をなすのが途中で切られた文章である。これは、例えば、シュレーバーが、「われわれには今……が欠けている」(maintenant, il nous manquei……)と言うときに見られるように、一つの文を最後まで言い切らずシフターに相当する文法的な部分だけが残され、文の内容を構成する部分が欠けていることをいう。

前者はコードだけでメッセージを構成するもので、コードのメッセージといえ、後者は、メッセージのコードといえよう。

精神病のメッセージとコードの分化とはこのことを指しているが、これはもちろん、父の名の排除から帰結することである。すなわち、父の名とはメッセージとコードをつなぎとめる機能、つまり文を意味あるものにする機能を果たすのだ。

余談であるが、ここでパロールの場としての〈他者〉は真理の証人としても介入してくることに注目してみよう。この〈他者〉が構成する次元がなければパロールによってだますことと、それとは全く違う、戦いや性的誇示における見せかけとの区別をつけることはできないであろう。想像的な捕獲のうちに展開する見せかけは、始原のダンスを構成する接近と断絶の戯れのなかに統合される。そこでは、生命をかけたこの二つの状況がリズムを見出し、互いのパートナーを見出す。これを稠密ダンス(dansité)ともいおうか。動物においてもまた、追いつめられた状況に置かれた時に騙す能力をもっている。それは罠である出発点に誘い込み、追跡の目をごまかすことがある。このことは狩猟において獲物が誇示するものに尊敬する気高さを抱かせるまでに到る。だが動物は欺くために欺くということをしない。動物は真のものを見せ、それを虚偽のものに見せかけることはない。つまり、本当の足跡を与えることによって欺くための痕跡とすることをしないし、また痕跡を消し去ることもしない。もしそうするとすればその動物はシニフィアンの主体となるであろう。

〈他者〉の場はパロールが構成される場であるが、それとともに、そこではパロールは真のパロールとしての性格をもつ。真理は虚偽と表裏をなす。虚偽、騙すことは真理という次元を前提とするのである。人間が動物と違うところは、パロールによって他を騙す能力をもつことである。そして人間のみが真理と関係する。

これらのことはそれでも、専門の哲学者の間でさえ、混乱した形でしか関連づけられていない。しかしながら、〈パロール〉は見せかけからシニフィアンの秩序へと移行することによってのみ始まることは明らかである。そして、シニフィアンが支える〈パロール〉があざむきの言葉と成り得るためには、すなわち、真理としてあり得るためには、シニフィアンはひとつの他の場を要求する——〈他〉の場、〈他〉の証人、いかなるパートナーでもあり得ない〈他〉の証人の場である。

このように、〈真理〉(la Vérité)は、自らが関係している現実(la réalité)の外から、つまりパロールから、自らの保証を得る。〈真理〉がフィクションの構造のなかで〈真理〉を創設するあの印を受け取るのも〈パロール〉からであるのとおなじである。

〈パロール〉が真理としてあり得るためには、それを支えるシニフィアンが、絶対的他者である証人が想定される場に位置づけられなければならない。

〈真理〉というものは現実の世界にその保証をもつのではなく、〈パロール〉がこの場において真のものとして発せられた場合、それ自体で真のものとしての保証となるのである。

われわれの世界は言語によって創り上げられたフィクションの世界であり、〈真理〉とは、このフィクションのなかで初めて真理となる。

原初の言葉は令を布告し、法を制定し、警句を発する。それは神託であり、現実の他者に謎めいた権威を与える。

最初に発せられる言葉はそれ自身のほかにその真理を保証するものをもたない。それは言表行為そのもの、主体の決定、主体の行為の結果である。隠喩はこのような構造をもっており、自らの外には何の保証も求めず、逆に他のすべてのものを保証する。これはまさに、令、法、警句であるといえよう。これを発するものは法を発令するものであり、何の説明もつけられない一つの権威を保有する。ここで言われている現実の他とは、例えば幼児にとっての母親であり、そこから発せられた言葉は、最初の言葉として子どもにとって説明できない一つの権威をもつ。

この全能（toute puissance）の記章として、つまり、全く潜在的（en puissance）な権力の記章として、この可能性の誕生の記章として、単に一つのシニフィアンを取り上げてみると、単一の印（trait unaire）を手にすることになる。この単一の印は、主体がシニフィアンから受け取る見えないマークを満たすことによって、自我理想（idéal du moi）を形作る最初の同一化に主体を疎外する。

子どもにとって母親の呼びかけは最初に触れる言葉であり、それが母親に全能の他者という役割を与えるものとなる。この完全なる他者に対して子どもは最初の同一化を行なうが、それは他者の一つの印（ラカンは記章という）、特徴を通して行なわれる。子どもは母親の全体に同一化することはできない。その代わり、それを表す一つの印（trait）で全体を表すものとする。これによって、子どもは自らの存在欠如を埋める（見えないマークを

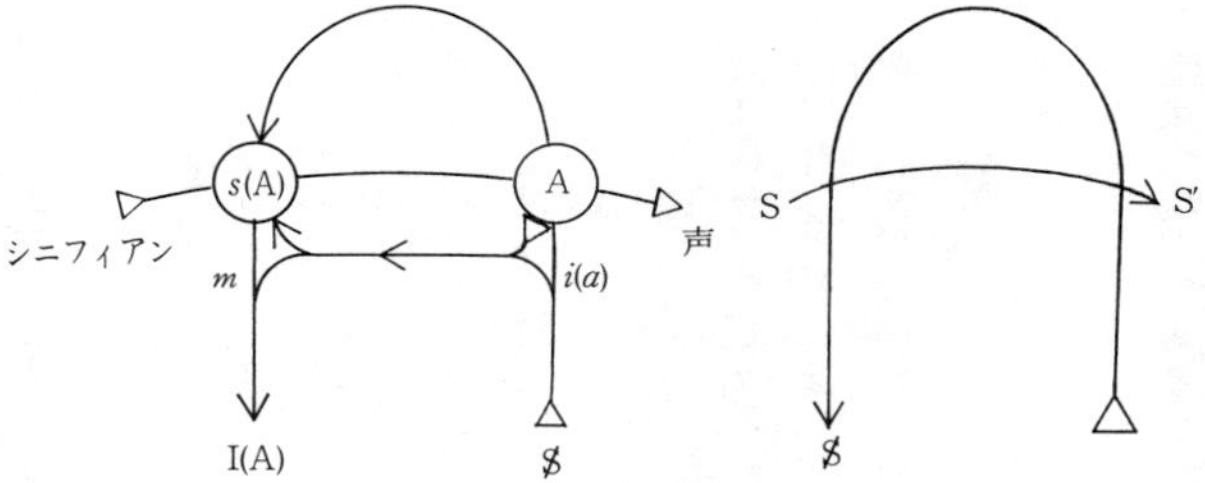

満たす）最初のものとする。彼はこの印となることによって最初の疎外化を経験する、つまり自分の外のものになる。鏡像段階ではイメージへの同一化が最初の疎外とされたが、ここではひとつの印、マークへの同一化が問題となっており、それは象徴界への入り口となる。

この印はI(A)と表記されているが、この段階では後方に向かうベクトルの$\not{S}$を矢の先端から出発点に戻すことにより、I(A)に置き換えられるのである。

この段階は、最初に基本的細胞と呼ばれていた右の図から、左に書かれた少し発展した図への移行を表す。左の図において神話的な△がシニフィアンによってマークされ、$\not{S}$となるところにI(A)がやってくる。これは一つの遡及効果であって、最初の図で誕生する主体は、もうすでに次の図の出発点に位置しているのである。

それぞれの段階で、主体は以前からそうであったものとなり、そうなっているだろう（il aura été）——と前未来形によってしか自らを表せない。前図の移動は、このような後傾的（rétroversion）効果である。これは前段の説明である。前未来形とはフランス語の時制で、未来から見た過去のことを表し、自らを未来に置いて後を振り向いて見るという時制、例えば、「未来には私は～になっているだろう」、というような時制を表す。後傾的効果という言葉は、その意味に使われている。これは「論理的時間」で述べたものと同じ論理を示している。主体とは決して現在形で捉えることはできず、常に予知と遡及の間、過去と未来との不確定性の間にしか位置付けられないのである。

ここに、自らを知ること（me connaître）の本質的な無知（méconnaître）の曖昧さが入り込む。なぜなら、この後傾されたものにおいて、主体が確かめることができることは、自らが鏡のなかでめぐり合い、そこから取り出す予知的像に限られるのである。ここでは鏡像段階については触れないが、それはいわゆる自律的自我に与えられた理論的な優遇に反対するための最初の戦略的措置であった。この自律的自我のアカデミックな復興は、以来、社会的適応化への逸脱した治療において、自我の補強を推奨する過ちを正当化した。これは、戦争によってグループが四散し、老化したことに結びつく精神的痴呆化現象であり、一つの優れた実践を米国的生活（American way of life）の推進のレッテルに適うものに格下げすることであった。

me connaître と méconnaître（見誤る、無視する）は、ほとんど綴りが同じであることから、人間が自分を知るときの本質的な否認的機能――主体は自らの非存在性を認めることができないということ、または去勢の否認――を表そうとしている。鏡像段階においては、主体は鏡のなかの像を自らの存在として予知的に摑むことで現在の欠如を隠そうとしているに過ぎない。

米国の精神分析は、神経症を自我が病に陥り弱くなってしまった結果と見なし、それを治療するには自我を補強すればよいという自我分析に偏向してしまった。それは人間を米国的生活（American way of life）に適応させようとするもので、各個人に特有の生き方を見出すことを目指す分析という実践を堕落させてしまうものである。それはヨーロッパのすぐれた分析家たちが戦争によって米国でバラバラになり、新陳代謝に欠けた老化現象を起こしたことが原因である、とラカンは非難している。そのような過ちを批判するに当たって、自我は単なるイメージであって、その機能は否認にあるとする鏡像段階は、戦略的意味をもっていた。

いずれにせよ、主体が自らの身体のこの変質したイメージのなかに見出すものは、ナルシシズム的イメージの変身をそこに投影することによって、対象の世界に敵意を帯びた色調をもたらすあらゆる類似形態の範例である。そしてこのナルシシズム的イメージは、それを鏡のなかに見出す歓びから始まり、同類と衝突するときには、自らの最も内に潜む攻撃性のはけ口となる。

ナルシシズム的イメージは、主体の外部にあり、それが主体のものとして認められた場合には、主体は自らを一つの全体性を持ったものとして受け取り、歓びの表情を表す。ところが、それを他者に取り上げられてしまったものとして知覚するとき、——例えば、アウグスチヌスが取り上げている、母親の腕に抱かれた小さな弟の姿を見て青ざめた表情を示す子ども——主体は自らの全体性を失い、そこには分断された身体のイメージが浮かぶ。主体がこの分断された身体のイメージを世界に投影するとき、世界は敵意を帯びた色調をもつようになる。これが幸せそうな表情を見せる他者を破壊しようとする攻撃性の源である。それゆえこのような攻撃性は、主体の最も根源的なところに由来しているものだといえよう。

主体が自我理想（idéal du moi）として留まる地点から、このイメージ、理想自我（moi idéal）が固定される。自我はそれゆえ、支配的機能、威容を誇るもの、競合関係である。自我は自らの理想的性格の囚われとなり、自らの二重性に仮面をつける。つまり、自我が自らを動かし難い存在を持ったものとして確認する場である意識は、決して自我に内在しているものではなく（これはフェヌロンのような人間の考えのなかに広がる単純さである）、自我理想の単一の印（trait unaire）によって支えられているがゆえに、まさに超越的である（デカルトのコギトは、このことを知らないわけではない）。超越的エゴは、自我の同一化が始まる無知に巻き込まれており、このことによって相対化される。

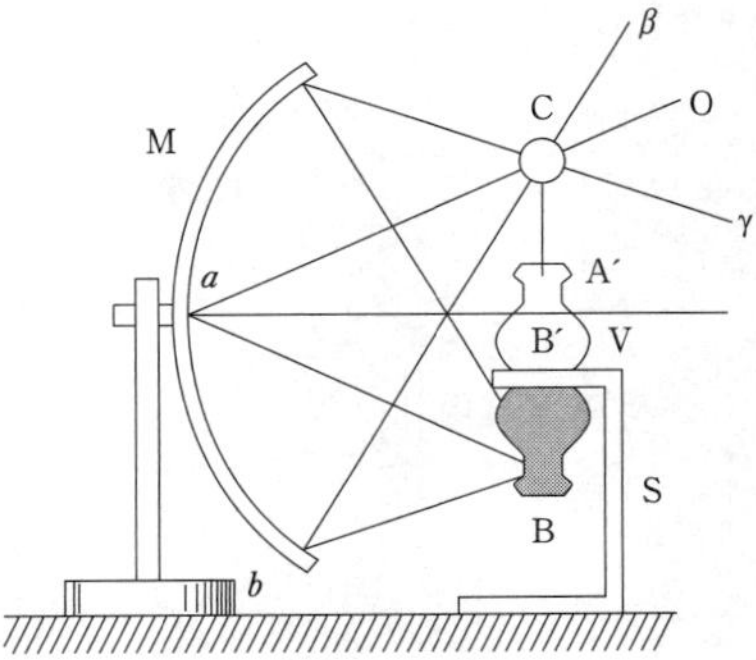

図　1

自我理想（idéal du moi）と理想自我（moi idéal）の関係を説明するために、もう一度鏡像段階に立ち戻り、ラカンが鏡像段階を説明するために取りあげた光学装置をここで扱うことにしよう。

図1は理科の実験で使うような器具で左に置かれているMは凹面鏡。Sは一方だけが開いている箱、Cは複数の花、Bには花瓶が逆さまにぶら下げられている。凹面鏡があるため、βCγのなか（例えばO）に眼を位置付ければ花瓶BはB´のところに実像を形成する。Oから見ると花瓶のなかにお花がまと

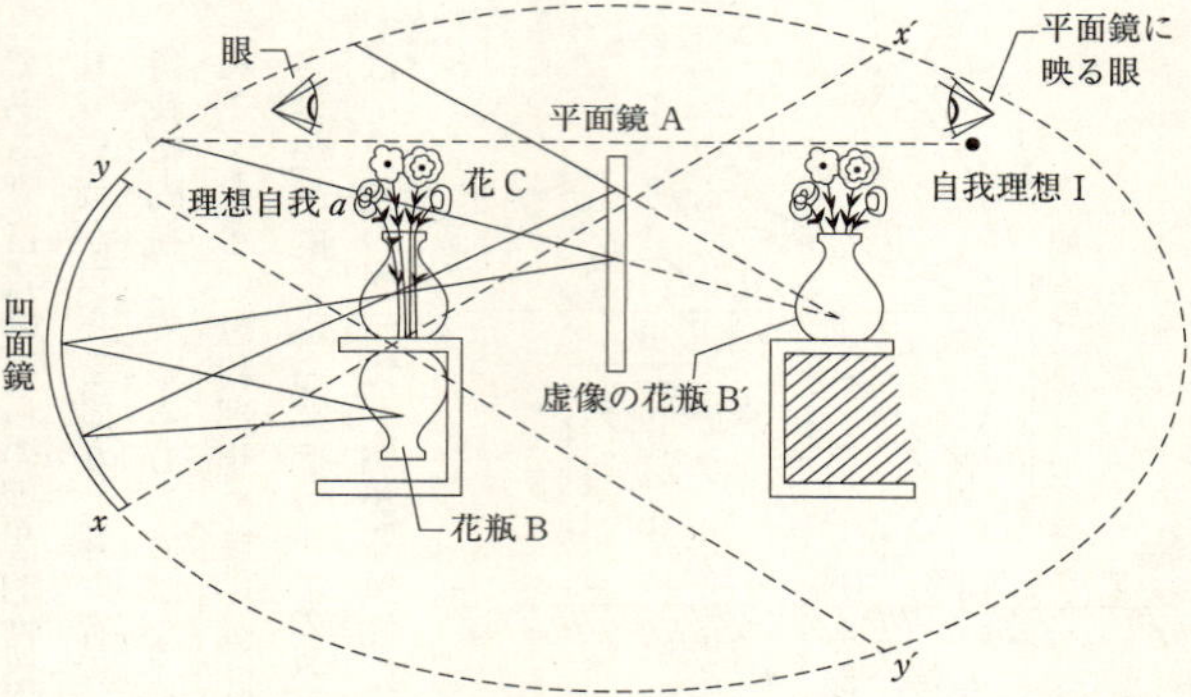

図 2

められているように見える。

鏡像段階では寸断された身体像しかもたない子どもが鏡の前で自らを全体性をもったイメージとして認めるのであった。図の中では寸断された身体像は複数の花で表されている。身体像はB´である。Oのところで見ている子どもは、自らの寸断された身体像が全体的身体イメージを表す花瓶によってひとつにまとまっているイメージを見る。そのときに子どもはうれしそうな表情を見せるのであった。

ラカンはこの装置にひとつの平面鏡Aを導入する（図2）。Aは言語の〈他〉を表す。今度は子どもの眼は鏡Aに向かって見ている。そうするとAの彼方にB´が虚像として成立して見える。ここでは子どもはやはり鏡のなかの自分の身体を全体像として見ているのだが、さっきの図との違いは、ここでは子どもは言語を通して自らの身体イメージを見ているという点である。ここでは象徴界の想像界に対する優位がはっきりと表されているのがわかる。言語を通さなければ人間は自分のイメージさえもてないのだ。

この図の上では主体はAの左に置かれ、Aによって虚像としてIの場所に置かれることになる。そうすると結局主体はIの場所から身体像を見ることになる。つまりIは主体の観点となり、そこから理想的な身体イメージaを見るのだ。

この図の上では自我理想はI、理想自我はaである。Iは主体がそこに立つ点として、主体にとって無意識であるが、主体は意識としてそこから見ているのである。理想自我aは自我の理想的イメージとして意識化されるが、Iによって構成されたものである。そしてIは構成するものとしてある。ここまで説明すると、ラカンの文章のこの部分は明解になるであろう。

自我理想（idéal du moi）は象徴界のもので、自我を構成する（constituant）ものであり、それに対し、理想自我（moi idéal）は想像界に属し構成される（constitué）ものである。主体は全能の〈他者〉から単一の印（trait unaire）を取り出し、それに同一化することによって自我理想を持つようになるが、そのとき主体はこの自我理想の点に立って一つの理想のイメージを作る。つまり、主体は自我理想の点から自らを見るようになり、その理想に適った自らの全体的像をつくりあげ、これが自我となるのである。このように構成された自我は、主体に自律性の錯覚を与える機能をもっており、シニフィアンの効果としては

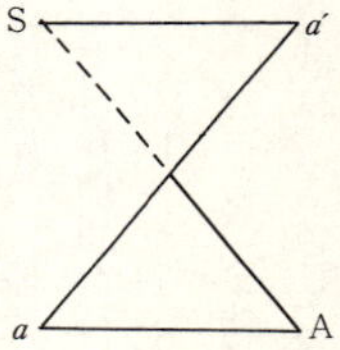

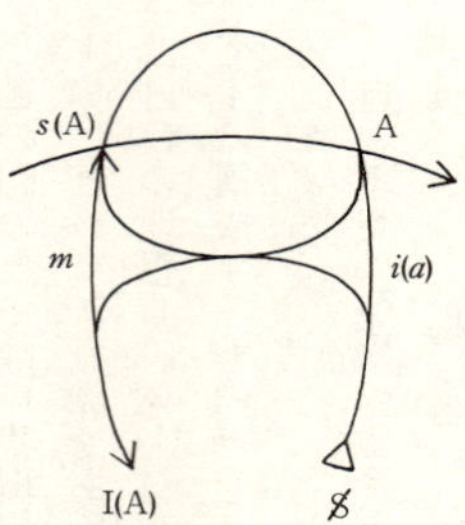

ほとんど何でもない主体も、自我を通すと自らを世界の支配者と考えるようになる。それゆえ、すべての自我はパラノイア的な性格をもっているといえよう。このような自我は常に「お前か、私か」という他との競合関係に陥る可能性のあるものでもある。また、自我によって偽の存在を与えられた主体は自らを意識的主体と考えるが、これは自我を構成する自我理想の単一の印に依存している。この単一の印は主体がそこから自我を見る点であり、自我に対して外部的関係、すなわち超越的関係にある。超越的エゴとはこの点を指している。

シニフィアンによる主体化の途上で、鏡像から自我の構成へと向かうこの想像的過程は、グラフにおいて最初に短絡的に $\overrightarrow{\not{S}\cdot \mathrm{I}(A)}$、次に戻り道として $\overrightarrow{A\cdot s(A)}$ と二重に結ばれているが一方通行であるベクトル $\overrightarrow{i(a)\cdot m}$ で表される。これは自我が言説のなかの私（Je）としてではなく、その意味の換喩として分節されたときにのみ完成することを示している。

自我の一方通行で二重に結ばれているベクトルとは、$\not{S}$—$i(a)$—m—I(A)と、A—$i(a)$—

$m—s(A)$の二本の線である。ここで$i(a)$は他者のイメージ、mは自我を表している。最初の線は、ラカンが短絡的と言っているもので、言語の場を通らない直接他者のイメージと衝突するときに成立する自我の関係である。しかしながら、人間においては直接他者のイメージと接する想像的関係は単独では考えられず、それは常に象徴界によって調整されている。それが二本目のAから発する線である。Aから発する線はいまだ意味が確定しておらず、換喩的ズレをもっている。そこでは$i(a)$が換喩的欠如を埋める対象として働き、これによる同一化により自我が成立する。これをL図で見るとより理解しやすいであろう。$a—a'$は自我と他者の想像的関係を表すもので、自我は主体と他者（A）の間の関係を妨害するものとしてあるが、同時にそれはS—a'—a—Aという遠まわりの、象徴界によって正常化されている関係でもある。

（原書八一三頁、四段まで中略）

シニフィアンの場としての〈他者〉の概念を考えることから始めよう。すべての権威的言表はその言表行為によってのみ保証される。なぜなら、他のシニフィアンのなかにその保証を求めようとしても無駄なことであって、そのシニフィアンは、いずれにしても、この場の外部に現れるものではないからである。語られることが可能なメタ言語は存在しない。格言風に言うと、「〈他者〉の〈他者〉は存在しない」。立法者（法を立てるとうそぶくもの〉はそれを代行しようとしているが、彼は詐欺師でしかない。

権威的言表とは、命令、法などを指す。それは自立したものであって、他のいかなる言表にも支えられていない。法は言表行為、法を発令する行為以外に自らを保証するものをもたない。法の保証となろうとする者は、ゆえに詐欺師的立場に置かれる。

しかしながら、法自体はそうではなく、また法によって権威づけられている者もそうではない。

法を保証することはできないが、法自体は詐欺ではない。近親相姦禁止の法にはそれを絶対的に保証する者はいないが、この法は存在するし、その適用も決してまやかしではない。

父親がこの法の権威の正統な代理人として認められ得るということ、このことは〈他者〉の場所、すなわち母親の場所を現実的に占めることとなる主体の彼方において、いかなる特権的様式のもとで父親がやってくるのかを明確にすることが必要である。問題はゆえに後にずらされる。

母親と子どもの間に、父親が特権的地位をもって、法の権威を代理してやってくるのだが、それは父親が絶対的他者であるということではないので、その権威がどこからやってくるのかを明らかにすることが必要である。したがって〈他者〉の〈他者〉の問題は父親によって一目盛りだけ後にずらされただけである。

そこには愛の請願というすべての要請が含む、とてつもない空間が開くのであるが、われわれが、その問題が自由に展開されることを許さなかったことは、奇妙に思えることとなるだろう。

しかしながら、欲望を正しく位置づけるために、この同じ要請の効果の彼岸に含まれるものに問題をしぼろう。

実はそれは、大変単純に——いかなる意味で単純なのかと言うと——人間の欲望は他の欲望として形成されるからである。しかしながら、そのためには欲望において欲求を表すために、まず一つの主体的不透明性のみを保持することによって欲望が形成されるのである。

この不透明性について、それがいかなる道を辿り、ある意味では欲望の実体をなすかを述べることにしよう。

ここでは四段落をまとめて訳出したが、この後にくる、欲求―要請―欲望の弁証法への導入に相当する記述である。

ここで主体的不透明性、欲望の実体という言葉が使われているが、これはこの論文が一九六〇年に書かれたもので、それ以前の理論を扱った前章での説明とは、表現が少し違っている。

欲望は欲求から要請が引き裂かれる余白において始まる。この余白は要請の余白であって――この要請の呼びかけは、他に対してのみ無条件である――それは普遍的満足というものがないことによって（これは不安と呼ばれる）、欲求がもたらし得るものの欠如の姿を取って開く余白である。この余白は、線状のものであるが、少なくとも〈他者〉の気まぐれという象の足踏みによって覆われなければ眩暈を生じさせる。この気まぐれは〈他者〉の――主体のではない――全能性の幻影を起こさせるものである（このわかり切った決まり文句は、もう誰にとっても自明の理となってよい頃であろう）。そして、この幻影に伴い、〈他者〉は法により縛られる必要が生じる。

この段落は前の章に述べたことの要約であって、読者にとってももう自明の理となっていることを望むが、ここでもう一度簡単に繰り返してみよう。
欲望は生の欲求が言語によって完全には表されないことに起源をもつ。余白とは、現実界のものであろう欲求の、言葉でなされる要請には表せない部分である。ところで、この余白は実際には一つの広がりをもったものではなく、要請の境界をなす線状の余剰であるが、それがある限り完全な満足はあり得ない。このことが不安として経験される。〈他者〉、母親はこの欲求を満足させる能力をもっているが、子どもにはこのことが母親に従って母親が自分の欲求に応えてくれるのか不可解である。子どもにはどのような原則の気まぐれと映り、それによって母親は全能性をもったものとして見なされる。〈他者〉はその全能性によって余白を隠すものであるが（象の足踏み）、同時にその返答は不規則性によって支配され、余白の隠蔽は完全なものと成り得ない。そして余白が露呈するとき、それは不安を生み出し、眩暈を引き起こす。それゆえに、この〈他者〉は法による束縛を必要とする。

法の仲介に対して、自律的にあるものとしての欲望の性格に立ち戻るために、このことをもう少し検討してみよう。というのは、法は欲望から発生するものであり、特異な対称性により、欲望は愛の要請の無条件性を逆転させ――愛の要請において、主体は他に隷属している――それを絶対条件の威力に引きあげる（絶対とは、分離を意味する）。

法は欲望の前提であるという考えとは逆に、ラカンは、欲望を法の前提と考えている。欲望は法の仲裁に対して独立性をもっている。つまり母の欲望、〈他者〉の欲望は父の法による仲裁からは独立しているもので、それ以前からあり、父の法が立てられるための前提となっている。愛の要請において主体は、それが〈他者〉に向けて言葉でなされるものであるゆえに〈他者〉の場に隷属している。そのとき、要請は無条件に愛の要請である。つまり要請が出されるときには常に、無条件に愛の要請となるという意味である。

ラカンは無条件と絶対を対置している。要請の無条件性は言語の場に従属するものであるが、絶対性とは何にも関係せずにそれだけである状態をいう。したがって、絶対的条件とは、言語の〈他者〉とは分離して、独立してあるということである。ここではまだはっきりとはしていないが、絶対的条件とは後の対象aを示すもので、それは〈他者〉のうちに含まれる要素ではない。

無条件性を絶対的な条件にすることによって他の場に従属し、疎外されていた主体はそこから分離することが可能となるのである。分離という言葉は対象が〈他者〉から分離していることを指している。この絶対的条件、対象については、第I部の無意識の言語的構造を扱った部分ではとりあげていない。それは第II部の中心的テーマとなる。ラカンの前期の理論化ではまだそれは現実界のものとしての対象ではなく、これが彼の理論のなかではっきりとした概念となるのはもっと後になってからである。対象は分析において重要な概念であり、当然、彼の前期の理論のなかでも常に一定の地位を占めていたが、その頃の対象は想像的な次元のもので、後のように、現実界のものとしての扱いはなされていない。この「主体の転覆」の論文は、ちょうど移行期に当たり、対象に対する取り扱いには曖昧なところがある。ここで展開されている要請と欲望の弁証法は『エクリ』のなかでも、すでに「治療の方針」、「ファルスの意味」の論文にも見られる。「ファルスの意味」の論文のなかでは、絶対的条件が対象ではなくてファルスとされているが、ここにもラカンの理論的な変遷の一端が窺える。

欲求における不安に対する効果を見れば、この分離は、その最も単純な形態のものでさえすでに成功を収めていることがわかる。それは過渡的対象（objet transitionnel）と名づけられ、ある分析家が子どもの治療実践において垣間見たものである。言い換えるとそれは、子どもが口や手から決して離さない、おむつの切れ端とか大切に持っている何かの破片とかである。

対象による分離は主体の〈他者〉の場への隷属、疎外、要請の無条件性における不安を取り除く効果をもっている。分離についての理論的展開は、一九六四年のセミネールで体系的に行なわれることとなる。それについての説明は第Ⅱ部で行なう。
ある分析家とは、ドナルド・ウィニコットを指している。彼は幼児の観察によって過渡的対象という概念を使い始めた。それは子どもが布切れ等の小さな物を終始手から離そうとしないという現象で、彼はそれを子どもと母親の間にあって、母親の代理としての役割を果たしているものだと考えた。子どもはそれによって、母親が子どもを離れるときの困難を耐え得るものにしている。ウィニコットのこの過渡的対象は、ラカンが対象を理論化しようとする際の手がかりとなった。

はっきりと言えば、そこにあるものは、単なるエンブレムでしかない。絶対条件における表象の代理は、無意識において自らの場をもっており、そこで幻想の構造によって、欲望を引き起こす。幻想の構造についてはのちに無意識から取り出すことになるだろう。

表象の代理とはフロイトの用語であるが、ラカンはこれを、シニフィアンとして解釈している。つまり、シニフィアンとしてのS(Ⱥ)である。ここでは、欲望の原因となるものは無意識のなかにあるとされている。しかし後の展開ではそれは原因としての対象であり、無意識のなかにはなく、無意識の生産物（produit—これは、無意識の形成物 formation とは違っている）として、無意識の外部に位置づけられる。この時期において、ラカンは無意識と、対象の次元に相当するフロイトのエスとの区分をまだ明確に定めていなかった。例えば、ラカンはエスを語るもの（Ça parle）としていたが、フロイトはエスに関して、逆に欲動の沈黙の性格を強調している。後のセミネール（一九六六年）で、ラカンはこれに対して一種の自己批判をしている。

幻想の構造とは主体が対象と結びつき、それによって欲望が形づくられていくものを指す。

なぜなら、人間が自らの欲望についてとどまっている無知は、――いずれにせよ、それが何であるかははっきりとさせることができる――要請するものに対する無知というよりもむしろ、どこから自分が欲望しているかについての無知である、ということがそこで窺われる。

人間が知ることができないのは、自らの欲望が何かの結果として出てきたものであるということである。欲望の出ずるところとは、欲望の原因となっている去勢の場を指す。主体は母親の不可解な欲望を幻想の構造を通して自らの欲望にすることによって初めて、それを規則化することができる。その転換点に来るのが欲望の原因である。主体にとってそれは、自らを消失させる場所（A）であるゆえに決して知ることのできないものである。

そして、それに対する返答に当たるのが、無意識は〈他者〉のディスクールであるという公式である。そこにある「〈他者〉の」の「の」（de）はラテン語のde（対格的限定）（de Alio in oratur［〈他者〉のディスクールにおいて］（tua res agitur［問題になっているのはおまえのことだ］で結ぶこと））というふうに解すべきである（［ ］は著者による補足）。

無意識とは知ることのできない場に広がる言説であり、そこで完全なAを構成しようとするものである。それと同時に、その完全性は、それが不可能であることをわれわれに知らせてくれるものでもある。この意味において、「無意識は〈他者〉の言説である」（l'inconscient est discours de l'Autre）の「の」（de）は、「〈他者〉についての」というふうに解釈すべきである。「無意識は〈他者〉の言説である」という公式は、以前からラカンが用いていたものであるが、ここではその解釈に一つの方向転換が見られる。すなわち、最初ラカンは〈他者〉を、主体に対してすべてのメッセージを送ることのできる完全なものだと考えており、無意識とは、この〈他者〉が語る場所であるとしていた。この場合「〈他者〉の」の「の」は、主体的意味をもっている。ところが、ここでは他者（A）は不完全なもの（$\cancel{A}$）となり、無意識は、それについての真理を語るものとなっている。

だが、そこに人間の欲望は〈他者〉の欲望であるということを付け加えよう。この場合の「の」は、文法学者の言う主格的限定を指す。つまり、人間は〈他者〉として欲望するのである（このことは人間の情熱の真の射程を与えてくれる）。

主格的限定とは、「〈他者〉の欲望」の「の」は、他が欲望するという意味の「の」である。〈他者〉は不完全なもの、一つの欠如をもったもので、この欠如を埋めようとすることが欲望である。人間の欲望はこの〈他者〉の欠如を埋めようとするものにほかならない。

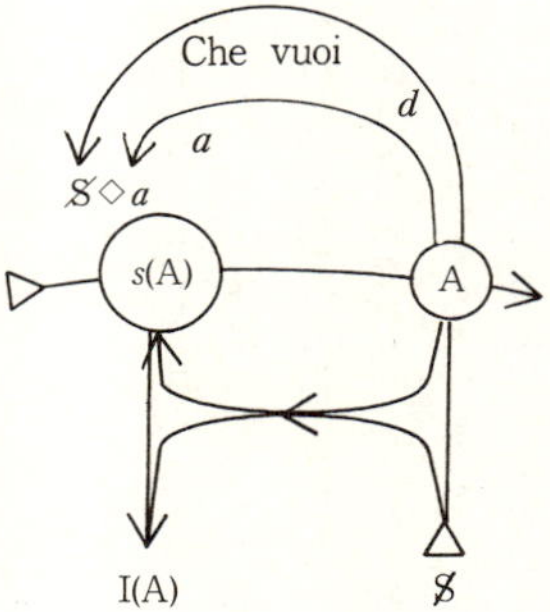

それゆえ、主体が一つの神託を待っている場からChe vuoi（汝は何を欲しているか）の形を取って主体へと戻ってくる〈他者〉の質問は、最もよく主体を自らの欲望へと導くものである。このことは、彼が分析家の名を持つパートナーの手腕のお陰でこの質問を、――あまり気がついていなくとも――「彼は私に何を欲するか」の意味で再考しようとする限りにおいて当

てはまる。

〈他者〉の場には主体を表すシニフィアンが欠けているがゆえに、〈他者〉は不完全なものである。主体は〈他者〉の不完全性を〈他者〉の欲望の謎として受け取る。主体が問いかける、〈他者〉は何を欲しているか、という謎は〈他者〉に投影され、〈他者〉から Che vuoi（汝は何を欲しているか）の形をとって、主体の方に戻ってくる。分析家は、この Che vuoi を体現する者であり、それによって患者に分析家に対する「彼は私に何を欲しているのだろう」の疑問を浮かび上がらせる。これが、分析の原動力となるものである。

〈他者〉（Autre）の大文字のⒶの上に立てられた疑問符の形で――これは、その意味する質問を意外な同形態で、象徴化している――導入された構造の上部に置かれた階によって、グラフは、完全な形態へと向かう。

このChe vuoiは、主体を言表から、それを支えている言表行為の次元に移行させる。つまり、一段のグラフにもう一つの上の段が加えられることになるのである。この時に Che vuoi が導き出す上段の形態が疑問符「?」と似ているところから、ラカンは意外な同形態と言っている。

この栓抜きは、いかなる壜に使われるのだろう。いかなる返答のシニフィアン、万能の鍵であろう。

疑問符の形が栓抜きに似ていることから、このような表現を使っている。

主体を自らの本質についての質問に引き合わす恩恵を与えるはっきりとした疎外において一つの徴候が見出されることに注目しよう。それは、主体は、自分が欲望するものは、自分が望んでいないものとしてやってくるのだということに気づくことができるということである。これは否定（dénégation）が受容された形であるが、そこには自らも気のついていない自分自身の否認（méconnaissance）が奇妙な形で混じっており、それにより、彼はおのれの欲望の連続性を明らかに間歇的なものである自我に転移するのである。しかしまた逆に、欲望にこの間歇性を与えることによって、自分自身を自らの欲望から防護するのである。

自らの本質を表す質問とは、Che vuoi である。この Che vuoi は、要請によって他の場に疎外される主体が、要請の拒絶を通してめぐり合うものである。

フロイトの夢に関する理論によると、夢は欲望の充足である。ところが、夢のなかではこの充足は快感としては決して表れず、逆に、夢を見る者はこれを抑圧し、検閲しようとする。その結果、自らの欲望は自分が望んでいないものとして夢のなかで表されるのである。これは欲望と望むものの違いを示す例としてあげられたものだが、睡眠中にはこのように夢の中の機制として否認が働いている。日中はこれに取って代わって幻想がその役割を果たす。主体は幻想によって真の欲望――〈他者〉の欲望である――を自律的な自分自身の欲望であるという錯覚を与え、真の欲望を隠しているのだ。これは自我を構成する錯覚であって、間歇的にしか表れない自我は、その間歇性によって欲望の隠蔽を行なう。自我が間歇的だというのは、自我は決して主体の個人史全体を表すものではなく抑圧によってその一部分しか自分自身と認めないということだ。しかしながらこの隠蔽は、完全なものでなく否定（dénégation）の形をとって、意識に伝わってくる。否定とは一つのものの否定であるがゆえに、その前提としてその一つのものの肯定を含む。ここで主体は自分の望んでいないもの（否定するもの）の奥に欲望を見出す。

われわれはもちろん、別のところから知らされる限りにおいて、自意識によって知ることのできる範囲の広さに驚くことがある。ここではまさにそれに相当する。

なぜなら、このことの正しさを認めるには、かなり深い、そして分析経験のみが可能にする探究を通じて——そこで偶有的欠損がいかなるものであろうと——一つの対象（これについては、通時態を使って、その特権について、少し触れたのみである）の条件に、主体の消失、あるいは fading の時を本質的に結びつけることによって、幻想の構造を十分に明らかにしなければならないのである。この主体の消失は、主体がシニフィアンに従属することによって被る Spaltung または分裂と緊密に結びついている。

シニフィアンの効果として自らの存在を持たない主体は、去勢に出会うことによって自らの存在の可能性を失い、自らの消失（fading）に脅かされる。そのとき、対象は主体に存在のひっかかりを与えるものである。グラフでは、これは（$\mathcal{S}\Diamond a$）として表記されており、主体$\mathcal{S}$と対象aが結びつき、幻想をなすことを表している。ここでの対象は、まだ想像的対象であり、想像的他者（autre）の頭文字を取ってaとしている。

主体の分裂（Spaltung）とは、幻想によって自我をもった主体と、シニフィアンに従属する自らの存在をもたない主体との分裂をいう。

これはわれわれがアルゴリスムとして導入した（$\mathcal{S}\Diamond a$）の略号が象徴するものである。このアルゴリスムについては、意味的単位が構成する表音的要素をその原子に相当する文字にまでそれが切り離すのは偶然ではない。なぜなら、これは幾多の異なった解読を可能にするためにあり、この多義性は話されたものがこの代数学の範囲に入っている限り認められる。

($\mathcal{S}\Diamond a$) は後にラカンが、マテームと呼ぶものの一つである。このマテームは、数学 (mathématique)、そしてレヴィ＝ストロースの神話学で使われる神話素 (mythème) からヒントを得たもので、数学の本質的性格——普遍的な伝達形式であるということ——を精神分析理論にあてはめ、分析の経験を万人の理解できるものとして、分析を発展させようとする試みである。マテームは、表音から切り離されており、それによって言い間違いなどの無意識的効果からの回避が可能となる——数学的記号は、発音に関係なく、万国共通である——つまり、これは伝達上の誤解を避けようとするものである。また、これは様々な解読を可能にするものでもある。

グラフに使われているこのアルゴリスムとその同類項は、決してメタ言語の不可能性について述べたことと矛盾するものではない。これらは超越的シニフィアンではなく、絶対的意味を指示している。この概念は他の注釈抜きで——そうなることを願っているが——幻想の条件に適合しているものとして現れてくるであろう。

マテームは伝達を可能にする記号であるということは、以前に取り上げたメタ言語の不可能性と矛盾するものではない。これはメタ言語のような超越性をもつものではなく、数学における公理のように他から切り離され、絶対的意味を示すもの、つまり、それ自体で意味をもち、他からの注釈を必要としないものである。（$\mathcal{S}\Diamond a$）で表される幻想も、マテームと同じような性格をもっている。それは主体の構造において数学的公理の役割を果たす一つの絶対的意味であって、他のすべてのものはそれをベースにして発展する。欲求—要請—欲望の弁証法において、幻想は絶対的条件と結びつけられると言ったが、その絶対性とは公理的意味の絶対性である。

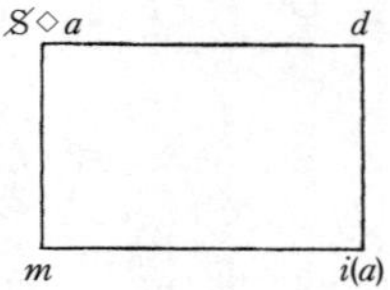

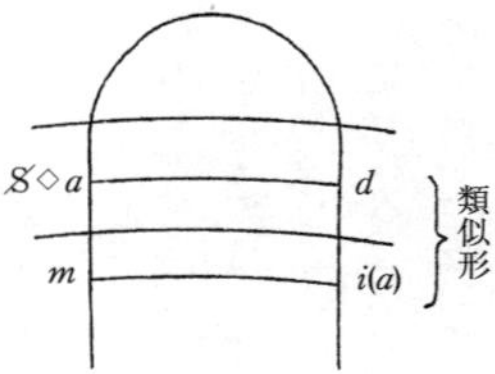

このようにして措定された幻想を、グラフは欲望を規制するものとして記している。これは身体像に対する自我の関係と類似しているが、一つ異なっている点は、両者それぞれを構成する否認の逆転をも記入していることである。こうして想像的なものの道は閉ざされるが、この道を通じて私は無意識であったところに（s'était）分析において到達しなければならない。

グラフ上で（$\mathcal{S}\diamond a$）で表記された幻想は、欲望（d）に対峙して置かれている。これは〈他者〉の欲望を幻想が規制すること、つまり、他の欲望は一つの問いかけであるが、それに対する返答として幻想があるということを表している。また、グラフの下段における $i(a)\rightarrow m$ は、他者のイメージ $i(a)$ の反映として、自我（m）が構成されるという鏡像段階を表している。$i(a)\rightarrow m$ は、$d\rightarrow$（$\mathcal{S}\diamond a$）と平行関係にあり、両者には一つの類似が見られる。双方とも自我の否認的構造を表しているが、少し違うのは、それぞれの否認の位置が逆転していることである。つまり、$d\rightarrow$（$\mathcal{S}\diamond a$）においては出発点 d、欲望の側に否認があり $i(a)\rightarrow m$ では到達点 m、自我の方に否認がある。

四つのマテーム（$\mathcal{S}\diamond a$）、d、m、$i(a)$ はグラフ上での想像的次元を表しており、それによって、想像的四角形は閉ざされたものとなる。

フロイトが『新精神分析入門』の最後に、格言のようにして置いた“Wo es war, soll Ich werden”（それがあったところに私は到達しなければならない）はラカンによって様々な解釈が与えられた。ここにはその一つが出されている。この「格言」を仏語に訳すと“Là où c'était, doit-je advenir”となるが、ラカンは c'était の Ce（これ）の代わりにSを置き、s'était（両者の発音は同じ）として、主体を表すsとフロイトの Es を表そうとしている。この s'était（それがあったところ）は半過去で表されており、フランス語の半過去は、独特の曖昧さをもっている。例えば、「爆弾は五分後に破裂していた」と言った場合、実際に破裂したのか、それとも、破裂していただろうという推定なのか、はっきりと決定することはできない。このs'étaitにも、同じくそれが実際にあったのかどうか断言できない曖昧さが含まれている。あったかもしれないこの主体Sが示すのは欲望の場所である。このフロイトの言葉は、分析において主体は幻想を越えて欲望の場に到らなければならないという、精神分析の倫理を表している。

ダムーレットとピションの文法的自我に対する譬えを、主体というより、それに似合ったものへ適用して、こう言おう。私(je)は、言表行為のfadingにおいてしか示すことのできないものであるがゆえに、始原から抑圧されたものであり、幻想は正しくこの私の「生地」をなす。

言表行為のfadingとは、一つの言表がなされた後には言表のみが残り、その行為は消失してしまっているということである。始原から抑圧されたものとはこの言表行為の主体であり、それは存在をもっていないが、この存在欠如の主体に存在を与える。その生地ともいえるものを構成するのが幻想である。

ここにおいて無意識の、より正確には原抑圧(Urverdrängung)の内部でのシニフィアンの連鎖の主体的な地位についてわれわれの関心が集中する。

われわれの推論において、無意識の主体を支える機能に関する問いを出さなければならなかったことがはっきりと理解できるようになった。つまり、主体が自分が話しているのだということさえ知らないときには、それを言表の主体として、つまり言表を分節するものとして示すことが難しいのである。ここから欲動の概念が生じる。欲動は口唇、肛門などの器官的指標によって示されるのであって、話せば話すほど話すことから遠ざかるという無意識の主体の性格に適っている。

言表行為の主体とは無意識の主体である。この主体は言表に表れず、文法的な言語の主体ではない。それは自らが話している主体であることを知らない。話した後に残る言表には、それは消失してしまっているのである。話せば話すほど、話すことから遠ざかるとは、この主体の言表における消失を指す。そこで主体は言語の領域、無意識におけるシニフィアンの連鎖を離れ、器官的なものに向かおうとする。ここで欲動の概念が必要になってくる。欲動の対象とは口唇的対象、肛門的対象などであることを見れば、これらのものは言語で表される次元の外にあることがわかる。

しかし、完成したグラフの上で欲動をシニフィアンの宝庫として位置づけることができるとしても、（S̸◇D）という表記は通時態に結びつくことによって自らの構造を維持しているのだ。

欲動は主体が要請において消失するときに要請から生まれてくるものである。要請もまた消失することは自明のことであるが、その切れ目は残る。なぜなら、この切れ目は欲動と欲動が住まう器官的機能との違いのなかに残続しているからである。すなわち文法的変化であるが、それは欲動が起源へ、そして対象へと結びつく時の諸反転にはっきりと見られる（この点について、フロイトは多弁で尽きることがない）。

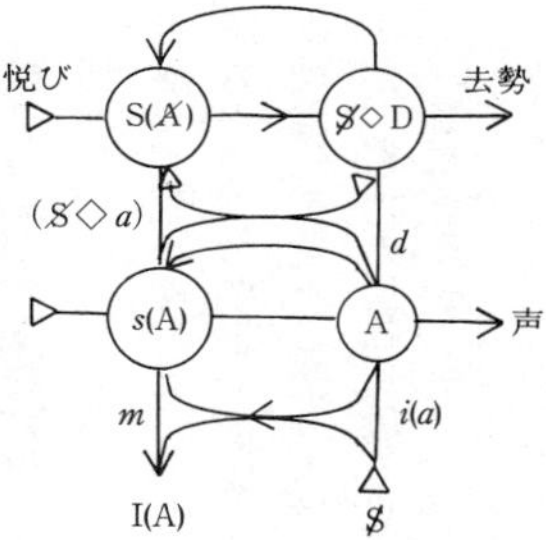

欲動（S̸◇D）は、グラフ上の上段の右側に位置しており、これは下段におけるシニフイアンの宝庫の共時態に対応している。そこでは、諸欲動がコードを構成していると考えられるが、またそれらは連鎖をなす要請の通時態と結びついている。

言葉でなされる要請において、主体は消失する関係にある。要請自体もまた、出されては消えるものである。要請の対象物は主体と〈他者〉の接触において仲介となるもので、それは主体から切り離され得るという切断の性格をもっている。要請における主体と〈他者〉との対象のやり取りは消失するものであるが、そこにおいて対象との切断は残る。これが口唇、肛門などの身体の切れ目に切断の意味を与えることとなり、主体はそこに、自らの場を見つける。このようにして性感帯、快感を与える身体の諸領域が構成される。フロイトは欲動を起源、対象、目的、圧力の四つの要素で構成されているものと考え、『メタサイコロジー』などでそれに対する理論化を延々と繰り広げているが、その一つの特徴として欲動は文法的変化に従って、主体、客体の反転運動を見せる、というものがある。ここではそうしたことについて触れているのである。

欲動が機能の新陳代謝から取り出す性感帯の区分自体は（食べる行為は、口以外の諸器官に関わっているが、それについては、パブロフの犬に尋ねること）、唇、歯の囲い、肛門の縁、陰茎の皺、膣、眼の裂けめ、さらには耳の甲介（胎生学的言及は避ける）等の縁、境界の解剖学的特徴を利用する切れ目に関する事柄である。呼吸器官の性感帯はまだあまり研究されていないが、これは痙攣によって起きることは明らかである。

欲動は要請が主体の代謝機能などを自らの機能の媒体として利用することから成り立っている。人間の諸器官が性感帯として働くのは、この欲動の機能から来ているのだ。例えば、口は生命に必要な食物を取り入れる場所であると同時に、食べることを楽しむために使われる。目は単に視覚として見るだけではなく、見ることによって快感を得ようとするものでもある。欲動的機能はしばしば生体の機能を凌駕し、食欲不振、ヒステリー性盲目などを引き起こす。

少し余談になるが、パブロフの犬についてラカンは嘲笑的な批判を浴びせている。後の一九六七年になされたセミネールで彼は「シニフィアンは他のシニフィアンに対して主体を表象する」というシニフィアンの定義をもじって、「犬の条件反射的胃液分泌は、ラッパの音に対して科学の主体であるパブロフを表象する」とまで言っている。食べる行為は口以外の諸器官にも関わっていることは、この例からも明白である。

この切断の特徴、印 (trait) は、分析理論が叙述している対象、乳首、糞塊、ファルス (想像的対象)、尿の流れ等にも当然はっきり表れることに注目しよう (このリストのなかに、音素、まなざし、声、そして無をわれわれは加えているが、それら抜きでは考えられないリストである)。部分的性格をもつこの特徴、印 (trait) が諸対象において強調されたのは正しいが、それは、身体という全体的とされている対象の部分であることに相当するものではなく、これらの対象を生み出す機能を部分的にしか表さないことに相当する、ということがわからないのであろうか。

従来の分析理論において、欲動の対象について最初に挙げられているようなリストがあるが、ラカンはこれに、音素、声、まなざしを加える。ここには無も加えられているが、無はこのリストの一項目というより、すべての欲動の対象に共通して含まれるものである。これらの対象は部分対象と呼ばれているが、それは身体という全体に対する部分というわけではなく、諸欲動の対象は自らを生み出す器官の機能を部分的にしか表さないということである。

われわれの理論でこれらの対象に共通した特徴は鏡像をもたないこと、換言すると、他性をもたないことである。これらの対象が、意識の主体と考えられている主体そのものの「生地」、より正確に言えば、二重の裏地——裏側ではない——であり得るのは、この理由によっている。なぜなら、この主体は言表の中において自らを示すことによって、自分自身を捉えることができると考えているが、実はその主体はこのような対象にほかならない。何も書かれていない白紙を前に不安を感じる者に尋ねてみれば、誰が彼の幻想における糞であるかを教えてくれるであろう。

欲動の諸対象に共通した特徴は、切断—無であるが、無には当然鏡像はあり得ない。裏地（doublure）とは二重になった構造をもつもので、主体に対してスクリーンの役割を果たし、そこには主体が意識的主体として反映される。言表において、自らを捉える主体とは、このようにして対象に反映された主体である。何も書いていない白紙を前にする不安とは、自らの存在をもたない主体の不安である。欲動の対象物の一つである糞は切断の構造を通して、この主体に幻想的な存在を与える。

鏡では捉えられないこの対象に、鏡像はその衣服を与える。影のはりめぐらす網にかかる獲物、これは影を膨らます量《かさ》を盗まれ、獲物のふりをして影のすり切れた罠を再び仕掛ける。

鏡像とは $i(a)$ で表される他者のイメージである。この表記は、鏡像を持たない無である対象 a を想像的他者のイメージが包み、その衣服をなしていることを示している。二番目の文は典型的ラカン文体であり、翻訳、解釈、ともに大変困難であるが、内容はこれまでの欲動の対象についての記述を、一つのフレーズにまとめたものということができる。獲物とは無である対象を指し、影とは、その衣服に当たるイメージであろう。対象はイメージに実体を与えることから影を膨らます量（ボリューム）であり、その結果、$i(a)$ となった対象は主体にとって完全性をもつものとして映り、一つのおとりの機能をもつようになるため、「再び罠を仕掛ける」という表現が使われているのであろう。

ここに到ってグラフが提示するのは、すべてのシニフィアンの連鎖が、自らの意味を締めくくるという尊厳を獲得する点である。無意識の言表行為から、このような効果を期待するとすれば、それはここS(Ⱥ)にある。――これを他者（A）の一つの欠如と読んでほしい。このS(Ⱥ)は他者（A）に対しこの宝庫の価値が何であるか答えることを要請される（Che vuoi）限りにおいて存在する。つまり、グラフ下部の連鎖における他者（A）の場所からではあるが上部の連鎖を構成するシニフィアンを通して、換言すれば、欲動の言葉を使って返答することによって、S(Ⱥ)がある。

言表行為を表すグラフの上段の線の全体は、主体が欲動の言葉を借りてChe vuoiの返答を捜す過程に相当している。そこで得られる返答はS(Ⱥ)、すなわち、他者（A）は不完全であり、Che vuoiの問に対する返答はあり得ないということ、つまり、返答が無いということがその返答となる、ということである。これによって、要請をなすシニフィアンの連鎖は一つの欠如に打ち当たり、その動きは停止する。つまりこのS(Ⱥ)は、シニフィアンの連鎖を締めくくる返答なのである。これは、シニフィアンの宝庫（A）には主体を表現するシニフィアンは存在するか、この宝庫は主体にとって、どのような意味をもつのか、という問いに対する否定的な返答である。

ところで、グラフの上部と下部の二本の線は別々な線を表しているのではない。実際の言表の線、シニフィアンの連鎖の線は下部に相当するもので、Che vuoi の疑問がそれを二分化し、言表行為の次元が生まれるのである。

ここで問題になっている欠如は、すでに述べたこと、つまり、〈他者〉の〈他者〉は存在しない、である。しかし、真理のこの不実な性格は、〈他者〉は私に何を欲しているのか、という問いにふさわしい最後の返答であろうか。われわれ分析者はこの返答の代弁者であろうか。いや、そうではない。われわれの仕事には教条的なものは何もない。われわれは最後の真理として答えるべきものは何ももっておらず、とりわけ、いかなる宗教に対しても、賛同するものでも反対するものでもない。

真理は自らを保証するものをもっていない。真理の真理はない。これが、真理の不実という性格である。

分析とは、分析家が患者の最終的真理をもって、それを患者に伝えればよいというものでは決してない。患者の真理は患者自体が見つけなければならないし、分析家としては、それについて何も知らないのである。分析家はその案内をするだけであり、彼が興味をもっているのはそこで主体はどのような返答を見出すかということである。分析は宗教に反対するものではない。だが宗教とは一線を画す。分析が宗教的なものに傾かないためには、宗教との区別をはっきりとさせなければならない。

われわれがここに、フロイトの神話のなかの死んだ父親を置かなければならなかったというだけですでに大きな意味がある。しかし、神話がいかなる儀式も支持しなくとも十分なものとはならない。そして精神分析はエディプスの儀式ではない。これは、後ほど展開すべきことである。

死んだ父親とは、フロイトの『トーテムとタブー』にある父親殺しの神話のなかの父親をいう。「ここに」とは、S(Ⱥ)の場所を指している。神話とは、矛盾を含む心的関係を、シニフィアンを使って物語の形で説明しようとする試みである。

死骸も一つのシニフィアンであるに違いないだろうが、モーゼの墓は、キリストの墓がヘーゲルにとってそうであったように、フロイトにとってもやはり空である。アブラハムはそのどちらにも秘密を明かさなかった。

シニフィアンとしての死骸とはこの死んだ父親、つまり、S(Ⱥ)を指すが、ここではキリストの死骸にも相当する。キリストの墓について述べられていることは、キリストの死後その墓を開いたところ、そのなかが空であったという話である。ヘーゲルは、『精神現象学』のなかでそれに触れている。ラカンはここで、Che vuoi の最終的返答は、シニフィアンによっては得られないと言おうとしている。アブラハムの秘密とは、神の欲望にアブラハムが自分の最も大切なもの、息子のイサックを犠牲としてさし出す話である。これは対象を意味している。つまり、Che vuoi の返答は一つのシニフィアンではあり得ず、対象の次元にそれを捜さなければならないのである。秘密とは対象の秘密であり、それは旧約聖書のアブラハムだけではなく、部分対象について考察を深めようとしたフロイトの弟子のアブラハムとも関係している。

われわれは、S(Ⱥ)という略号が表すこと、まずそれが一つのシニフィアンであることから出発することにしよう。われわれのシニフィアンの定義は次の通りである（他にはない）。すなわち、一つのシニフィアンとは主体を他のシニフィアンに対して表象するものである。このシニフィアンは、それゆえすべての他のシニフィアンに対して主体を表象する。つまり、このシニフィアンが欠けるとすべてのシニフィアンは何も表象しないものとなるであろう。なぜなら、すべてのものはそれに対してのみ表象されるからである。

一つの足跡を海岸で見つけたとすると、それは誰かが通ったことを示す記号として考えられる。だが、この足跡を消そうとした跡があればそれはシニフィアンとなる。消された足跡は記号であった足跡に対して、消す主体を表象している。つまり、消す行為が主体を表しているのである。S(Ⱥ)はこの消された足跡に相当する。シニフィアンの連鎖、S_1—S_2—S_3—S……において、一つの最初のシニフィアンS_1は、二番目のシニフィアンS_2によって定義される。二番目は三番目によって、三番目は四番目によって……。このようにして、一つのシニフィアンの意味は際限なく他のシニフィアンに転送され、その最終的な意味は決定し得ない。そこでこの循環を止めるのが、S(Ⱥ)である。これはそれまでのシニフィアンの連鎖の意味を全体として決定する役割をもっている。それゆえS(Ⱥ)が欠けると、残りのシニフィアンは何も表象しなくなる。

ところで、シニフィアンの集合は存在するものとしてそれ自体で完全なものだが、それゆえ、このシニフィアンは、自分自身は数に入らないがこの集合体の周りをなぞる一つのしるし(trait)である。これはシニフィアンの集合体に(−1)が内包されることによって、象徴化することができる。

シニフィアンは、その最小単位、例えば0と1の二つだけですべての意味を表すことができる。この意味においてシニフィアンの集合は完全なものといえるが、すべての集合が自分をその要素のうちに数えることができないのと同じように、シニフィアンの集合も自らを表すシニフィアンを持ち得ない。自分自身を表すシニフィアンはそこに欠けているシニフィアン、つまり、S(A̸)であって、これは集合のなかに入らない。例えば、{A、B、C}の集合の全体は、A、B、C以外のもの、Dでしか定義できない。シニフィアンにおいてA＝Aとなることはなく、常にA＝Bである。ゆえに、S(A̸)とはこの集合の周りを囲む円周(ABC)に譬えることができるが、{A、B、C}の中の一つの要素とはなり得ない。この円周をラカンは（−1）として表している。

これはそれ自体言い表せないものだが、その作用はそうではない。一つの固有名詞が発せられる時に必ず生み出されるものである。その言表は、その意味に等しい。われわれの使用する代数学によってこれを計算すると、結果は次の通りである。

$$\frac{\text{S（シニフィアン）}}{\text{s（シニフィエ）}} = \text{s（言表）}$$

S＝(−1)から

$s=\sqrt{-1}$ が得られる

普通名詞は他のものによって定義される。例えば、「人間は動物です」の場合、A＝Bの言表≠意味の構造がみられるが、固有名詞の場合、「ラカンはラカンです」と言うように、それ自身で固有性を持っており、自体的に定義される。これはA＝Aの構造も持ち、$S(\not{A})$を自らの要素として持っていると考えられる。

このような考察から前出の等式が導き出されるが、これはもちろん、一つの数学的譬えである。

$$\frac{S}{s}=s \qquad S=s^2 \qquad \sqrt{S}=\pm s$$

$\pm s$の$+s$だけを取り出し、$S=(-1)$を入れると、$s=\sqrt{-1}$ が得られる

主体が自らをコギトとして、考え尽くそうとするときに欠けているものは、これ、つまり、彼自身のなかの考えることができない部分である。

「我考える」と言うとき、それを考える我があると考えられ、一つの循環が成立する。

我考える（我考える（我考える（……

この連続を止め、我あり、の結論を出すことを可能にするものは何もない。ここには

$S(\not A)$が欠けているのである。

ここで「主体の転覆」のグラフの説明に関する部分の解釈の試みを終える。この解釈は大変に単純化したもので、ラカンの言わんとすることをすべて言い尽くそうとするものではとてもないが、欲望のグラフの構成の概要が読者に少しでも親しみのもてるものとなれば幸いである。

これをもって無意識の言語構造に関する部分を閉じ、次に、ラカンの理論展開の重心が言語構造から対象の方へ移っていった時代について考察する。その前に、この移行はどのような理由でなされるようになったのかについて、一言付け加える。

言語構造の最も基本的な構成は、二つのシニフィアン、S_1とS_2で表すことができるのであった。

$$\frac{S_1}{\not S} \quad \frac{S_2}{?}$$ （S_1はS_2に対して主体（$\not S$）を表す）

最初のシニフィアンの下にシニフィエの効果としてやってくるのが主体である。では、二番目のシニフィアンの下には何が来るのであろう。

これが第Ⅱ部で扱う対象aの問題である。

対象の概念は分析では重要な地位を占めるもので、もちろん、初期ラカンの理論でも常

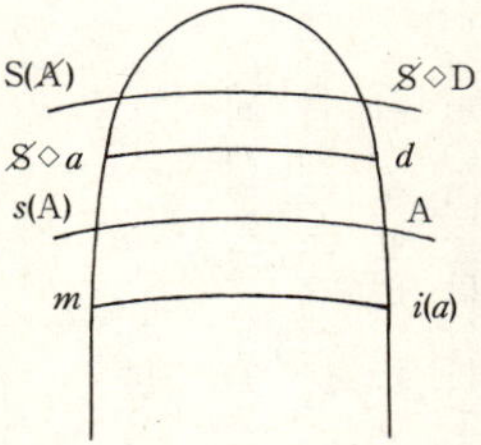

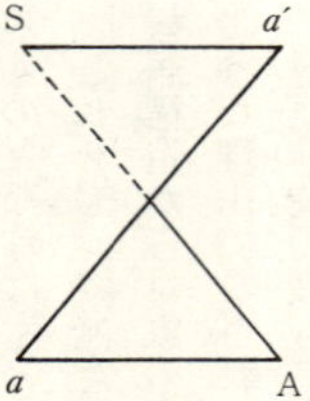

に作用しているものだった。しかし、それは想像的対象であって、鏡像段階の自我―他者、a―a′の関係が基本となって考察されてきた。

鏡像段階を表すL図は、主体（S）と他者（A）の象徴関係が、このa―a′の想像的関係によって妨害されるという考えを図にしたものである。

グラフはL図の考えをもとに作られており、A―(S̸◇D)―S(Ⱥ)―s(A)は象徴的関係を表し、i(a)―d―(S̸◇a)―mは、想像的関係を表している。

すべての思想は、おのれが批判しようとしているものに対立しながら繰り広げられる、理論的発展の原則である。

ラカンが無意識の言語的構造をもとに理論を展開した理由の一つは、当時の米国の自我心理学に対抗するためであった。米国の精神分析が患者の自我を現実の社会へ適応させることを目標とするプラグマティズムの道を選び、理論的には近似的、トポロジー的な方向に進むのに対し、ラカンは合理的、代数的で明確な理論化を計ろうとする道をとった。このことは、当時台頭してきた構造主義の共鳴を得、それがラカン理論についての構造主義的な一方的解釈に結びつくことにもなった。この構造主義者によるラカン解釈の中心になるのが、一九五七年に出た「無意識における文字の審級」のテクストである。このテクストではソシュールの言語理論などをもとに、換喩、隠喩による分析理論が繰り広げられており、真にラカンのいう無意識の言語構造のテクストといえる(このテクストを対象としての文字の観点から解釈することも可能だが、それはほとんど無視されてきた)。

ところで、これはいわば大変に清潔なテクストであって、そこには往々にして汚れたものとされがちな性的次元が奇妙に欠けている。だが、性的な次元はフロイトの精神分析において大きな場を占めていた。当時哲学界と文学界にラカンの理論が何の違和感もなく受け入れられたのは、これが理由になっているのだろう。ラカン派にジェズイット教会の連中が加入したのも、このような理由からであろう。確かに、主体を言語の次元だけで考えようとすると、性的な次元はあまり大きな意味を持たなくなり、せいぜい想像界に位置する程度でそれは結局二次的な領域となるであろう。そうすると、性的なものは言語活動によって完全に昇華することができる次元のものである。これではリビドーを非性的なものと見なすユング派の考えと大差がなくなり、フロイトの考えていた性的リビドーの意味はうすれてしまうことになる。

もう一つの問題もある。理論的に見た場合L図は象徴界と想像界が×で交わる形となっており、一種の二元論を構成すると考えられる。そうすると、そこではすべての二元論がかかえる問題、二つのものの互いの結びつきの問題が生じる。これは、意味の問題にも繋がっていることである。象徴界はシニフィアンの組み合わせから成り、それ自体は意味のあるものではない。コンピュータ言語を見ればわかるが、それは0と1の組み合わせのみでできており、何ら意味は生み出さない。ここでは意味は想像界の次元のものとされ、両者の結びつきがはっきりしていないのである。

それに加えて、〈他者〉の問題がある。一九五八年の「精神病のあらゆる可能な治療の前提的問題」において〈他者〉はシニフィアンの場であると同時に、〈他者〉のシニフィアンをも含む法の場でもあるとされている。これは一つの絶対的他者（A）であり、神の概念と変わらなくなるであろう。L図では、主体が絶対的な他者（A）からメッセージを受けるものとなっているが、この場合、精神分析と宗教の違いはどこにあるのだろうか。

第I部は前期ラカンの理論的布置を紹介したものだが、実際は一九五七～五八年と一九五八～五九年のセミネールが中心となっている。この二つのセミネールは前期ラカンの理論的集大成ともいえるが、同時に、次に向かうための過渡的時期のものでもある（「主体の転覆」はもう少しあと）。そういうわけで、ここでは他者（A）を不完全な他（Ⱥ）として扱っている。Ⱥからは必然的にシニフィアンの効果としての分裂した$が帰結され、$に対応するものとして、想像的ではなく、現実的な対象が必要となる（$◇a）。このように、ラカンが不完全な他（Ⱥ）を考えるようになったとき、必然的に現実界への道を開くことになったのである。

臨床的観点に立って言うと、ラカンの理論的方向転換の裏にはフロイトが遭遇した問題と同じようなものがあると考えられる。フロイトは分析を開拓する途上で様々な問題にぶつかり、それを一つ一つ解決しなければならなかった。なかでも中心になったのが『快感原則の彼岸』に述べられた問題で、それはフロイトをして第二の論点へと方向転換を余儀なくさせた。そこでフロイトを悩ませたのは、患者が治療の進展に逆らい、彼の解釈を受け入れず、症状の苦しみにもかかわらず病のなかにとどまり、そこから抜け出そうとしないという陰性治療反応の問題であった。自我、超自我、エスの三つの概念を使って展開される第二の論点は、それを説明するために必要とされたものである。

分析理論を換喩と隠喩で考えようとするラカンにとって、欲望はシニフィアンの換喩、つまりシニフィアンの換喩的結びつきを次から次へと移行させるものである。それに対し、症状は患者にとって不透明な意味を含む隠喩的構造をもち、欲望の換喩を止める働きをすると見なされた。分析家はそれに解釈を与え、隠喩を流動化し、欲望の換喩的運動を取り戻そうとする。これが当時の彼の治療指針であった。そのときに患者の方から抵抗があっても、それは想像的なものであり、正しい解釈はそれを乗り越え、治療を終結に導くものだと考えられている。想像界と象徴界だけで構成されるL図による治療の考えには治療の壁となる基本的な障害は見出されず、そこには大変楽観的な分析の図式しか見られない。陰性治療反応、始原的マゾヒズム等の問題は考えられない。

一九五三年のローマ講演でラカンは、フロイトが語った子どものFort-Daの遊びについて、次のように言っている。

主体性が自らの孤独と象徴の誕生を併せて醸成させる反復の遊びを理解するのに、始原的マゾヒズム等の使いものにならなくなった概念の助けを借りることは以後もう必要なくなった（『エクリ』三一八頁）。

象徴界、想像界、現実界の三つの概念はラカンの理論的骨組みをなし、彼の理論展開においては、この三つが必ず組になっている。前期ラカンでは、象徴界、想像界を中心に考えているが、現実界が全く欠けていたわけではなかった。ただそれは具体的な形で表面に出ず、影となって作用しており、フロイトが死の欲動を木に巣食う虫のごとく内部から働くものだと説明したように、現実界も内部でジワジワと侵食を進めていたのだ。前記の一連の問題は現実界の問題が表面に達したことを示し、ここでラカンはそれと真剣に取り組むことを余儀なくされた。一九五九～六〇年の『倫理』のセミネールではその結果が表れ、現実界が堰を切ったように大量に流入してくる。

第Ⅱ部
中期ラカン

第Ⅱ部では、第Ⅰ部の理論的土台をもとに、より広範囲に精神分析の理論的把握を繰り広げる。この時期のラカンは、初期の理論展開に欠けていた現実界に対して目を向け始め、現実界を扱うための手段を構築しようとする。

ラカンは精神分析と倫理の関係を重視し、倫理を考えるには現実界について考察を深める必要があると考えた。そのために、ハイデガーの用語である das Ding をフロイトの精神分析理論の原点に据えて考えることから始める。そして、das Ding はプラトンのアガルマを経て対象 a へと精錬されていく。対象 a はラカンが、自分が発見したものだと自認する二つのうちの一つである（もう一つは現実界）。また対象 a は、精神分析を考えるための新しい概念装置である疎外と分離というオペレーションにとっても重要である。これまでラカンのセミネールはフロイトのテクスト解釈というテーマを離れ、以後、ラカン独自の理論的展開が始まる。

精神分析の倫理

『精神分析の倫理』のセミネールの初めに、ラカンは一つの命題を提起する。

倫理の探求は非現実とまでは言わないまでも理想の場でなされるべきだとする早急な考えにとっては奇異に思われるだろうが、われわれは逆に現実の概念を深める方向に向かう（セミネール第七巻、二〇頁、邦訳書上巻一五―一六頁）。

そして、フロイトの考え方はわれわれに人間と現実界（Réel）との結びつきを明らかにしてくれるものだ、と言う。

フロイトは倫理の場をどのように表しているのだろうか。それを考察するために、第I部でも簡単に取りあげた『科学的心理学草稿』を少し角度を変えて再び検討してみよう。

『科学的心理学草稿』

フロイトの心的器官の基本的動因は快感原則と呼ばれ、すべての心的な緊張の高まりを取り去ろうとするベクトルである。これによって最初に体内の緊張が高まるとき、過去の充足体験をもとにした知覚記憶に直接備給が行なわれ、幻覚的満足が得られる。これが、第一次心的過程となるものを構成する運動である。ところが、幻覚による満足は決して真の緊張解放にはならず、心的機構は現実の条件を考慮し、現実に適応した満足を得る必要性が生じる。この現実原則が働く心的機構を第二次過程と呼ぶ。快感原則と現実原則は、二重の関係で結ばれている。現実原則は最終的に快感を得ようとする一種の遠まわり機制で、快感原則の延長であるとともに、快感原則による直接的緊張解放を禁止するという相反関係にもある。

こうして、フロイトの心的器官は、その根底から一つの矛盾を含むシステムとなる。二次過程は、現実に適応しながら満足を得ようとする過程である。これは自らの経験の記憶に対して、それが幻覚的に再現されるのを抑えながら知覚に達しない少量の備給を行ない、現実の知覚と備給された記憶を試行錯誤的に比較し、確かめ、記憶に残っているものの知覚における再発見を計ろうとする思考過程である。そこで行なわれる思考過程は無意識であって、これが意識に移行するには、パロールの形をとらねばならない。

無意識の思考は、記憶を司る神経細胞に一律のエネルギー備給を与え、幻覚の発生を抑えることにより初めて可能となる。言いかえれば、快感原則の直接作動の禁止により思考が可能となるのである。一律に備給された神経細胞の集まりを、フロイトはIch（私）と呼んでいる。

a、b、c、d、eは神経細胞を表し、それらの様々な組み合わせが思考過程を形成する。この組み合わせが言葉に結びつくことで意識的思考となる。

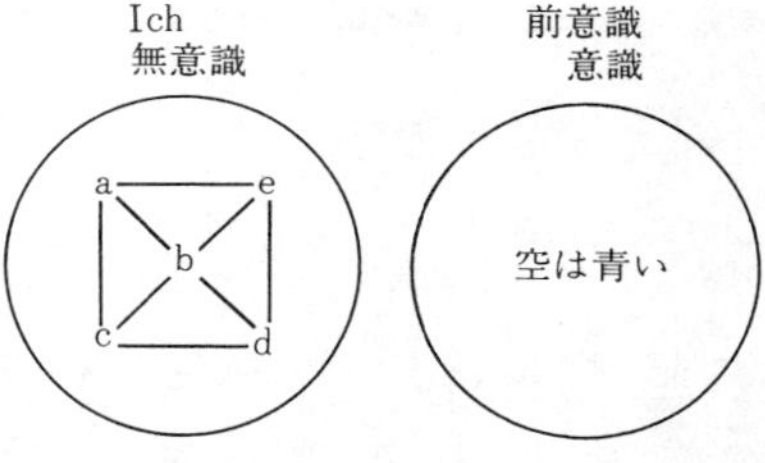

無意識の神経細胞網は、疎通（Bahnung）で結びついているとされる。ラカンは、神経細胞（neuron）をシニフィアン、その疎通（Bahnung）をシニフィアンの分節（articulation）に相当すると解釈している。

以前に引用したフロイト‐フリース書簡、五二番の図（次頁）は、ラカンの解釈の支えとなるものである。

Sは、最初の知覚の記入で、同時性の関係が成り立つとされている。これはラカンによれば、共時性を表すものである。無意識は因果関係で結ばれていると説明されているが、これは思考過程を意味するのであろう。機械的に組み合わされたコンピュータ言

意識	前意識	無意識	知覚S	知覚
×	××	××	×× ×	×
××	×	××	×	××

語が意味をもたないように、無意識でのシニフィアンの組み合わせも意味を生まない。フロイトはこのようなシニフィアンの作用を事物表象(Sachvorstellung)と呼び、前意識—意識における文法的に構成されて意味を生み出すシニフィアンの作用を言葉表象(Wortvorstellung)と呼んで区別している。

　母親との接触における最初の充足体験が、aとして記憶に記入されたとする。これは一つの記号で、子どもはこれを再備給することにより、最初の満足を再現しようとする。しかし、これは幻覚による満足にすぎず、完全なものと成り得ない。そこで別の方法が取られることになる。記憶に記入された記号を様々に組み合わせて最初の体験を再現しようとするのである。ここでaは、もはや母親との充足体験を表す記号ではなくなり、他の記号と結びつけられることによってシニフィアンの地位を獲得する。つまりaはそれ自体の意味を失い、b、c、dの対比においてのみ存在するようになるのである。この過程において、母親は二つの部分に分割される。まず、a、b、c、……で表される部分があり、それは子どもが経験し、理解する部分、もう一つはその残りの部分である。充足体験はaという記号を残すが、これは一つの痕跡でしかなく、実際に満足を与えた部分はすでに失われている。これが、子どもには未知で不可解な部分として残る。この不透明な部分をフロイトは物（das Ding）と呼んでいる。充足体験を再現しようとすることは、この das Ding を取り戻そうとする努力である。

無意識は、知覚として記入された記号を組み合わせることによって、全体像としての始原の母親——フロイトはこれを隣人（Nebenmensch）と呼ぶ——を再び見出そうとする。しかしこの隣人は、われわれの心的機構の奥に潜み、決して到達できない点、記号表現をいかにうまく組み合わせようとも埋め合わせることのできない点である。無意識が記号表現の組み合わせで構成される象徴界を表すとすれば、物（das Ding）は、その彼方にある現実界（Réel）を表すものである。

われわれは原初に das Ding と神話的めぐり合いをするが、これは二度と見出すことのできない失われた対象である。das Ding は、われわれの主体的構造を決定する。フロイトは das Ding との経験をもとに、心的構造を説明しようとする。

——ヒステリーは、das Ding との出会いを、十分な満足をもたらさないものとして経験する。以後ヒステリーにとって das Ding は嫌悪の対象となる。

——強迫神経症では、最初の出会いにおいて、過度の享楽が得られる。そしてその後 das Ding とのめぐり合いを避けようとすることが、彼にとって中心的な課題となる。

——パラノイアについて、フロイトは、不信という言葉を使っている。彼は出会いを信じようとせず、その経験を捨て去るのである。これはラカンの排除に相当するものであろう。パラノイアはそうすることで象徴界における支点を失ってしまうのだ。das Dingとの体験は、始原的で、全く意味をもたない。それに接するとき、すべての抑圧に先行した根源的な情動が生み出される。主体はここで最初の選択を行ない、それにより主体的構造が決定される。

無意識の表象は、das Dingの回りで螺旋階段のように繰り広げられる。そこでシニフィアンが、移動と圧縮、もしくは換喩と隠喩の法則で組み合わされる（Sachvorstellung）。そこは文法も意味もない次元である（無意識の隠喩は意味を生み出すものではなく、正確な意味での隠喩ではない）。この表象が、文法的に構成され前意識―意識に移行すると、言葉による表象（Wortvorstellung）がなされて想像界の次元にある意味作用（signification）が生まれる。

夢の機制を例にとってみよう。

夢は、実際は何の意味作用もない表象の組み合わせであるが、われわれがそれを語るとき、夢を読む行為をし、文法的な形を与える。夢がわれわれの意識に残るには、文法的構成を通過せねばならず、それ以前の構成は無意識として忘れ去られるのである。

das Dingを見出すことが、主体の追求する道である。しかし、それは言語の世界にいるわれわれには決して到達することができない対象で、それに到達することは、不可能な任務である。法はこの不可能を禁止し、それを可能な次元に変えて問題を解決しようとする。これが、近親相姦禁止の法、エディプスの掟である。だが問題はここで解決したわけではない。不可能なことを禁止するのは誰であろうか。果たしてそれを禁止できる者はいるのだろうか。これは父親の問題だが、父親とは一体何であろうか。これが精神分析の中心的問題である。

ラカンが言うように、倫理の問題を現実界と結びつけて考えるとはdas Dingの場を問題とすることである。主体はそこにおいて全く孤独で、自らの行動の道徳的判断基準を失ってしまう。そこは、すべての過ちが洗い流される場所、善悪の彼岸となる場所である。主体はそれを前にして一つの行為を強いられる。善悪の彼方にある行為とは、まさに倫理の領域に属するものである。

死の欲動

フロイトは『快感原則の彼岸』のなかで、死の欲動を一つの仮説として導入したが、以後、彼の理論の発展とともにこの仮説は重要性を増し、後期のフロイトの考えから切り離せないものとなった。ところが、彼の弟子の多くは、この概念を思弁的、形而上学的なものと見なして受け付けず、その考えはほとんど理解されなかった。フロイトの死後もこの無理解は続き、メラニー・クラインのような一部の理論家を除き、この概念は全く忘れ去られてしまった。

〝フロイトに帰れ〟のスローガンを掲げるラカンはそのような風潮に反発し、死の欲動をフロイトの考えの中心的概念としてその復権を計ろうとした。そもそも、ラカンは精神分析を理論化しようとする初期の頃から死の欲動を考慮に入れており、また彼の教育活動の最後までその支持は一貫して続いた。もちろん、彼の理論は最初から完成されていたのではなく、いくつかの段階を経て創り上げられたものであり、それぞれの時に応じて死の欲動の解釈も変化している。

彼の理論が想像界、象徴界、現実界のそれぞれの次元に順次、重心を移行させながら展開してきたことは前に述べたが、死の欲動の解釈も同様である。

(1) 想像的解釈：一九四八年に書かれた「精神分析における攻撃性」のなかに、次のような命題が出されている。

命題Ⅱ　攻撃性は経験において、攻撃しようとする意図として、そして、身体分断のイメージとして表れる。

命題Ⅳ　攻撃性は自己愛的同一化と結びついている。

死の欲動はここでは鏡像段階と関連して考えられ、そこに見られる分断された身体像から発する攻撃性として解釈される。すなわち、自我の本質は常に「おのれか、他者か」の間で全体的身体像をめぐる争いであり、人間関係の根底は、この攻撃性により構成されるとする考えである。

(2) 次に象徴界に重心が移る。ここでの死の欲動の解釈はL図により説明されよう。L図は象徴的関係S—Aと想像的関係a—a'から成り立つ。a—a'は自我と他者のナルシシズム的関係にあり、快感原則によって支配される。Sはそこでa—a'の関係を越えて、Aからメッセージを受ける。これは死のメッセージである。生とはナルシシズムによる自我の一過的肥大であって主体と他者（A）間のメッセージを阻止するものである。だが、象徴界Aは物に名を与えることにより、生を司るイメージ—ナルシシズムを消し、主体を真の欲望の世界へ導く。ここでの死の欲動とは、象徴のもつイメージを消し去る力を指している。

(3) 最後に死の欲動は現実界と結びついて考えられる。快感原則とは心的器官において常にエネルギーを一定に保とうとする機制、すなわち、心的器官にエネルギーが増大すると、それを初めの水準にまで戻そうとする運動である。これは、興奮が起こるとそのエネルギーを放出しようとするもので、言い換えるとホメオスタシスの法則、慣性の法則ともいえよう。

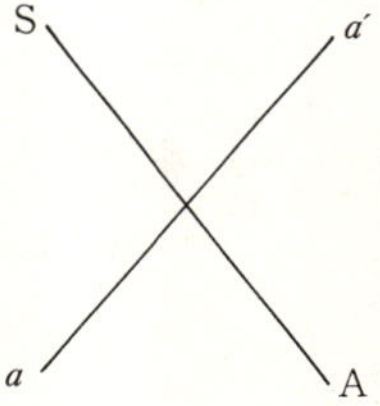

フロイトはこの原則に基づいて、心的機制の理論化を進めたが、臨床的経験のなかにこれに従わないいくつかの例があることに気づいた。

——外傷性神経症。戦争などで心的外傷を受けた者が、その苦悩に満ちた思い出から逃れられないというケースにおいて、患者がどうして快感原則に従っていやな経験を忘れてしまわないのか理解できない。

——以前に扱った子どもの Fort-Da の遊びにおいては、子どもが母親との堪え難い別離の思い出に執着する理由が不可解である。

——分析において、転移現象下で患者は苦痛を伴う経験を生々しく再生反復する。また、陰性治療反応が始まると、症状の苦しみにもかかわらず、患者は分析家の解釈を受け付けようとしなくなり、治療の方向に逆らい、そのあげく分析を中断しようとさえする。


これらのことからフロイトは、快感原則の奥に、より根本的な原則があるのではないかと考え、これを死の欲動と名付けた。そして、人間の心的機制を、死を表すタナトスと生を表すエロスの相対する二つの欲動の間で起こる不断の闘争であるとの仮定で主体的機制を考えるようになった。この考えはフロイトから離れず、以後彼の理論展開の基本になった。主体をこのように考察することは、一見、分析の実践現場にはほど遠い形而上学的思弁のように思われるであろう。ラカンにより、その真の解釈がなされるまで、多くの分析家、理論家たちは実際そのように受けとっていたのである。

快感原則によって支配されている心的器官は自らのエネルギーを常に最低の水準に保つよう機能する。ところがこの器官は、自らを機能させるために最低限のエネルギーは必要とし、それが無くなると死に至る結果となる。それゆえ水準をゼロに下げることはできない。フロイトの『科学的心理学草稿』において、水準をゼロに下げることは幻覚による満足に相当するが、事実、子どもが幻覚のみで満足を得るようになれば、生物学的欲求の欠如によって、死を招くことは明らかである。

快感原則が生命を保って機能するには、現実原則との最低限の兼ね合いを必要とする。それゆえ『快感原則の彼岸』に述べられている快感原則は純粋な形のものではなく、心的器官が実際に機能するために最低限の変更が加えられたものである。

ところで、フロイトがここで持ち出す死の欲動とは、主体を死へ招くという意味で、純粋な意味の快感原則と一致する点があるのではなかろうか。彼は死の欲動によって結局、自分の理論的出発点を再び見出すこととなった。それは、自らのエネルギーをゼロの水準へと引き下げようとする純粋な快感原則であり、終局的に快感を越え、死をもたらすタナトスである。

さて、エネルギー水準をゼロにするとは何を意味するのだろうか。

フロイトの欲望とは、始原に得た充足体験を再び取り戻そうとする運動である。それは神話的な隣人との体験の再現であり、失われた対象（das Ding）に到達し何も欠けるもののない世界を創り出そうとするものであった。しかし、言語世界に生きるわれわれにとって、これは不可能なことである。この不可能への試みはすべてのものの破壊に繋がる欲動となる。それは、死に至ることによってのみ満足される人間の究極的な欲望を表す。こうしてラカンは、死の欲動を現実界、快感原則の彼岸、善徳の彼岸からの呼びかけであるとの解釈を行なったのだった。

死の欲動を、第I部に出てきた母胎の論理を使って解釈してみよう。

主体は〈他者〉から印を授かる。この印を全体として再現しようとするとき、一つの際限のない過程、全体と無の弁証法が生まれる。言い換えると、数を数えるときには一つの数えられない要素が生じ、そこで欠如としての主体が誕生する。最初に授かった印はまだ単なる痕跡だが、それを数えるときに主体が生まれる。それは否定的存在であり、〈他者〉の世界で生まれるものであるが、生まれた時点からすでに自らの存在を喪失している。つまり、主体は自らが何であるかの問いに答えてくれるようなシニフィアンを持たない存在である。それは自らの存在に対する問いかけを止めず、メビウスの輪の表から裏、裏から表への往来が示すように常に不安定な状態におかれている。

精神病の場合にはこの不安定性が直接観察できる。そこでは、主体にはおのれの存在に関する問いが知覚のなかに含まれる空として感じられ、知覚が常に何かの意味を含むものとして語りかける。そして普通には何の意味もない日常的な出来事、簡単な会話、日々の挨拶などが、何か重大な意味をもつという確信が生じる。彼は自らの存在の謎を知覚のなかに読み取り、世界全体が彼にとって、意味をもったものとなる。こうして〈他者〉の世界は彼に直接語りかけるようになる。世界は主体の存在を決定することの不可能性という一つの欠如によって、破滅の危険にさらされている。詩人が言うように、世界にひとつ足りないものがあるとそこから世界がその穴に吸い込まれて破滅するのだ。破滅から逃れるために妄想が生まれる。精神病の妄想体系とは、世界を安定させるために欠如に一つの存在を見つけようとする試みである。それゆえに、妄想とは錯乱から抜け出そうとする努力だと言える。そして、これは精神病の治療の意味をもっている。このような機能をもつ妄想とは、世界の失われた秩序を回復させようとする一つの論理的体系であって、それは論理的な厳格さをもって展開される。精神病的な主体的構造をもった者が天才的数学者、論理学者であることは稀でない。集合論の創始者で現代数学の基礎を創ったカントールの例は有名である。ラカンは、精神病者とは厳密性の試みだと言っていた。そして「この意味で自分も精神病だ。私は常に厳密であろうとしたという唯一の理由から精神病なのだ」とまで言っていた(J. Lacan, Scilicet, n°6-7, Paris, Le Seuil, 1976)。

精神病において無意識は白日の下にさらされていると言われるが、われわれは、そこに無意識の論理的構造を見ることができる。先に解説した「主体の転覆」のテクストのなかでラカンは、精神病の場合、主体は前提的な〈他者〉の場、すなわち欲望のグラフの下段に留まると述べている。主体はそこで自らの存在を探すのである。そこではすべての単語が他の単語と無秩序に結び合い、意味を確定させるべきものは何もない。この意味の流動性は、主体の存在欠如からやってくる。つまり正当化できない存在である主体が、世界の論理を狂わせているのである。彼がそこで他からのシニフィアンのなかに認める謎は、自らの存在の謎にほかならない。この謎の解答として主体は自らをファルスとしてさし出し、流動する意味を食い止めようとする。シュレーバーの回想録のなかでは彼はフレヒジッヒによって無理やり女性化される被害妄想をもつようになるが、これはファルスへの同一化が女性的構造と共通点をもつことから、それを自らの女性化と感じているのである。

しかし、本来の女性としての性的選択は精神病のエディプス排除による女性化とは本質的に異なっている。女性も男性と同じくエディプス期を経るのであって去勢の受け入れはなされている。シュレーバーの場合、フロイトの言う、エディプス以前のナルシシズム期への退行というべきである。

ファルスへの同一化は、母親の欲望の無限性を阻止し、世界に有限性を与え、その正常化を計ろうとする意図から来るが、象徴界の換喩的分裂は想像的イメージでは食い止められない。それゆえ、妄想はくり返され、自らの身体は分断されたイメージがつきまとうようになる。

この分裂化を阻止する機構の可能性によって、精神病を分類することもできよう。精神分析において精神病は、躁うつ病などの気分障害を除くと、大きく分類してパラノイアとスキゾフレニーに分けられる。

パラノイアでは、分裂化の阻止が一応成功すると考えられる。シュレーバーの場合、フレヒジッヒによる女性化には強く拒絶する彼も、神の妻となって世界を救うとなると、男性としての自尊心は失われても同意することができる。その結果、彼は女性化によって世界を破滅から救った救世主という誇大妄想を抱くようになったわけだが、実際シュレーバーは、このとき自らを犠牲として〈他者〉にさし出し、〈他者〉の破壊的換喩を止め、世界を正常化したのであるから、自分が救世主であるとする論理はもっともである。ラカンはこのことについて、「パラノイアは、〈他者〉の場そのものに享楽（Jouissance）を特定する」（『シュレーバー回想録紹介』、Cahier pour l'analyse, 1966）ことにより定義できると言っている。それに対してスキゾフレニーの場合には身体像は分裂し、身体に享楽が備給されて主体を苦しめることになるのだ。

享楽（Jouissance）

すでに享楽という用語は明確に定義されないままに何度か出てきた。おそらく文脈上でその意味は汲めるだろうと思い、これまでそのままに使用してきた。だが、ここに来て享楽というものをより明確に定めることが必要になってきた。第I部でのキーとなるタームは欲望で、欲望という概念抜きでは精神分析を考えることはできないものであった。ところが第II部以降になると、欲望の重要性は徐々に失われていき、その代わりに享楽(Jouissance)が精神分析の中心的な概念となり、最終的には欲望についてはほとんど触れられないようになる。

初期のラカン理論では、シニフィアンの連鎖を基盤にした欲望による理論的構築がなされ、欲動はそれほど重要視されなかった。だがフロイトにとっても欲動は精神分析理論の最も基底をなす概念で、それ自身は論理的に説明が付かない精神分析の神話という地位を与えられていた。無意識はひとつの言語のように構造化されている、という命題をもとに理論を推進してきたラカンも、その理論的構築が一段落すると、そこに欠けているものに目を向けなければならなくなった。それは現実界の役割がほとんど認められていないということで、それに対処するには、欲動についてより積極的に取り組むことが必要となるのであった。なぜなら欲動は、精神分析諸概念のなかでも最も現実界と親近性をもっているからだ。フロイトは欲動を主体にとって危険な側面をもったものとして扱っている。主体は欲動に対して防衛したり欲動を抑圧したりして、その危険から逃れようとするのだ。なぜなら欲動の直接的満足は主体を母親のなかに飲み込ませるものだからである。この欲動の満足をわれわれは享楽（Jouissance）と呼ぶのである。

主体の非存在は、人間が言語世界に入ることで自らの存在を失うことに原因がある。象徴界は主体を実体のないものとして生み出し、そこにある限り、主体はおのれの真の存在を見出し得ない。その存在は、象徴界から排出された現実界、das Ding の場においてのみ得ることができる。das Ding は〈他者〉の欲望を満たすもので、享楽（Jouissance）の場である。だが das Ding は到達できないもの、不可能なものである。ゆえにわれわれは享楽を不可能という様態で経験する。享楽（Jouissance）＝不可能という等式が成立するのである。精神病において、患者は享楽の場、つまり不可能な場にいる。それゆえ彼は苦しむのである。象徴界においてそれは不可能な存在、乗り越えることのできない障害であるが、精神病では常にその障害との衝突が起こっている。これは、見えない穴に絶えず落ち込むようなものである。それを防ぐには、穴の周りを囲み、立ち入り禁止の標識を立てる以外にない。精神病ではこの防柵が失われており、それが耐え難い苦しみを生み出す。そこで彼は大変なまわり道をして、標識の代理になるものを立て、それから逃れようとする。精神病における父の名の排除とはこの標識の欠如である。

ラカンは、享楽（Jouissance）という言葉を快感（Plaisir）と区別している。享楽とは現実界と結びつくもので、それに対して快感（Plaisir）は、享楽（Jouissance）を制限して主体を過大な苦痛から護るものとしてある。享楽は快感原則の彼方にあって、いわば過大な快感、つまり苦痛であり、両者は相反の関係にある。

父の名は、他者（A）が去勢されている（Ⱥ）ことを意味し、そのシニフィアンであるS(Ⱥ)は、享楽を拡散した状態から一点に収束させる。去勢は、象徴界には主体の存在が何であるかに答えるシニフィアンはない、〈他者〉の場は完全なものではない、そして享楽は不可能である、ということを意味する。そして主体から存在の可能性を取りあげてしまう。主体にとってこれは死の宣告であり、決して直視することのできない、恐ろしい場所を指し示すことである。メドゥーサの神話では、蛇の髪をもつ魔女の顔を見た者は石と化すとされている。蛇の形をした髪の毛はファルスを象徴し、その顔は直視することのできない、恐ろしい享楽の場を示す。その場に到る者は、死と遭遇するに等しいのだ。

エディプスの神話にもこの場所が登場する。

エディプスは知らないうちに父親を殺し、母親を妻にめとり、テーバイの王となる。そこで彼は幸せな日々を送っていたが、ある時テーバイに疫病が流行り、それをきっかけに、彼は自分が父を殺害し母と交わうという呪われた運命を背負っているのだという真理を知る。そしてその恐ろしさから両目を潰してしまう。それ以来、彼はテーバイを追われ、娘のアンチゴネを連れ旅に出る。そしてコロノスの森に達するが、そこでは不思議な形で死が待っていたのであった。

ちょうどその頃、テーバイではエディプスを連れ戻さなければ都市が亡びるとの神託が降る。そこで使いがコロノスに送られ、彼を呼び戻そうとするが、エウメニデスの神聖な場所に腰をおろした彼は使いの者たちには耳を貸さず、こうつぶやく。

「何でもないものに成り果てた今、やっと私は人間となるのか」

コーラスは歌う。

「生まれてこなければよかった。生まれたからにはなるべく早く死ぬことだ」

そして、エディプスは死へ向かうため、神聖なる場の中央に進む。彼の死を見た者は誰もいないが、遠くからその光景を眺めていた者の証言によると、二人のうちの一人しか確認できず、その一人も恐ろしさから顔に手をやり、まるで醜いものを目の前にしているかのようであった。

この場面は、享楽の場の描写である。エディプスはただ一人、その場所に進んでいく。そこはすべてのものが死に絶え、運命はすべて成就し、人間が無になり果てる場である。死の欲動とは主体に真の存在を与える das Ding を獲得しようという欲動であって、そこに達するには、主体の運命を印づける象徴界の彼方に向かわなければならない。象徴界に入ることによっておのれの運命を背負った主体は、その彼方に位置づけられる現実界に渡らなければならないのだ。

享楽の場は象徴界の壁に囲まれ、そこに到達することは通常不可能である。だが、われわれにとって現実界は壁に囲まれた物のようにはっきりとした形で表れてくるものではない。そのような見方をすると、あたかも壁の向こうに渡れば、そこに至ることができるかのような印象を与えられるが、実際はそうではない。享楽の場は、われわれの住む象徴界の内部における矛盾による不可能性として経験される。そこは内的な外部であるともいえよう。ラカンはこれをExtimitéと呼んでいる。Extimitéはintimité（内密性、親密性）とEx-（外部を示す接頭辞）を組み合わせたもので、この表現はdas Dingの逆説的な性格をうまく表す言葉である。外密性と呼ぼう。

フロイトの草稿によると、われわれの心的器官は二つの部分に分割された始原の〈他者〉、母親を再び全体として取り戻そうとするものであった。この〈他者〉はわれわれに最も近い隣人でありながら、同時に決して到達し得ない対象である。それはextimeなもの、われわれの中心をなす外部、われわれの最も奥深くに潜み、決して誰にも近寄ることのできない狂暴な隣人である。

リビドー

死の欲動の導入により、フロイトは主体の心的機制をエロスとタナトスの間で行なわれる絶え間のない闘いの場と考えるようになった。これまではタナトス、死の欲動に関する説明を進めてきたが、ここで、エロスに結びついたリビドーについて少し考えてみよう。フロイトの定義によると、リビドーとは性的なエネルギーであり、対象、目的、起源によって様々な変化、転移現象を持つ一種の量である。

エネルギーとは何であろうか。

自然のなかで、われわれが出会う滝を考えてみる。滝とは一つの自然現象であって、それ自体特別な意味はもたないが、人間がそこにダムを建設し、発電所を設置すると、一定の電気エネルギーが成立する。これが熱エネルギー、光エネルギー、運動エネルギー等の形に変化し消費される。しかし、初めにあったエネルギー総量は、最後の地点でも同量であり、決して増大したり減少したりすることはない。これは電気→熱→光→運動→etc. と、一定の量の様々な形態への転変で表される。エネルギーとは、一つの理論的な量の概念であって、決してガソリン何ガロン、石炭何トン、電気何キロワットという具体的な量ではない。それらは抽象的な量を具体的形態で表した例でしかない。量は常に具体的な形でわれわれの前にあるが、その量自体を摑むことは、概念的になされる以外不可能である。

次に、このエネルギーの起源となったダムは何を意味するのであろうか。

ダムを建設するにはまずその設計から始めねばならない。設計は数学的に表された線の組み合わせ、必要な資材の決定などから成り立つ。これらはすべてシニフィアンで表される一つの組織体である。このようにしてみると、ダムとは象徴界を表すシニフィアンの集合である。そしてダムが建設される自然界は、人間の言葉の外にある現実界といえる。ゆえにダムの建設とは、現実界に象徴界を適用することに相当する。その結果、一定の量のエネルギーが得られるのである。

数学的に表すと、

f＝象徴界　x＝現実界　y＝エネルギー　とすると

$f(x)=y$ の式が成立する

この式を人間に当てはめると、人間とはまず生物的存在、つまり現実界に属する。これが言葉の世界に入ると主体が生まれる。欲望のグラフは様々な解釈が可能な理論的手段であるが、ひとつの解釈として、これは人間が言語世界に入り、どのように構造化されるかということを図式化しているものだとみなすことができる。そうした場合、グラフの第一段目は上記の式を表しているのだと考えることができる。出発点の三角のマークは、言語の世界に入る以前の仮定的な存在を表すもので、これについては、現実界のものであるという以外何も説明できない。それがAの場を通る結果、主体$\mathcal{S}$が生まれる。ところがこの主体は自らの存在を失ったもの、何の実体ももたないものである。では、そこで失われたものはどこへ行ってしまったのであろうか。エネルギー保存の法則からいえば、ある場で失くなったものは、必ず他の場で形を変えて残る。リビドーとはこの失われたものの再来である。それは主体に存在を与え得るものへ備給されるエネルギーで、主体に対して一種の粘着性をもつものである。主体がこのエネルギー量を注ぐ最初のものがファルス（φ）である。彼は自らのイメージにエネルギーを投入し、ファルスとなるが、これが第一次ナルシシズムを構成する。これが自らの像から脱け出し、外部の対象に投入されるには、去勢を通らなければならない。ラカンは、リビドーとは（−φ）であると言っているが、去勢（−φ）によってこのエネルギーが外世界に解放され、性的エネルギーとしてのリビドーが成立し、外的対象に投入が可能となる。これを先に得た式に入れると、次のようになる。

{$f(x)=y$} → {象徴界（現実界）＝エネルギー} → {A（△）＝リビドー}

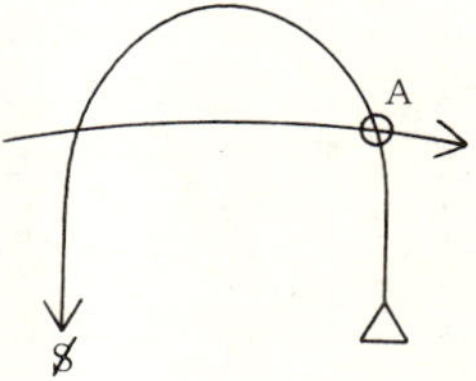

欲動は常に一定の力で圧力を加えるものである、とフロイトは考えていた。象徴界を経て、主体がネガティブな形をとって生まれることにより、その欠如を埋めようとするエネルギーが生まれるが、主体の存在欠如は恒常的なもので、それを補うことはできない。欲動の圧力の恒常性とはこのことを意味している。

　ところで、このエネルギーは前述のように概念的な量であって、具体的なものでは決してない。ヴィルヘルム・ライヒはこれを具体的に採集できるものだと考え、オルゴン・ボックスというエネルギー収集機を作ったことは有名である。彼の誤りは量の概念を誤解したことに基づいている。

フロイトはリビドーの投入を二種類に分け、それに自我リビドー、対象リビドーの言葉を当てている。自我リビドーとは、この量が自らのイメージ——これは $i(a)$、他者のイメージと同じである——に投入され、母親の欲望の対象である φ に同一化することに相当する。そしてこれは、去勢コンプレックスを経て Φ へ向かうが、これにより、父の名によって正常化された世界の諸対象に投入される対象リビドーが構成される。

ダムの例は、エネルギーとしてのリビドーを説明するために持ち出したものだが、それを主体と同一視することはできない。単なる自然に象徴界を適用したところで、主体は生まれない。いかに精密なロボットを作ろうとも人間と同じ主体的反応を示すものにはならないことを見れば明らかであろう。これはあくまで現実的なものとしての人間のみが、象徴界を受け入れ、主体というものが誕生するからである。人間は本能をもたない動物だと言えるが、唯一象徴界に応える能力を生まれ持っているのだ。ラカンはその結果生まれてきたこの主体を「現実界の返答」とも呼んでいる。つまり、象徴界を人間という現実界へ適用した結果、現実界が一つの返答として出すものが主体である、というわけだ。

欲動

欲動については享楽に関して簡単に触れたが、ここでもう少し立ち入った考察を試みよう。欲動とは、自らの存在を持たない主体が対象物によって存在を得ようとする機制である。グラフでは他者（A）との間で交わされる要請に対する主体の関係（$\$\Diamond D$）として表される。フロイトは、欲動を起源、対象、目的、圧力の四つの要素で構成されると定義している。

欲動とは興奮の一種と考えられるが、生理的な興奮は、生の欲求が満たされれば治まる一時的なものであるのに対し、欲動のそれは恒常的に働いている圧力で、ゼロの水準に戻ることはない。このことはすでにエネルギーの恒常性に関して説明した通りである。

欲動の起源については、二通りの解釈が可能である。欲動が現れる身体的諸器官という意味と、欲動興奮を生み出す身体という意味が考えられる。後者は象徴界を通り、主体にとって失われてしまう現実界としての身体であり、失われたものを取り戻そうとする圧力の起源となるものだといえよう。前者は主体と〈他者〉の間で要請が交される時の仲介地点となるもので、要請の切断機能（第I部参照）によって性感帯となる諸器官を意味する。

欲動の目的とは欲動の充足である。これは要請に応えることによって、母親の欲望を満足させるもので、それにより母親と子どもの直接の関係が成立し、エディプス的母子相姦の意味が生じる。つまり、要請の満足によって子どもは母親のファルスの位置に置かれ、母親と子どもの間には一体化された完全な〈他者〉のイメージが浮かぶようになる。欲動の目的にはこのような近親相姦の意味が含まれており、それによってフロイトは、欲動の目的は性的なものであると考えた。

欲動の対象とは欲動を満足させる対象であるが、これは要請の対象である。母と子の間で要請が交わされるとき、口、肛門、耳、目などの諸器官が仲介となり、各器官には機能に応じた対象物ができる。乳房、排泄物、声、まなざしがそれに相当する。しかし欲動の真の対象は das Ding、無である。無は何の形態ももたないゆえに捉えようがなく、結局これら四つの対象によって形態を与えられて初めて具体的な対象物となる。フロイトが「欲動は、欲動としては、すべて死の欲動である」と言うのは、このように、具体的な欲動の対象の奥には無の場に達しようとする死の欲動が潜んでいることを意味する。

欲動の満足は近親相姦的欲望の満足をもたらし、子どもを前エディプス期へ固着させる結果になる。それゆえに、欲動の満足は拒絶されねばならないが、それに導くのは Che vuoi、すなわち母親が子ども以外に欲望の対象をもっていること、そして、この他の欲望が子どもに疑問詞として受け取られることである。

すべての要請が拒絶された後、欲動はその単純な姿を表し、子どもの存在を根本から脅かす。そこで子どもは一つの行為をなすが、彼のなし得ることは、無の場に一つのヴェールを被せることである。それによって、彼はヴェールの彼方に一つの虚構的な実体を作り、おのれに存在の可能性を与える。

『精神分析の倫理』のセミネールには古代ギリシャの二人の画家ゼウクシス（Zeuxis）とパラシオス（Parrhasios）の話が取りあげられている。この二人は、互いに自分こそ最も優れた画家だと自慢していた。ある日、実際に絵を描いてどちらが上手かを決めることになった。ゼウクシスは自分が描いたブドウの絵は空を飛ぶ鳥の目をも欺くものだとうそぶいていたが、それを証すために壁にブドウの絵を描いたところ、やはり鳥が本物のブドウと見間違って飛んできた。そこで彼は勝ち誇ったようにパラシオスに向かって言う。「それではお前の描いたものを、壁にかかったヴェールを剝いで見せてくれ」。だが結果はゼウクシスの負けとなる。なぜなら、パラシオスが描いたものは、本物そっくりのヴェールだったのである。

人間にとって絵画とは事物を正確に写し取ることではない。何かを描くのはその彼方に違う世界が潜んでいるのだということを示すためである。

この話は、ヴェールが作り出す虚構の機能を表している。何もないところに何かを置き、その背後に何か実体的なものがあるかのような効果を得ることは、無から逃れるための人間の多くの活動に認められる手段である。例えば、フェティッシュは母親のペニスの欠如を隠し、虚構のペニスを作り出すことだし、衣服を着ることで女性はファルスの効果を生み出し、壁に絵画を飾ることで壁の空白を埋めるのである。このように見せかけによって一つの満足を得ることによって芸術が成立する。芸術とは欲動の一つの満足形態であり、欲動の性的目的による満足を制止されたときに別の目的で満足を得ようとする手段である。フロイトはこれを昇華と呼んでいる。

昇華

昇華とは欲動が本来の形で辿る道の一つであるが、これを広義に解釈すると、人間の社会的活動の多くがこれに該当し、言葉を話すこと自体も昇華といえよう。セックスをする代わりにおしゃべりで満足するのである。ここでは、それに対して芸術的創作活動という狭義な意味における昇華について考えてみる。

メラニー・クラインの紹介する症例には、昇華について考えさせる大変興味深いものがある。

これもセミネール第七巻『精神分析の倫理』に引き合いに出されている例で、しばしばうつ状態に襲われる一人の女性患者にまつわる話である。

彼女は大変絵画好きであり、彼女の部屋の壁は、絵描きである彼女の義兄弟の絵でぎっしりと埋められていた。ところが、ある日、そのなかの一枚の絵を義兄弟に返すことになり、その跡は空白として残されることになった。

その空白は彼女のうつを誘発することになり、最後には彼女はそれに耐えられなくなってしまった。彼女自身は絵を描く経験はなかったが、この苦しい状態を抜け出すために思い切って自分で描き始めることを決心した。そして描きあげた絵を義兄弟に見せたところ、彼はこう言った。

「あなたがこの絵を描いたとは絶対に信じられない。これは芸術家の作品で、ベテラン画家が描いたものだ。あなたがこれを描いたということは、音符の読めないものがロイヤルチャペルでベートーベンの交響曲を指揮することも同然です」。

フロイトの「服喪とメランコリー」によると、メランコリーとは失われた対象への自我の同一化であり、失われた対象はそれによって失われた自我に変化する。彼女の部屋の壁に残された空白は失われた対象、das Ding の無を喚起し、うつ状態に陥る傾向のある彼女にはそれが耐え難い欠如となる。つまり、彼女はこの空白を自らの空虚として感じ取り、それを乗り越えるために創作活動を始めたのだった。それゆえできあがった作品はこの空白を埋める役割を果たすものである。

フロイトの言うように、メランコリーでは自我が失われた対象に同一化するならば、この作品は、失われた自我の場に来るものと考えられる。創作活動によって自我と同一の機能をもつものを空白となった場に置く、というわけだ。それゆえ、芸術家にとって作品は自我と同一の地位をもつと考えられる。創造された作品は自らの作品として芸術家自身を反映しているのである。

このように、作品は自我と同じような機能をもっている。それゆえに作品は失われた対象の場を占める自我と同一の場所にやってくることができるのである。

メランコリーでは自我は失われた対象の無に同一化し、終局的には自殺に至る。それを避けるには、同一化の場所に自我の身代わりになるものを何らかの形で置かなければならない。通常、無の場は父の名の機能によって被われており、それが露呈することはない。だが、精神病における父の名の排除は、主体を無に直面させる。しかし、芸術家は創作によって無の場にヴェールを被せる能力があり、彼らには父の名の排除が自らの芸術の枷とはならない。彼らは創作によって父の名に相当するものを創り出すのである。しかし、このことが彼らにとって芸術活動を自らの存在のための必要条件たらしめるのである。

精神病的構造をもつ芸術家は多くいる。作曲家シューマンは晩年に幻聴としてえも言われぬ美しい音色をした天上の音楽を聞くに至った。だがこれは、美の最後の防壁であって、それがくずれ去るとき、天上の音楽は悪魔の声に取って代わった。恐ろしい音を伴うこの声は、彼に向かって、「お前は罪人だ」とののしり、彼を地獄へ連れ去ろうとする。それは彼岸からの超自我の声、無へのいざないである。以来、彼は重々しい罪悪感に苛まれ、一人で自分は犯罪人だと繰り返すようになる。そして、罪の意識に耐えかねた彼は、ついにライン河に身を投げてしまう。

シューマンにとって、音楽は das Ding を覆う最後のヴェールであったが、それが破れるとき、物(das Ding)が恐ろしい声を発し、主体に迫ってくる。この声は、主体が存在することの罪を問い、そのあがないとして死を要求する。その結果、メランコリーでは das Ding の無の前に何の生け贄も捧げられなくなった贖罪として、自らをその場に葬るのである。

昇華とは、このような das Ding の場に編み上げられるヴェールである。そのもう一つの例として、少し変わった芸術作品であるが、中世の吟遊詩人の歌った宮廷の愛を取りあげてみよう。これは、ヨーロッパで一一世紀に始まり、一三世紀頃まで続いた詩人の運動である。

詩人は身分の離れた、近寄り難い宮廷の貴婦人を愛の対象に選び、愛の詩を贈る。この愛は決して性的な関係を目的としたものではなく、禁じられた愛の対象への純粋な愛の表現である。詩人が描く婦人(Dame)の姿は、到達し得ない理想の領域にあり、ときには残酷で、狂暴、そして愛人の気を狂わせてしまう対象である。詩人は婦人(Dame)の気ままに従い、奴隷になることに喜びを見出す。彼は愛する女に詩を捧げるのであるが、奇妙なことに、書かれた婦人の像は人間性をもたず、非人称的である。近づき難い、残酷な、狂気を招く、狂暴な、などの言葉が婦人への形容として使われているが、同時にそれらは、われわれが das Ding の場について語るときの形容と一致する。彼はすなわち、婦人を通して das Ding を歌い、そこに婦人をおいて形態のない das Ding に具体的な形を与えて摑もうと努力しているのだ。婦人は、詩人によって良き隣人（Bon Vesi）とも呼ばれているが、これはフロイトの草稿にある隣人（Nebenmensch）にほかならない。

第I部で、ファルスを持たない女性が自らの欠如の反転を行ない、ファルスであろうとすることが女性の心的構造だと説明した。女性とは一つの無を内包したものである。また、das Ding も一つの無である。この二つは、無において共通点をもっている。女性は、自らの無と das Ding の無との一致を計り、自らの内部に das Ding を含むような見せかけ（paraître）の存在（par-être）となるのである。化粧をすること、外見に気を配ることは、彼女にとって一つの存在形式である。男性の場合でも着飾ることは、男性に女性的性格を付け加える結果となる。女性の見せかけは、前記の芸術的創造と同様の構造をもっている。それは das Ding にかけるヴェールであり、これは抗し難い美しさをもってわれわれの前に現れる。女性は自らの美しさの威力を das Ding から汲み出してくるのである。そして、詩人は愛する人を das Ding の場に置き、一つの芸術作品として女を創造する。

このように、対象を das Ding（物）の尊厳へと高揚すること、これがラカンによる昇華の定義である。フロイトの昇華の定義、「欲動の性的目標の制止」に比べてこれはより芸術的昇華の定義としてふさわしいものである。

無からの創造（Ex nihilo）

キリスト教の教義に、「神は世界を無から創り給うた」というのがある。これは、神の全能性を表す宗教的な言表と解釈されているが、ラカンは逆に、無からの創造という概念こそ、真の無神論を可能にさせるものだという解釈を下している。科学においては、われわれの世界は法則によって決定されていると考える。このような科学は無神論の裏付けとしてよく引き合いに出される。しかし、世界が因果律によって支配されていると考えるだけで、無神論が成り立つわけではない。超越的な神の概念は因果律の適用外であり、自らその因果律を支配するものとされる。また、スピノザのようにこの因果律を徹底させ、神もその支配下にあるとする汎神論も考えられる。因果律は、存在するものには必ずその理由があるとして、われわれの自由を奪ってしまう。ところが、das Ding のような無の場があるとすると——因果律は存在のあるものに適応される——その場は因果律の範囲の外に出ることになる。そこは主体が何かを創造することが待たれている場であり、そこで創造されたものが物事の因果の起源となるのである。

このように考えると、無からの創造とは神への挑戦であり、神を冒瀆するものである。いつの世にも真の芸術家は反逆精神を持ち、神を否定する。彼は das Ding の場に孤独に対峙し、いまだ世界に存在しないものを創り出さなければならない宿命をもつ。神とはすべてについての解答を持ち合わせているもので、芸術家がそれを信じることは、自らの創造能力を否定することに通じるのだ。

神経症の人（普通の人）にとって創作活動が大変困難なのは、彼が das Ding の場に何らかの形で神を置いているためである。その神がすべてを支配するのだから、別のところから新しいものが生み出されるということは考えられない。創作を行うことは神と創造の場を競い合うことを意味し、結局は神を否定することに繋がるのである。その結果、彼は自分を護ってくれる神を失い、死の場所に直面し、自らの存在が危うくなるのである。神経症者にとって創造は、例えば他者との競合関係のなかで何かを失う危険を目の前にしたときに、初めて可能となる。ところが、真の芸術家には創作が自らの存在を保証するための必要条件であり、それがないと生きていけないのだ。

無からの創造とは、das Ding の無をもとにしてその周りに創造物を置くことである、とラカンは解釈している。その例として、マカロニは中の空を巻いて作るのだ、と、ユーモラスな譬えをしている。

そのもう一つの例として、人間の最も古い道具の一つである壺があげられる。

壺の内部は空であり、この空を包む外壁からのみ成り立ち、前記の空の周りで作られる芸術的創造物と同じような構造をもつ。壺というものは中の空を何かで満たし、またそれを出し空にすることで機能する道具である。これはちょうど、シニフィアンの機能とも一致する。シニフィアンは、最初、記号（Signe）から生まれ、誰かに対して何かを表す。例えば、パブロフの犬の実験においてラッパの音の反応で胃液が分泌されるとき、ラッパの音は意味が固定されている一つの記号としてある。記号にはそれ自体特有の内容があり、それは満たされた構造をもっているといえる。それがシニフィアンとして機能するためには、一つの記号を別の記号と組み合わせて、記号としての内容を排除し、中空の構造にしなければならない。このように、シニフィアンは内容が空になって初めて様々な意味がそこにやってくることができるのである。

芸術作品を創ること、壺を作ること、シニフィアン、これらすべては無を内包している無からの創造である。

罪悪感

das Ding の場に、芸術家は作品を置き、詩人は愛する女を置く。愛されることによって女は一つの作品として創造されるのだ。シュレーバーの場合には彼は女性となることにより自らをその場に置き、神の愛を受け入れる。そのとき、彼の錯乱は止み、世界は正常化する。

これらはすべて、主体が世界に存在することによって、世界に対して負う負債の返済形態である。この主体の存在に結びつく負債は、一般的な意味でのキリスト教の言う「万人は罪人である」というものでも、形而上学的に決定されたものでもない。それは死の欲動と密接な関係にあるもので、主体が言語世界に生まれ出ることに由来している。母胎の項で説明したように、シニフィアンの論理の必然的帰結として、人間が言語世界に入るとき、一つの説明のつかない逆説的な要素が生じる。これを主体と呼ぶのであったが、このような主体は自らが何であるかを明らかにするシニフィアンをもたず、世界の中で自らを正当化できない存在である。

彼は世界において余計な存在、世界からはみ出した異邦人である。そして、自分を正当化するために様々な同一化を試みるが、それが想像界、象徴界においてなされる限り、自らの存在の正当性を証明することはできない。彼の真の場は象徴界の外、無、das Dingの場である。主体はシニフィアンの一つの効果、無の存在であり、無は無によってのみ正当化される。これが死の欲動の意味するものである。死の欲動とはdas Dingへの欲動だが、同時に主体の存在そのものであるともいえるのだ。

主体が世界に存在するときには、すでに何らかの同一化がなされている。しかし、この同一化は決して正当化され得る性質のものではない。この不条理が、主体に負債となってのしかかってくるのである。

フロイトは『トーテムとタブー』のなかで、この同一化の初めの段階を原始的社会における父親殺しの神話をもって、説明しようとしている。彼は、人間の世界における第一歩に父親殺しという大罪を置いているが、この行為がすべての罪悪感の根源となるものである。

ラカンはそれに対して、この罪のつぐないはdas Dingの場でなされると考えている。

この場所は、すべてのものが過ちから洗われるところであり、不在の場に存在を与え得る場所である（『エクリ』六六六頁）。

キリスト教のいう原罪、そして罪の赦しは、ここに述べられている考えに大変似通っている。キリスト教——この宗教だけに限らないが——は、宗教的神話の形で主体的構造を表したものである。

以上のことから、罪悪感は主体の存在に由来する根源的なものであることが理解されよう。

分析に来る患者は、しばしば強い罪悪感をもっている。ところが通常彼らは大変真面目で潔癖な人たちである。そして、彼らが真面目であればあるほど、罪悪感が強くのしかかってくる。社会的にもそれは大きな役割を果たしており、人間を働かせるために、罪悪感をもたせるのが大変有効であることは、われわれの日常でもよく経験されることである。また、前記のシューマンの例は、罪悪感の恐ろしい力を表している。彼の音楽はそれに対する最後の砦であったが、それが破壊されるとき、生々しい姿で悪魔が現れ、彼に支払いを要求しにやってくる。ゲーテの『ファウスト』にも同様の筋が見られるのはご存知であろう。

罪悪感から逃れるにはどうすればよいか。これが精神分析の倫理の問題である。

禁止

das Ding とは不可能の場所である。不可能とは到達不可能であり、欲動の完全なる充足の不可能性、つまり享楽(Jouissance)の不可能性である。ところが、主体にとって享楽はおのれのあらゆる行動のモチーフとなるもので、これが不可能であることは決して認めることができない。それを認めることは主体にとって死を意味するため、主体はそれを否認する。昇華は、この否認の一形態である。否認のもう少し違った戦術に禁止の法がある。作品の代わりに禁止の法が置かれるのだ。不可能(impossible)を禁止することによって、不可能は不能（impuissant）に変わり、その彼方に可能な領域が成立する。つまり、享楽が禁止されるとき、われわれはそれが得られない理由を禁止のせいにして、禁止さえなければ享楽が得られるかのような考えをもつことができるからである。イソップ物語の「すっぱいぶどう」のなかで狐は自らの不能性を認めないために、あのぶどうはすっぱいから取らないのだとするのだが、主体は禁止によって、もし取れるならば甘いはずだ、すなわち享楽は存在するはずだという考えを保証しようとしているのである。

禁止は法に対する違反を誘い、法の彼方にあるであろう享楽への欲望を燃えあがらせる。

法とは物と同じであろうか、いや違う、しかしながら、われわれは法を介してのみ物に触れることができる。実際、法が「汝はそれ（隣人の家、女、etc.）を羨望することなかれ」と告げなければ、それを欲する考えは浮かばなかったであろう。戒律のおかげで〈物〉は私の中に幾多の羨望を生み出す。なぜなら、法がなければ〈物〉は死んでしまうからだ。さて、私はかつて法が存在しなかった頃生きていた。ところが戒律がやってきて以来、〈物〉は再来し、燃えあがり、そして同時に私は死に到る。生に導くべき戒律は私を死に追いやるものとなった。なぜなら、〈物〉は戒律によって私を魅了し、戒律により私に死の欲望を与えたからだ（セミネール第七巻、上巻一二五頁）。

これは、聖パウロのローマ人への手紙、第七章、七段にある文章だが、ラカンはそのなかの罪という言葉を〈物〉(Chose—das Ding)に置き換えている。〈物〉(das Ding)と法の関係はそこに述べられている通りである。

われわれの欲望は法を介してのみ燃えあがる。人間は法を犯すことによって欲望をかき立て、道徳の彼方に一つのエロティシズムを作り出すのである。

真・善・美

プラトンのイデアの世界は、真・善・美を統一した理想の世界とされる。すべての倫理的思想は、この理想像を考えようとするものである。精神分析に一つの倫理があるとすると、それはこの理想像に対していかなる位置を占めるであろうか。

真

分析にとって真理とは、決して理想的形態をとるものではない。それは逆に、誰も知ろうとしない去勢の真理である。「万人が捜し求めているものは、実は誰も認めることのできない無の場である」というのが真理から主体に戻ってくる返答である。恐ろしい真理の場所にやってきて、それを隠蔽しようとするものが知である。一般的に知とは真理を知ることと考えられているが、ラカンは逆に、知と真理を対立する二つのものとして扱っている。知は真理を隠してしまおうとするが、知の領域は決して完全なものと成り得ず、そこにできた亀裂を通して真理が現れる。真理は一瞬にして現れ、現れた瞬間に流星のようにもうそこから消え去っている。真理が全体像を現すことは決してあり得ず、われわれには常にその半面しか見せてくれない。このことをラカンは、真理の半言（mi-dire）と言っている。知への希求はわれわれを真理から遠ざけ、知識を増やせば増やすほど、真理は離れていく。知識を得ようとする知への情熱は、真理を隠そうとする無知の情熱——ラカンはこう呼ぶ——を裏返しにしたものにほかならない。

知と真理の分離を初めて体系的に考えようとしたのは、ハイデガーの哲学である。彼は、プラトンから始まる哲学体系を、存在の忘却に繋がる形而上学体系だと考える。この忘却は、現代の技術万能の時代においてその頂点に達する。現代は存在の忘却が完成される時代である。形而上学が隠してしまった存在の真理は、わずかに詩の世界にのみその痕跡が残るのだとされる。つまり詩人のみが、この失われたものを再び見出そうとする努力をしていると考えたのであった。

ハイデガーとラカンの思想を一緒にするわけにはいかないが、形而上学を存在の忘却とする考えと、知は真理を忘却しようとする無知の情熱であるとする考えには、一つの共通項があるように思われる。ハイデガーの語る忘却の頂点は、科学の発展による現代社会の技術（technē）の支配である。この考えの真偽は別としても、科学は人間性を捨て去ってしまうという一般的考えの反響であろう。

ところで、科学技術の発展の根底には数学が大きく貢献している。数学は二〇世紀初頭に論理学および集合論の完成によって現在ある姿の基礎ができあがった。一九世紀末から二〇世紀初頭にかけて多くの数学的、論理学的発見がなされたが、このような発展において、ノモロジカル・プログラムというものが一つの原動力として作用していた。

それはヒルベルト（Hilbert）が考えた計画で、数学に一つの絶対的意味を与え、外部的説明の助けを借りずに内部の論理的構築のみで完全に説明し尽くすことのできる体系をつくろうとするものである。これは一つの独立したメタ言語を作り上げようとする目論見であるが、この計画は一九三一年にゲーデル（Gödel）によって「一つの無矛盾とされる体系のなかにおいて、その体系が無矛盾であることの証明は不可能であると証明することができる」という不完全性定理が証明されて失敗に終わった。

このような完全な知の体系をつくろうとすることは、真理の否認に繋がる幻想である。純粋な知であるように見える数学においても無知の情熱が働いていることを、この例は示している。だが数学は単なる幻想には終わらない。ゲーデルの不完全性定理は数学においてぶつかる不可能な点であり、知の体系の中の現実（réel）を表す点である。これを経験することで数学は幻想ではなく、一つの科学たりえるといえよう。ラカンが論理学を現実

(réel) の科学というのはこの理由からである。

善

善には二つの意味が考えられる。一つは、モラリストが捜している至上の善、もう一つは有用性という意味の善である。至上の善を捜そうとすることは、フロイトの心的器官の快感原則に相当する。ところが快感原則は心的作用の全体を支配することはできず、その彼方に死の欲動が潜んでいるのであった。このことは、とりも直さず至上の善は存在しないことを意味する。にもかかわらず、人間は至上の善を捜すことをやめない。ラカンはこれを、享楽 (Jouissance) の追求と呼ぶ。この至上の善の追求には苦痛が伴う。分析の場において、患者が治療の進行に逆らい、自分を苦しめる症状を捨てようとせず、陰性治療反応を示すとき、患者は症状に含まれる享楽にしがみついているのである。

他方、有用性としての善とは、良いものという意味である。人間は自らの必要に応えてくれるものを求めるが、私にとって良いことが他人に良いこととは限らない。そこで功利主義者ベンサムの「最大多数の最大幸福」という格率が作用する。理想像としての共産主義、「各人は自らの能力に応じた生産を為し、自らの必要に応じた分配を取る」は、良いものとしての善の法則の終局点であろう。これは物の使用価値の次元である。

フランス語で善を指す言葉は bien であるが、これには財産という意味もある。財産としての善は物を消費する時点での使用価値にあるのではない。財産とは、使用によってその価値が認められるのではなく、その保有に意味がある。アナーキストのプルードンは所有は盗みだと言ったが、自らの財産を保有することは、他者からその権利を取り上げることに結びつき、権力が生まれる根源となる。

鏡像段階において、主体は、聖アウグスチヌスが描く想像的関係のなかの子どもの例が示したように、おのれの像を他者に奪われたと感じて青ざめた表情をする。この場合の他者と、保有によって権利を取り上げる者とは同じ想像的他者であると同時に、鏡に映る自分自身でもある。

財産の保有は、結局自分からその使用権を取り上げることにほかならない。財産(bien)の享受(Jouissance――享楽)は、保有と相反する。

このような意味で、ラカンは善とは享楽を禁ずるものであると言っている。

善はまた、欲望とも深い関係にある。

『精神分析の倫理』のセミネールで、ラカンはソポクレスのアンチゴネについて長い解釈を与えており、クレオンの役割を善への奉仕と呼んでいる。

劇は、アンチゴネの兄弟ポリュネイケスの死体を軸に進行する。法を守護するクレオンは、ポリュネイケスを国の法を破った者として、彼の死体を葬ることを禁じ、野ざらしのまま腐敗するに任せることを命じた。これにそむく者は死刑を覚悟しなければならなかった。だが、それにもかかわらずアンチゴネはポリュネイケスを葬ろうとして、クレオンと真っ向から対立する。二人は互いに譲らず、ついに彼女は地下に生きながら閉じ込められる。だが最後にクレオンの決意はゆらぎ、アンチゴネへの処罰を取り下げることになる。しかし、すでに時は遅く、彼女は地下で首を吊って死んでいた。

ヘーゲルは、アンチゴネについて有名な解釈を下している。

クレオンは国を司る者として人間の法を代表するが、アンチゴネは一人の女として天の法を代表するというもので、ヘーゲルはそれによって男と女の法に対する立場の違いを説明しようとしている。

これに対するラカンの考えは、ヘーゲルの観点と全く一致するわけではないが、それに一脈通じるところがあるように思える。

クレオンは、国を治める者として万人の幸せを計ろうとし、そのために法から外れるものを容認できない立場にある。だが、アンチゴネにとって大切なことは、万人のための法ではない。彼女には彼女自身の固有な欲望があり、それに従うことだけが大切なのである。

アンチゴネは言う。

「埋葬を許されないのが夫や子どもであったなら、私は市民としての法に背くことはなかったでしょう。よしんば夫に死なれたとしても再婚すればよいでしょう。しかしここでは私と同じ父と母から生まれた兄、同胞（autadelphos）が死んだのです」（セミネール第七巻、下巻一三二―一三三頁）。

女にとって夫と子どもはかけがえのないものであるはずだが、どうして彼女はそれをさしおいて兄弟をそれほど大切にするのであろう。この部分は後に、研究家にとって大きな問題となり、なかにはこれは後世になって誰かが挿入したものではないかと考える者も出てきた。ドイツの大作家ゲーテでさえこれを不可解なことだと言っている。

分析者であるラカンは、つじつまの合わないこの点に当然注目し、それに一つの解答を与えようとする。

アンチゴネは、罪人エディプスとその母親との呪われた関係の間にできた四人の子どものうちの一人である。兄弟とは血の繋がりで結ばれているが、人間にとって血縁関係は、象徴界、言語の世界でのみ意味をもつ。ポリュネイケスは人間の世界にすむ彼女にとって他には替えられない固有の意味をもっているのだ。

彼女はこう考える。ポリュネイケスは私にとって固有の価値をもっている。確かに彼は法を犯したのかもしれないが、私にとってその法はクレオンの作る法であり、私の存在はそれとは何の関係もない。私はポリュネイケスと同じくエディプスを父にもち、父の罪を背負って生まれてきた。これは私の個的な存在であって、このような関係は象徴界以外では意味をもたない。つまり、シニフィアンの連鎖が私の存在の根底をなしているのだ。けだものが死んだ場合はそのまま放置し腐るがままに任せてもよいだろう。しかし言葉の世界に生きる人間に、そうはできない。人間には人間としての弔い方がある。私が自分と存在を共にする兄弟を弔わなければ、けだものと同じであろう。シニフィアンの連鎖を守ることは私の存在の運命であり、私の個的な欲望である。そしてこの欲望のすべてのもとになるのは〈他者〉の欲望、つまり自分の息子と交わり、私たち四人の子を産んだ母親の欲望にほかならない。

ラカンにとってアンチゴネは、憐れみとか恐れ、カントの言葉を借りれば、病理的感情を全く見せず、欲望の道をまっすぐに進む者である。逆に、クレオンは初め彼女に対し容赦のない態度で向かうが、最後は恐れを抱き譲ってしまう。どうしてであろうか。このことは彼の性格の弱さから来るものなのか、それとも、彼の立場から必然的にそのような態度をとることが帰結するのか。ラカンは、その理由を後者にあると考える。

クレオンは共同体の長として、万人の幸せを配慮しなければならない。彼の立場は善への奉仕である。だが彼の誤りは、万人の善を考えようとするところから始まる。彼はすべての者に適用されるべき法を作るが、それが無制限であればあるほど、すべての限界を越して超自我的に作用する。しかしものごとには限界がある。アンチゴネが守ろうとしているのは書かれない法、神の意志であり、それは人の法に限界を設ける。それを前にクレオンはついに譲ることを余儀なくされる。

万人の幸のために働くこと、他への善行、これらを善への奉仕という。だが、欲望の道と善への奉仕は互いに相容れない関係にある。

善への奉仕の一例として、ヒトラーがパリを占領に来たときの演説を想像すればよいとラカンは提案する。「私は諸君を解放しに来た。……しかし、仕事を止めてはいけない。そのまま続けること。……当然欲望などにかまけているときではない」(セミネール第七巻、下巻二二五頁)。

美

「ある晩、俺は美を膝の上に乗せた。そうすると苦い思いがやってきた。そしてこいつをののしってやった」。

これはランボーの『地獄の季節』の冒頭の部分だが、美に対して呪いの言葉をかけるこの天才児はそこに何を見たのだろうか。

美は、芸術的昇華によって創り出される効果、すなわち、対象を物(das Ding)の尊厳にまで高めることでdas Dingの場に創造物を置き、それにヴェールとしての役割を持たせ、その奥に想像的実体を浮かび上がらせようとするものである。ゆえにそれは一種のおとりの効果である。美がおとりの効果を果たせなくなったとき、ヴェールは破れ、das Dingが苦い味を伴って現れる。ランボーが美の奥に見たのはdas Dingであろう。彼の前には虚無の穴がぽっかり開き、そこから地獄の季節が始まるのである。

ソポクレスの劇中でアンチゴネは光り輝く姿として描かれている。これは死の場所へ何のためらいもなく進んでいく彼女が das Ding の威厳にまで高められたことを示す輝きである。美はその威力を das Ding から引き出すのであって、われわれが至上の美しさに接するとき、恐怖に近い戦慄を覚えるのは、das Ding への恐れにほかならない。

死と美の関係は、芸術家によってしばしば主要なテーマとして選ばれている。例えば、溝口健二の『雨月物語』のなかで妖しい美しさに魅せられた男が毎夜女に逢いに行くが、その女は最後に死の本来の姿を現すというシーンがある。この映画を観た方は覚えているだろうが、美しい女が妖怪に変貌するときに走る戦慄は、美のヴェールが破れ、死が現れる瞬間である。芸術においては、このように美と死の関係は大変明白である。

分析のなかでもこの関係がしばしば問題となる。

ラカンは言う。患者が分析の場において美に関することに触れるときは、必ずその周辺に死の欲動があると思って間違いない。美は死に対する一種のガイガーカウンターのようなものである。

善はわれわれを das Ding から遠ざけ、そこに一つの強固な壁を築く。美も善と同じく、われわれをそこから守ろうとするものだが、善と異なる点として美は同時にわれわれをその限界へと連れていく。善の機能と反対に、美は欲望に対して固有の機能をもち、われわれを偽ることはない。それはわれわれを目覚めさせ、おそらくわれわれと欲望との和解を計るものではなかろうか……。

「美の機能は人間が自らの死と関係する場をわれわれに示してくれる。そしてそれも眩しい光の中でのみである」（セミネール第七巻、下巻一九四頁）。

精神分析の倫理

神経症の人は生活において、自らの症状に苦しみそれから逃れようとする。ある者は医者へ、またある者は宗教に入る。他にもそこから逃れるための手段は様々だ。酒、自殺、etc.……そのなかの一つに精神分析があると考えられているが、分析は果たして症状の治療のためにあるものだろうか。患者が分析を始めるのは、分析が症状の苦しみを取り去ってくれ、症状のない幸せな生活を送ることができると考えるからだ。つまり患者は分析家に幸せを求めているのである。分析を始めると、今までの症状がとれることは確かに間違いない。だが症状がとれるとは何を意味するのだろう。すべてがうまくいき、幸せな生活を送れるということなのか、そしてそこで患者は至上の善を見つけるのだろうか。しかし、至上の善が存在しないことは普遍的原則であり、誰もそこから逃れることはできない。つまり必ずどこかにうまくいかない点があるということだ。症状とは、白紙の上に染みとなって消すことのできない一つの点のようなものである。分析において症状がとれるとは、実は症状が移動したにすぎない。それは分析の場における患者と分析家の関係として結晶するのであって、これを転移現象という。

患者はそれまで外部の症状において享楽を得ようとしていたのが、分析が始まると分析自体が症状として機能するようになり、それで享楽を得ようとするのである。

ここで精神分析の根本的な逆説に気づかれたであろう。コレット・ソレール（Colette Soler）の言葉を借りると、分析家とはマッチ・ポンプ、放火魔と消防士を一緒にしたようなものであり、自分で火をつけてそれを消そうとするものだ。

火をつけることは簡単だが、それを消すのは容易でない。患者は、本質的に分析の結末を望んではいない。それに分析家の方も分析の終末を目指しているとは限らないのである。例えば、分析家が病気を治そうとして分析を進めても、それはうまくいかないだろう。患者の病気への執着を考慮しないからである。また患者の幸せのためと思ってもだめである。

ラカンは、分析の二つの大きな敵は医者と僧侶であると言っている。医者は患者を肉体的苦しみから救い、僧侶は人を精神的苦痛から救おうとする。他人に対して善いことをしようとするのである。分析家は善への奉仕という理由で分析を進めるのではない。分析の原動力になるのは分析家の欲望である。それはフロイトの欲望であるともいえる。分析家の欲望とは、患者に過去の無意識に閉じこめられた記憶を言語化させ、das Ding の場まで連れていくことである。

患者は幸せを求めて分析に入るが、その要請はすべて拒絶されなければならない。拒絶にあった患者はそこで分析家の欲望、分析家が何か他のものを欲しているということに気づく。そして最後に〈他者〉の去勢の経験、すなわち分析家は何も知らないことに気づくという経験をする。

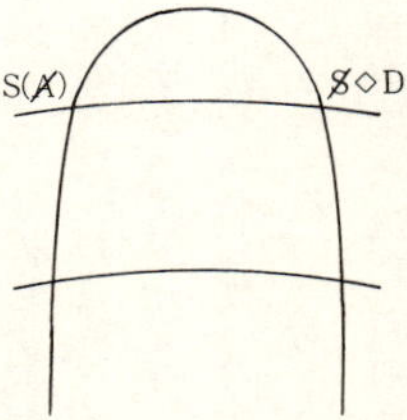

分析は欲望のグラフ（上図参照）では上段の（$◇D）とS(A̸)の点の間で行なわれる。S(A̸)の点は、他は何も知らないという点であるが、主体がここに達するとき、二つの態度が考えられる。

一つには「あなたが知っていようといまいと、私にとって関係ないことだ、私は行動する」。

そしてもう一方は、「あなたは絶対に知っているべきだ」（セミネール第九巻、Seuil版、三一三—三二四頁）。

S(A̸)の点とは、他者（A）の裏切りを表し、それを前にして前者は英雄の道であり、後者は神経症の道である。

エディプスは英雄である。彼は絶頂にあったとき、すべてに裏切られテーベを去る。そして自らの場を捜すが、そこでは死が待っているのであった。

彼は一人きりで、何の恐れもなく富、権力、善への奉仕を捨て去り、das Ding の場へ向かい、純粋に死と対峙するのである。

英雄は他者の裏切りに左右されず自らの欲望への道を進む。精神分析の倫理とは、英雄の道である。分析を始めるすべての患者にこれを強要するものではないが、少なくともこれから分析家となろうとする者にはこれが要求される。

この倫理を一言で表すと「自らの欲望の上で譲らない」こととといえる。

これは、意地でも自分のやりたいことを通すというよりむしろ、自らに課せられた義務を黙々と果たすという意味に近いものである。アンチゴネはポリュネイケスの死体を葬ることを自らの義務のごとく見なし、命を賭ける。この例は、幻想の虜となることをやめた欲望の無意味性とそれを追求する姿をわれわれに見せてくれる。「自らの欲望の上で譲らない」は命令形ではない。それが命令形でなされた場合は超自我の命令とも解釈できる。だがこの命題は、一つの命令ではなく、一つの選択である。ラカンはこう言う——「われわれの唯一の罪、それは自らの欲望の上で譲ったことである」（セミネール第七巻、下巻二三四頁）。つまり、欲望の道を捨てると必ず罪悪感をもつようになるのである。

欲望のグラフの上で S(Ⱥ) の点から（$\$\diamond D$）に引き返すとき、欲望の上で譲る構造が見られる。それは欲動（$\$\diamond D$）に満足を与えることになり、患者に一つの存在を与える。

だがこの存在は das Ding の場への一つの債務を負うことであり、その返済の要求が後から回ってくる。これが罪悪感となって表れてくる。

しかし、欲望の道を進むことは大変困難なことで、それを避けて通るのが通常の道である。人は晩年になると涙もろく感傷的になるという。これは罪悪感の一つの表れとして、諦めた自らの欲望に対して流す涙かもしれない。

自らの欲望の上で譲るとは裏切りを意味する。主体が自らの道を裏切るとき、また誰かと契りを結んだ後、相手が契りに反する行為をしたにもかかわらずそれを許す場合、そこには裏切りの構造が見られる。

「裏切りを許すとき、善意から、つまり裏切った者に良かれと思ってそれを許すとき、この裏切りを巡って何かが起こる。人は自分自身の意向をないがしろにしてまで譲り、こうつぶやく、――こんなことならわれわれの意図を捨ててしまおう。彼にしても私にしても――特に私にかんして――どちらが良いとは言えない。引き返して普通の道を歩もう。ここに自らの欲望から譲るという構造が見られると思って間違いはない」(セミネール第七巻、下巻二三四頁)。

第五章

同一化と対象 *a*

主体は存在欠如として世界に生まれてくるが、その欠如を埋めようとするために同一化という手段をとる。同一化についての精神分析的文献は多数あるが、その多くは現象的記述に終わり、実際に同一化の機制を把握することは困難である。ここではラカンが同一化をどのように解明しようとしているかを見ていくこととしよう。

三つの同一化

フロイトは同一化を精神分析の概念の一つとして重要視しており、多くの場でそれについて言及しているが、ことに『群衆心理学と自我分析』第七章においてそれを体系的に取り扱っている。まずここでその第七章に言われている三つの同一化を取り出してみよう。

(1)始原の父への同一化。
(2)退行的同一化、一つの印への同一化。
(3)ヒステリーにおける他者の欲望への同一化。

最初の始原の父への同一化とは、『トーテムとタブー』において語られる父親殺しの神話の第一段階に相当する。それは兄弟たちが協力して父親を殺し、その死体を食べることで父親に同一化しようとするもので、口唇欲動による父親への合体（incorporation）とも呼ばれる。子どもたちにとってこの父親はアンビヴァレントな関係にある存在である。つまり、一方では母親の欲望を満足させる能力をもつものとして享楽の場を体現するという理想の場に置かれるが、他方では、母親を独占して子どもから欲望の対象を取り上げてしまうものとして憎悪の対象ともなる。この死体を食べることによる同一化は父親の能力を取り入れようとするもので、それは主体の自我理想の源となる。

二番目の同一化は症状の形成と関わり合っているもので、これには二通りの機制が考えられる。フロイトはその例として、女の子が症状として咳をする場合を取りあげている。

(1)エディプス・コンプレックスの同一化として母親の持っている咳を取り入れる場合。
ここでは母親は彼女にとって父親への対象的愛情に対する障害と見なされ、母親に同一化することは母親の占めていた場所に自分を置こうとすることを意味する。その結果として、主体は一種の享楽を得るが、これは父親との近親相姦を意味することとなる。それは罪悪感を呼び起こし、その罰として同一化の咳は苦痛を伴う。これがヒステリーにおける症状の機制である。

(2) もう一つのものは、フロイトの症例「ドラ」に見られるような愛する者への同一化である。彼女は父親に同一化するために父親の咳を取り入れたのであった。フロイトはこれを「同一化が対象選択の場を占める。対象選択が同一化にまで退行したのである」と述べている。

この二番目の同一化で注意しなければならないのは、まず一つの印への同一化であること、次に、あるときは愛する対象へ、またあるときはライバルへの同一化であることである。

三番目の同一化は、共同体の中で同じ状態に置かれた者がそのなかの一人の持っている症状に同一化することである。これはヒステリーにおける他者の欲望への同一化ともいえるもので、抑圧された欲望が同じ条件に置かれた他の者のうちに共通点を見出し、その人間の持っている症状に同一化することである。他者への共感はこの同一化から生まれる。

判断

ラカンの同一化理論の展開の前に、フロイトが『否定』(Verneinung)のテクストのなかで述べている判断について少し考えてみよう。

判断には二種類のものがある。

(1) 一つの物に属性を与えるもの《Bejahung, Austossung》

(2) 一つの表象が実際に存在するかどうかの判断《Verneinung》

属性判断とは一つのものが私にとって良いものか悪いものかを決めるもので、これを口唇期の欲動の言葉を使っていうと、

良いもの=私はこれを食べる

悪いもの=私はこれを吐きだす

となる。

これは良いものを自分に取り込み、悪いものを排出しようとするものである。これは最も基本的な判断であって、例外的な場合を除いては、すべての主体はこの能力を持ってい

ると見なされるべきだろう。その場合、生まれてきたばかりの子どもにとって、良いもの、悪いものとは一体何を意味するのであろう。人間にとって、良いもの、悪いものが生まれつき備わっている生物的な性質を持ったものであるとすると、これはすべての人に共通であるはずであり、また、年とともに変化することもないであろう。ところが人間の良いものと悪いものの判断は各人全くばらばらであり、逆にそれが各人の個性を決定しているものである。したがって、それが生物学的に決定されているとは考えにくい。生物学的要因に由来するのではないとすれば、果たしてそれは何を基準とするのであろうか。

生まれたばかりの子どもにはまだ何の判断基準も備わっていないはずだ。だが子どもによっては母親の乳を吐き出す者もいるし、幼児性食欲不振に陥る者もいる。これが完全に生理的理由から来るものでないとすると、そこには一つの良いもの、悪いものの判断が見られると考えることができよう。

フロイトはこの判断は快感自我（Lust-Ich）によってなされるものだと考える。つまり、自らに快感を与えるものを取り入れようとする快感原則がそこに働いているものと見なすわけである。しかしながら、これは良いもの、悪いものを快—不快という他の言葉で言い換えただけにすぎず、その真の解明とはなっていない。

属性判断は最初に来るものである。ではそれとフロイトの語る最初の同一化とは、どのような関係にあるのであろう。

一つのものに同一化するのは、その対象が主体にとって良いものであるからと考えられる。『トーテムとタブー』の始原の父親は、子どもから欲望の対象である母親を取り上げてしまう者として殺されてしまった。だが子どもがその死体を食べるのは、憎しみの対象としての父親ではなく、母親の欲望を叶える力をもつ者として、その力を自らのうちに取り入れようとするためであり、これが最初の同一化を構成するのであった。最初の父親は子どもに存在を許さない父親の側面であり、後のものは子どもに享楽の可能な場を与える父親の側面である。最初の父親に対応する母親は父親によって完全に充足され、何の不足もない存在として子どもの存在を許さないが、後のものは父親の死によって一つの欠如をもったもので、この欠如が子どもの存在を可能とするようになるのである。

子どもが母親から乳を与えられるとき、子どもはそこで乳を味わうのではなく母親の欲望を読み取る。母親が子どもに乳を与えることで完全に満足する場合、子どもは母親の一部となり、単にミルクを吸収する口に還元される。他方、子どもを完全に生理的欲求のみの次元で取り扱い、乳を与えるとき、子どもは母親のなかに主体としての自分の場所を見出せず、子どもは世界＝母親から閉め出される。どちらの場合も、子どもはそこに自らの居場所となる何の欠如も読み取ることはできない。そこで彼に残された道は、乳を吐き出して自らの否定を表すことのみである。他に何の行動能力ももたない生まれて間もない子どもにとって、幼児性食欲不振は唯一の主体的行為を表す手段である。

この否定が最も極端になされる例に自閉症があるが、その場合は言語の世界に入るための最低限の肯定すらない完全な否定を表している。

属性判断はこのように肯定（Bejahung）と排出（Austossung）の二面性を保有するものである。つまり肯定が行なわれた場合は同時に排出が行なわれ、現実界と言語の世界が分離し、主体は存在の可能性を得る。ここでdas Dingが排出され、享楽は不可能となる。判断のもう一つの機能をフロイトは存在判断と呼んでいる。これは最初の属性判断をもとになされる二次的判断で、表象されたものが現実に存在するかどうかについての判断であるとされる。この定義には少し奇妙なところがある。存在は属性の以前に来るべきもの、つまり属性をもっているものはすでに存在しているはずである。それが後から来るのはどうしてであろうか。存在判断とは単に何かが現実に在るかどうかの判断ではないのであろうか。

この存在判断のパラドックスは、もうすでに何度か取り上げた『科学的心理学草稿』の図式を思い起こせば理解のための糸口が見出されるであろう。

最初の満足体験を得た主体は、その体験を幻覚的に再現することによって呼び戻そうとするのであった。ところが幻覚では真の満足を得ることは不可能であり、彼は現実の方に目を向けることを余儀なくされる。つまり与えられた知覚が幻覚であるのか、現実からやってくるものかの判断をなした上で、そこへの備給を決定する機制を作り上げるのである。

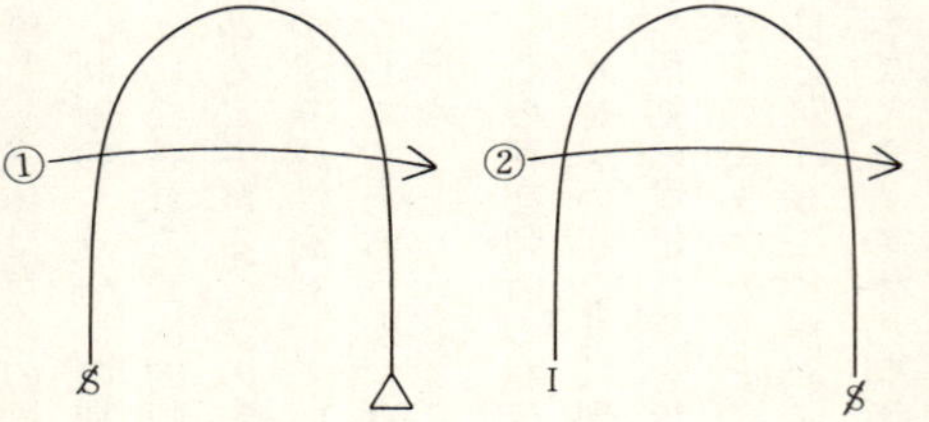

これを二つの判断に適用すると、最初の満足体験とは主体がそれを良いものとして認める行為であるゆえに、属性判断に相当する。ここでその経験は一つの印、表象として記入されたこととなる。そしてその後に、現実原則がこの表象が現実に存在するかどうかを判断しにやってくるのである。

この論理をラカンはどう表しているだろうか。

最初の属性判断をラカンのマテームで表すと、$\frac{S_1}{\$}$となる。$S_1$は〈他者〉から受け取る最初の印、$\$$は印を受けた主体である。これは主体と〈他者〉の最初の遭遇の図式であって、そこにはすでに二つの契機が含まれている。欲望のグラフによると、主体は最初、一つの意味しようとする意図として三角マークで表されているもので、それがシニフィアンの場を通ると棒を引かれた主体（$\$$）となるのであった（①）。この時に遡及効果が働き、主体はすでに最初の出発点に位置されている。そしてそこで一つの理想の印（I）としてS_1を受け取る（②）。

S_1は最初の満足体験の印であって、主体はそれを単に反復しそれを再現しようとする（S_1—S_1—S_1……）。だが、これだけでは意味の決定はあり得ない。そこで主体はそれを文法化する、つまりそこに一つの述語（S_2）を付け加えて文を成立させることで（S_1—S_2）、意味を生み出す。これはフロイトのいう言葉による表象（Wortvorstellung）であって、失われた対象を言葉によって再現しようとするものである。ここに存在判断が完成する。

判断機能についてもう少し別の角度から検討してみよう。

普遍的命題というものがある。例えば「すべての人間は死ぬ」のように、「すべての〜は〜である」という形をとった命題である。この命題の真理性は、一つでもそれに反するものが出てくると否定される。上の例についていえば、不死身の人間が一人でもいると、それは虚偽となる。では、「すべての火星人は不死である」の命題は真であろうか偽であろうか。普遍的命題を虚偽とするには少なくとも一つの反対の存在を証明する命題が必要である。この場合火星人の存在はまだ確かめられていないがゆえに、少なくとも一人は死ぬ火星人がいることは証明できない。ゆえにこの命題を虚偽とすることはできない。普遍的命題は、存在を前提としないゆえにこのような詭弁が成立するのである。

このことをもとに一つの図式を作ることができる。これはアメリカの論理学者パース（Peirce）の名をとって、パースの四分円（quadrant）とも呼ばれている（次頁）。円を四つに分割したそれぞれの部分を特徴づけると、次のようになる。

1．印はすべて垂直である。
2．印がない。

3．印はすべて斜線である。
4．斜線と垂直線が混ざっている。
これらの中から二つずつを組み合わせる。
1＋2＝A　すべての印は垂直である。
2＋3＝E　いかなる印も垂直ではない。
1＋4＝I　いくつかの印は垂直である。
4＋3＝O　いくつかの印は垂直ではない。

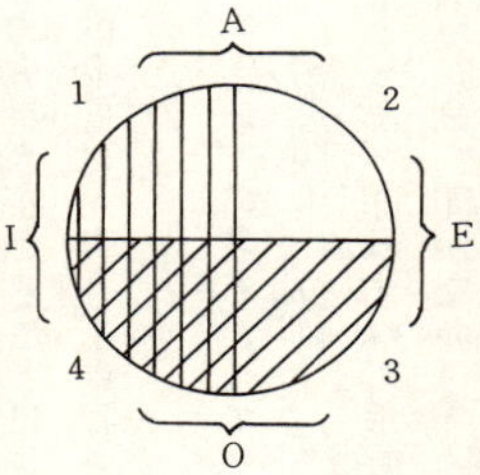

これは次のように呼ばれている。
A＝普遍的肯定命題
E＝普遍的否定命題
I＝特殊肯定命題
O＝特殊否定命題
図を見ればわかるように、AとEは必ずしも存在を前提としないが、IとOは存在を含む。つまり二つの場所にはAとEが来ることができるが、そこには何の印も付いてはいない。
ラカンは普遍性と特殊性の対立を、Lexis と Phasis の対立として考えようとする。Lexis とは私は読み選択するということを表し、Phasis とは最初の Lexis で取り扱われたものの実際の存在を、パロールによって判断しようとすることを表す。Lexis は普遍的性格をもち存在を前提とするものではないが、それに反して特殊性を表す Phasis は必ず存在を含む。Lexis、Phasis を否定（Verneinung）の用語に置き換えてみると、属性判断は Lexis に相当し良いものを自らに取り入れるのであるが、これは決してその存在を保証するものではなく、その存在判断は主体がパロールによって確認することにより得られる（Phasis）。

最初の Lexis として来るものは何であろう。『トーテムとタブー』によると父親である。それは父親を普遍的に措定することであるが、ラカンは少し謎めいた言葉でこれを表現する――「すべての父親は神である」。Lexis で導入されるのは父の名である。しかしながら Lexis の次元ではその存在に対する保証はない。父親に相当するものの存在の確認は各自に任されており、パロールという行為によって多かれ少なかれ父の名の機能を果たす父親を見つけ出さなければならないのである。

剝奪（Privation）、拒絶（Frustration）、去勢（Castration）

一九五五年にラカンは『対象関係』と題するセミネールを開き、そこでハンス少年の症例について詳細な解説を行なったが、その時の中心的概念となったものが剝奪、拒絶、去勢の三つである。

この三つの概念はエディプス・コンプレックスの三つの段階における対象の喪失性質を表すものとして用いられた。一九六二年の『同一化』のセミネールではこの三つの概念が再び取り上げられ、同一化の機制を解明するために以前とは少し違った角度から、それについて理論的展開が行なわれている。その違った角度とはトポロジー的観点をとることであり、第I部でメビウスの輪を使って説明したときのようなトポロジー形態の応用がここでもいくつかなされている。ここでの中心的トポロジー形態は、トーラス（円環）とクロスカップ（射影平面）の二つである。

この三つの概念はフロイトが語る三つの同一化に対応するものとみなされる。最初に出される剝奪は第一の同一化に相当する。それは父親を殺して食べるという、口唇的に表される始原の父への合体による同一化である。これはまた、『否定』の中で言われている属性判断に相当するものでもあり、普遍的命題（A）を措定した場合、一つの何の印もない部分が構成されるという論理の応用である。最初にS_1という単一の印（trait unaire）が記入されるとき、一つの印の欠けた部分（−1）が生まれる。そして主体はそこに追いやられる。これが剝奪である（左図）。

例えば、哺乳類を動物のカテゴリーに分類すると、脊椎動物のうち乳房をもつ種類として特徴づけることができる。そこでは乳房という特徴——これは一つの印（trait unaire）

である――を分類基準として置いているのであるが、動物学者は決して哺乳類に属している部分の全体を取り出してそこに含まれているものをクラスとして分類しているのではない。むしろ乳房という一つの印の欠如の可能性によって、そうするのである。つまり脊椎動物から乳房のない種類の動物をすべて取り除くことによって、残りのものを分類することが可能となるのである。

1を単一の印とすると――ここでは乳房――まずそれを欠いているもの（−1）を取り除き、取り除くことが不可能なもの $-(-1)=+1$ がクラスとして残る。

普遍的肯定命題は何もない部分（−1）によって支えられている。「すべての〜は〜である」というときは、その例外となるものを除去することによって成り立つ。これは第Ⅰ部で扱った母胎の論理、全体と無の弁証法の最初の契機と同じことであり、一つの全体性のあるものを措定する場合、そこには必ず外部に無が残るということにほかならない。これをマテームで表すと $\frac{S_1}{\not S}$ となり、S_1 は普遍的肯定命題、そして $\not S$ は（−1）として印を剥奪された空の部分に相当する。

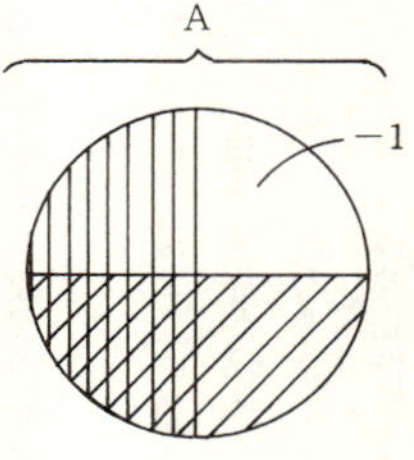

トーラス（円環）

精神分析理論は、等式計算の結果として正確な解答を得ることのできるような代数的思考法で考え尽くそうとすることはできない。正確な数値を得ようとする代数学に対して近似的な方法を取るものに、トポロジー的思考がある。代数的な考えにおいては要素の集合体への所属関係が問題となるのに対し、トポロジーでは部分集合による包含関係が扱われ、そこでは近似的、漸近的思考が採用される。ラカンはこの点に注目し、分析の理論化のためにトポロジーを利用しようとする。言い換えれば、代数的方法はイメージを排除して数式だけで一つのものを正確に捉えることができるが、それには全体を支配する法則を知っていなければならないのに対して、トポロジー的方法では全体的法則がわからなくてもローカルな次元で調べることができ、イメージによる近似的な把握が可能なのだ。これは思考の過程として自然な流れである。つまり、一つの未知のものを調べるのに、まずイメージを使って直観的に把握し、それから理論化を計るのである。トポロジーは常に矛盾を含む主体的構造や、言語では表せない現実界の関与する構造を調べたりするときに有効で、ラカンは精神分析理論を考える際に、トポロジーを多用した。

トポロジーの領域として様々な曲面体の特性の究明があるが、ラカンのトポロジー的応用はまずこの点から始まる。『同一化』のセミネールはトポロジー形態が体系的に導入される初めてのセミネールである点で、ラカンの理論展開の道程のなかでも注目されるべきものである。そこではまずトーラス（円環）が取り扱われている。

トーラスとは、中心部に空を有するドーナツ状の形態をいう。球体とトーラスの違いは中心部の穴であり、それがトーラスを特徴づけている。球体の上に描かれた円は少しずつ縮小していくとすべては最終的に一つの点に還元されるが、トーラスの表面では必ずしもそうではない。トーラスの表面には三種類の円が描ける（上図）。1の円は点に還元できるが、トーラスの環状になっている部分の内部の空を含む円2と、トーラスの中心部の空を含む円3は点に還元することはできない。このことは球体の上で円状の切り目を入れた場合、それは二つの部分に分離するが、トーラスの表面で同じことをしても必ずしも二つの部分に分離するとは限らないことを意味している。

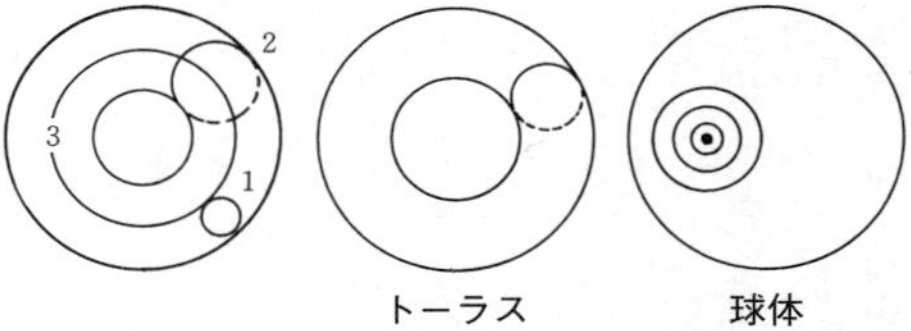

　トーラスを作るには次頁の図のような長方形のaとa′、bとb′を矢印に沿って貼り合わせればよい。これは境界をもたない一つの閉曲面である。

　ラカンはこのトーラスを、剝奪のトポロジーモデルとして使っている。

　剝奪とは一つの印が記入される結果、主体が無として生まれることであった。この記入は要請の形でなされるが、要請とは一つの欠けているものに対する要請であるから、それは一つの空の回りになされるものであるということができる。

トーラスの環状部の内の空を包む円はそれゆえに、一つの要請を表すものだと考えることができる（次頁図1）。

要請は繰り返されるものであるが、その反復を表すには、それをトーラスの回りに描かれる螺旋として見ればよい。それがトーラスを一周するとどうなるであろう。

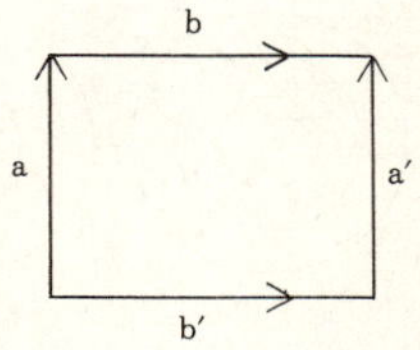

次頁図2では五回の繰り返しにより、螺旋はもとに戻っている。つまり五回空を包んでいるのだが、一周してもとに戻るときはトーラスの中心部の空を完全に一回りしたこととなり、一つの空を多く包み、計六回、空を回ることとなる。ところがこの六番目の空は、トーラスの上に記された印としては数えられない。つまり（−1）となる。

図3を使うともっと明確に見ることができる。そこでは一つの円aが描かれているが、それは1と2の二つの空を内包している。主体はトーラスの上に描かれた単一の印（trait unaire）を一つの空を表すものとして数えるが、その計算は最初から間違っている。つまり一つの印を数えるときには必ず二つのものがあり、数に数えられていないものが（−1）として生ずるのである。これはまた、母胎の論理を別の形で表しているものであることに気が付かれるであろう。

このことに関してラカンがあげている面白い例を紹介しよう。ラカンはある日、英国の

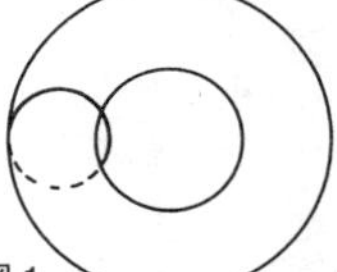

図1

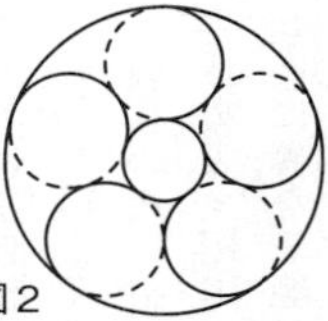

図2

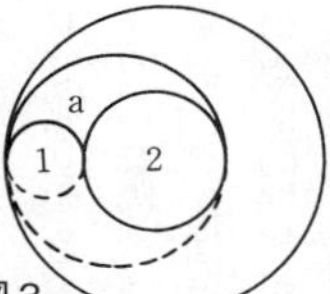

図3

動物園を訪ねた。その時ライオンが平和に寝そべっているのを見ながら、どうしてライオンは間違いをしないのだろうかと自問する。それに対して彼はこう答える——ライオンは数を数えないがゆえに間違いをしない、間違いは人間特有のものである。間違いは人間が数を数えることからやってくる。数を数えるときに生ずる（−1）はすべての誤りの根元である。人間の誤りとは数を数える主体の誤りである。言いかえると主体の存在自体が誤りなのである。子どもが自分の兄弟を指して「僕には三人の兄弟がある。ピエールとポールと僕」と言ったとき、数えられない主体を数えるというパラドックスが明らかになって表れる。だがこれは何も子どもだけに表れる現象ではなく、われわれの周りでも生ずる可能性がある。

　その一つの例がある。一九世紀末、チャタートンの部隊が北極探険に出かけたときの記録が残っている。当時の彼らの装備は現代の機能的に完全なものに比べてまだ粗野なものであり、隊員たちは苛酷な条件の下で大変な犠牲を強いられた。そのような状況に加えて、彼らは北極の未知の光景に直接遭遇していたという状況もあった。当時の記録によると、一種の異常な状態下で、彼らは常に隊員の数を確認しなければならなかったが、そのとき、常に隊員の数を一人多く数えていたというのだ。そして、その一人が一体どこからやってくるのか不思議に思っていた。これはちょうど、子どもが兄弟の人数を数えるときに自分もそのなかに入れてしまうのと同じような現象だと考えられる。異常な状況の下において、普通では数えることのできない主体が純粋な姿を取って現れ、それを一つと数えることから隊員の数が増えたような印象を与えるのである。

剝奪とは主体が一つの全体性を措定するときに、自らを例外の位置に置くことである。そこでは主体はすべてを剝奪され、自らの存在をもたないものとなるが、これは最初に単一の印を数えることから始まっている。

剝奪の次に来るのは拒絶（Frustration）である。主体はそこで新しい一歩を踏み出す。主体を表す円環の回りには要請によって単一の印が反復して刻み込まれ、それぞれの印は互いに異なる絶対的差異といえるものを構成する。その印がやってくるのは、主体が生まれる以前から存在している〈他者〉の場からである。主体はこの場を通じて初めて主体として成立するのであるが、同時にそこで自らの行動の限界に遭遇する。

おのれの欲望の対象を知らない主体はそこで欲望の対象が何であるかを表現しようとするが、それは言表行為というよりも想像的行為である。拒絶が問題になるときには必ずこの想像的機能が働いている。

嫉妬という情熱はここにやってくる。母の腕に抱かれて幸せそうな表情を見せる弟を目の当たりにして嫉妬に青ざめた表情を見せる子どもは、他者のイメージに欲望の対象を取り上げられてしまい、自らの存在欠如を体験する。嫉妬が人間の存在の最も深いところに根差していることは、聖アウグスチヌスが描いている通りである。母親の乳房は弟に取りあげられたことにより欲望の対象としての光を放ち始め、子どもの青ざめた顔にその光の反映を見せるのだ。主体にとって根本的な意味を持つ対象への欲望は、主体の最も内密なところでその存在を脅かし、存在欠如を露わにさせる。この対象はその想像的な他者のイメージ $i(a)$ として、主体に換喩という存在の漂流を呼び起こし、そこから帰結する喪失に主体を引き渡す。

この喪失はイメージを見るときに欠けている何かであり、一つのイメージである換喩的自我における本質的欠如である。嫉妬に駆られた子どもの目の前にあるイメージは彼の欲望の礎となり、彼が自らのものとして同一化しようとするイメージである。だがこのイメージは本質的な欠如を含んでおり、主体の要請に対して満足を与えることはできない。この欠如が拒絶の機能をもち、主体に欲望を開示するのである。

拒絶は想像的な性格をもっているものだが、同時に象徴界を前提としており、それは主体が世界にやってくる以前から存在する象徴界のうちに位置付けられなければならない。二つのトーラスの組み合わせによって、拒絶のトポロジーモデルを立てることができる。トーラスの環状部分の内部の空を回って描かれる印を要請を表すものとし、そしてトー

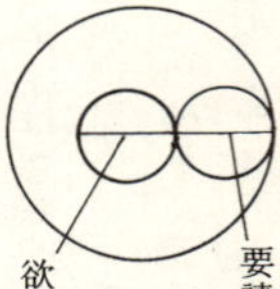

ラスの中心部の空は欲望の空を表すものだとしよう。次にそこにもう一つのトーラスを組み合わせ、一つを主体、もう一つを〈他者〉のトーラスとする。

図の左で見ると、主体の環状部分の空は他の中心部の空と一致し、他の環状部分の空は主体の中心部に一致している。このトーラスの上では主体にとっての要請は〈他者〉の欲望となり、〈他者〉の要請は主体の欲望となる。

このような二つのトーラスの組み合わせは、神経症の構造に見られるものである。神経症においては〈他者〉の要請と〈他者〉の欲望との混同がなされ、要請を満足することによって欲望の充足が計られる。

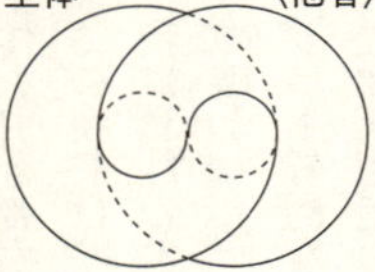

シニフィアンの効果として生まれる主体は自らの存在欠如を埋めようとする運動、すなわち欲望をもつ。「主体の欲望は〈他者〉の欲望である」というラカンの公式からわかるように、この主体の欲望は、最終的に〈他者〉を満足させることである。だが、〈他者〉の欲望は具体的な形をもったものではなく、主体は解釈によって常にそれに何らかの具体的な形を与えていかなければならない。それに引き替え、〈他者〉の要請は常に形をもつものであり、主体は〈他者〉の要請を容易に〈他者〉の欲望と取り違えて要請に応え、満足させようとする。これが神経症における欲望と要請の取り違えの構造である。神経症にお

けるこの構造は日常茶飯に見られる。他人から頼まれたことを断わることのできない者、他人の意向を聞かなければ何もできない者は、自分の欲望の達成のために常に他者の認可を必要とするのだ。これは欲望と要請の取り違いの構造を表している。

欲望の対象は他者との競合関係のなかで、幻惑のおとりとして姿を現す。主体が他者に要請するのは、一つの形態を与えられた対象である。ところが主体の要請は他の欲望の空に一致する。すなわち要請を満足させるものは存在しないのだ。拒絶が意味するのは、〈他者〉は主体の欲望を満足させる能力をもっていないということである。これはイメージのなかに認められる欠如であり、他の欲望(Che vuoi)の形をとって主体に伝えられるものである。拒絶が行なわれない場合、要請は満足され、そこには一つの固着が生じる。

主体は他者のイメージのおとりにつられ、それに到達しようとする。だが、それを摑もうとするとき、拒絶に出会うのだ。この反復によって主体はトーラスを一周する。そして最後に〈他者〉は一つの欠如を内包していること、〈他者〉の去勢を認めることとなる。主体は印を数えることによって、最初の誤りに落ち入る。数える者と数えられるものとの間に生ずるギャップである。それを埋めるために彼は、要請を通して〈他者〉の世界を一周する。すなわち、パロールの場である〈他者〉の世界を一周するのであるが、その結果得るものはトーラスの中心部に位置する空である。いいかえると、主体は最初に無の位置に落とされるのであるが、自分が何であるのかはまだ知らない。そしてトーラスを一周することによって、最後に自分が無であることを知るのである。

倫理の項でもすでに述べたが、去勢を前にして主体がなす行為には二種類のものが考えられる。一つはそれに関係なく私は行動するという欲望の道であり、もう一つはそれを拒否し再び要請の方向（$\$\Diamond D$）へ後戻りする神経症の道である。

分析の場において、拒絶とはどのように働いているのだろうか。患者は自らの欲望に対する返答を分析家に求めようとする。だが、彼はそれに答え得るものをもってはいない。分析家は患者の要請に対して返答を拒否し、自らの不能性を表す。拒絶（Frustration—Versagung）とは返答の拒絶、言うこと（Sagen）の拒絶（Ver—否定を表す）である。分析家は返答能力をもっていないが、無能力ではない。というのは、拒絶によって主体がトーラスを一周するとき、そこには自らの空がはっきりと表れるのであるが、同時に〈他者〉の場においても一つの空が表れてくるからである。これはそれまで隠されていたdas Dingの空であり、主体はそれを自らの欲望の真の対象とすることにより、欲望に対するChe vuoiの問いに一つの返答を見つけ出すのである。

主体の誕生は単一の印（trait unaire）の記入を前提とする。その結果、存在欠如として生まれてきた主体は象徴界—想像界において自らの存在を求める。自らの存在の探索過程で同一化が行なわれるが、それは常にシニフィアンへの同一化である。それによって主体は世界のなかにおける自らの立場の支点を得、そこからおのれのイメージを構成しようとする。ところがイメージには一つの本質的欠如が含まれており、主体はそれによって十全な満足を得ることはできない。主体は、実は象徴界から排出されたものとして自らの存在を現実界に位置付けるのであり、それゆえ主体は、シニフィアンへの同一化によっては真の自らの存在を見出すことはできない。このような主体にとって真に実体的な存在は、現実界でのみ見出されるべきである。ところが、主体が生まれてくるのは象徴界であり、彼はシニフィアンの効果として自らの行動範囲を象徴界に限られる。だが象徴界は現実界を排出することによって構成され、そこではdas Dingは不可能となっている。ゆえに主体が自らの真の存在を得るためには、この二つの異質の世界の間に何らかの繫がりが見出されなければならない。

象徴界は現実界と分離して構成されるが、この二つの世界は完全に切り離されているわけではない。象徴界には現実界の残した痕跡が見られる。トラウマ（心的外傷）と呼ばれるものはその一つである。また、ファルスのシニフィアン（Φ）は自体的に存在し、他のものに結びつかないシニフィアンとして現実界と象徴界の接点を示す。〈他者〉の場における空はラカンが対象*a*と呼んでいるものであるが、これも現実界との接点を表している。主体はこの対象*a*において真の自らの存在を見出すのである。『同一化』のセミネールにおいて、ラカンはそのことを一つの同一化として扱っているが、それは本来シニフィアンに対してなされる同一化というよりは幻想というべきである（$\mathcal{S}$◇*a*）。

去勢とは、主体の問いに対して〈他者〉は返答をもっていないという〈他者〉の不能性、すなわち、〈他者〉には主体を表すシニフィアンが欠けている、〈他者〉は完全なものではなく、欠如を含む不完全なもの（$\cancel{A}$）であるということを露わにするときである。主体にとってこれは絶望的なことであり、これは他者（A）の裏切り行為となって映る。S($\cancel{A}$)はこの欠如を示すシニフィアンであり、S($\cancel{A}$)に遭遇するとき、主体は自らの存在がすべて流れ去り、無に帰する危険を感じる。

〈他者〉の去勢が明らかになるとき、主体は何らかの形でそれに反応する。この主体の反応を最も単純な形で見せてくれる例として、フェティシストの機制を見てみよう。彼らはしばしば女性の下着に特別の興味を示す。それは母親の去勢の体験に、直接結びついているものである。子どもにとって母親は完全な存在であるので、当然ペニスを持っている者である。だが、そのうちに子どもは母親の完全性に疑念をもつようになる。そうすると、何らかのきっかけで母親はペニスを持っていないことに気がつくことがときとしてある。例えば母親が下着を脱ぐ場面を目の前にするときで、母親のペニスの不在を認めたくない子どもは、その欠如が明らかになろうとする瞬間に、それまでペニスの欠如を隠していた下着に目をやり、その後に現れてくるものを否認しようとする。下着は母親のペニスの欠如を隠蔽し、そのネガティブな性格をポジティブなものへと置き換える。そして、下着はファルスの意味をもつようになり、性的興奮を引き起こすものとなる。ペニスはここでは

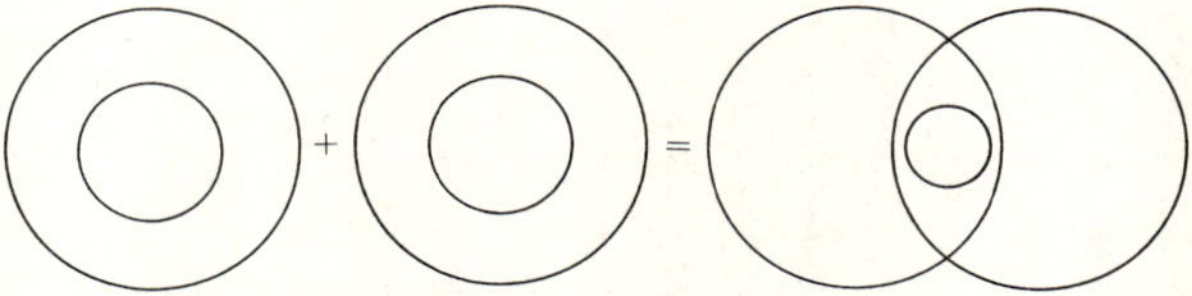

ファルスの役割を果たしているのだ。このように、フェティシストの対象は母親の去勢を否認するものである。このような機制は性的倒錯にのみ見られるものではなく、すべての主体的構造は否認の機制（Verleugnung）によって特徴づけることができる。恐怖症の患者にとっての恐怖を起こさせる対象、神経症における幻想、精神病の妄想体系、これらはすべて否認の機制であり、そこには対象aが内包されている。

主体がトーラスを一周する時に一つの空が構成され、それと同時に〈他者〉のトーラスにおいても一つの空が構成される。そこで主体の空は〈他者〉の空に同一化を行ない、幻想を作りあげる。この幻想は去勢を否認する機能をもっているのである。

〈他者〉はシニフィアンの集合体である。ここでシニフィアンの特性をもう一度思い出してみよう。一つのシニフィアンは他のシニフィアンによってのみ定義され、自分自身を意味することはできない。例えば「リンゴ」というシニフィアンを取り出し、それが皮と果肉と種から成り立っているとしよう。これを集合論的に書くと次のようになる。

リンゴ＝{皮、果肉、種}

シニフィアンが自らを表すことができないとは、リンゴというシニフィアンは決して右の括弧のなかには入れることができないということである。もしリンゴを右の括弧のなかに入れたとしよう。

リンゴ＝｛皮、果肉、種、リンゴ｝

括弧のなかのリンゴには、リンゴ＝｛皮、果肉、種、リンゴ｝の定義を入れることができる。リンゴ＝｛皮、果肉、種、｛皮、果肉、種、リンゴ｝｝、これでは一つの堂々巡りとなりリンゴを定義することが不可能である。

シニフィアンは常に他のシニフィアンに対してのみ定義され、自分自身で自らを定義することができないとはこのことを示している。このようにシニフィアンは常に他に送り出すこと——S→S→S——によってのみ存在し、自らの固有な存在をもたない。これがシニフィアンの根本的な他性であり、この他性が$\not A$として表されるのである。

数学にラッセルのパラドックスというものがあるが、これはこのようなシニフィアンの特性から出てくるものである。このパラドックスは次のように表すことができる。

一つのカタログを考えてみよう。カタログには、自分自身を含むものとそれを含まないものとの二種類のものが考えられる。自らを含まないカタログをすべて集めて一つのカタログを作ろうとすると、できあがったカタログの性格はどのようなものであろうか。それが自らを含まないとすると、それは自らを含まないがゆえに、自らを含まないカタログがすべて含まれているカタログである自らに含まれるはずである。では逆に、それが自らを含むとすると、それは自らを含まないカタログのなかの一つであるゆえに自らを含まないカタログであるはずである。

これを集合論的に表すと、

$A=\{X/X\notin X\}$　Aは自らを含まない集合の集合である。

Aが自らに含まれないとすると、$A\notin A$、これはAの定義に適い$A\in A$である。これは$A\notin A$の仮定に矛盾する。

ではAが自らを含むとしよう。$A\in A$

Aは自らを含まない集合$X\notin X$の集合であるから、それに含まれるということは、$A\notin A$の構造を持っているはずである。これは$A\in A$の仮定に矛盾する。

このようにAは、$X\notin X$と$X\in X$の間を永遠に往来し、その性格を決定することができない。

ラッセルのパラドックスは、すべての集合を内包する集合はないということを意味している。これを図にすると、次頁の図1に表されるようにAをすべての集合の集合だとしても、その外にはまた、Bという集合が考えられる。このことが繰り返され、結局それは無限の循環の連続となるのである。

このパラドックスを避けるにはどのようにすればよいであろうか。

　このパラドックスは、集合Aが集合Bに対してのみ意味をもつということからきているが、集合Aと集合Bが同一のものとなり、一つの自分自身で自らを意味する集合となる場合にこの集合の不断の連続――これはシニフィアンの連鎖と同じことを意味している――は切断される。シニフィアンの他性（A≠A）に由来するこの連鎖は、それが一つの自己同一性（A＝A）に繋げられるときに停止するであろう。図2は自己同一性によってパラドックスが解消されるときの構造を示している。

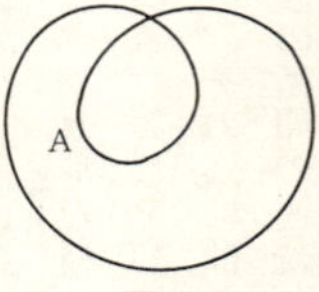

図2

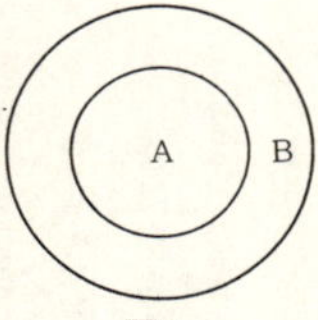

図1

　それでは、このような自己同一性はどのようにして得ることができるのであろうか。

　象徴界は他性の次元であるゆえに、そこにおいて自己同一性を求めようとしても不可能である。では、現実界はどのような性格をもった次元であろう。ラカンは現実界についていくつかの定義を与えているが、そのうちの一つに、「現実界とは常に同じ場所に戻ってくるものである」というものがある。これは天体を例に取ると理解が容易であろう。天体は象徴界とは独立した自然現象として規則的な運動に支配され、常に同じ位置に戻ってくる。このような現実界は自体的に存在し、自己同一性を保っているのである（現実界をこのように定義することが、サルトルの即自存在に大変近づくのではないかと思われる方も多いであろう)。

現実界の自己同一性は、象徴界による捕獲を逃れる。なぜなら象徴界によって捉えられた現実界はシニフィアンによって表現され、その自己同一性は他性に変わってしまうからである。ゆえに現実界は常に象徴界の外部に位置され、シニフィアンによる表現の後に残る言い表せないものと考えるべきである。

このような象徴界と現実界の関係は、トーラスを使って表すこともできる。主体はシニフィアンによる要請を通じて〈他者〉のトーラスを一周するが、その結果として中央部の空が生まれる。それが現実界である。われわれにとって現実界とは、シニフィアンの活動の産物として生まれてくるものである。

パラドックス解消を示す図2′の二重化した円（ラカンはこれを内転した8の字と呼んでいる）は、外部の円と内部の円の同一性を表している。この同一性は二つの円に一種の捩れを与えて繋ぎ合わせることによって得られるものであるが、その捩れは、現実界にその起源をもっているものと考えられる。内転した8の字はトーラスの上では前頁図2のように描かれる。これによると、円環内部の空と中心部の空はそれぞれ一と数えられ、数え違いが避けられていることがわかる。

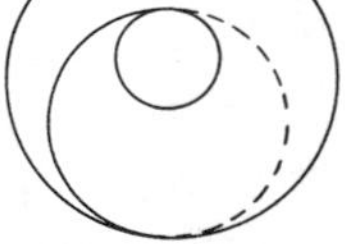
図2′

トーラスの中心にあいた空は現実界の穴である。主体はそこに自らの存在を見出し、その周りに幻想を創り出す。内転した8はこの幻想を表すもので、シニフィアンの効果としての主体の空とシニフィアンの産物としての現実界の空を結びつけ、一つの絶対的意味を生み出す。それはシニフィアンの換喩の際限のない流れを止め、意味が生み出されるときの支点となる。

幻想は症状と並び分析実践の場において重要な位置を占めている。患者は症状に悩まされ、その苦しみから逃れようとするために分析に入る。それゆえ、症状は分析が開始される時点において患者が分析家に語るものとして、その存在が最初から明らかなものである。それに対して幻想は主体に苦しみを与えるものではなく、逆に快感を与えるものであって、分析においてほとんど語られることはない。しかしながら症状の観点からのみ分析を考えると、分析の終末という概念を考えることができなくなってしまう。というのは、構造的に見た場合、症状は決して消滅することはなく、ただそれが一つの形態から別の形態へと移行するのみで、それを完全に取り去ろうとすると終わりのない分析となるのである。もちろん、分析によって症状に対する治療効果というものは得られるものであり、また、多くの場合分析を始めると、それまで患者を苦しめていた症状は患者も気がつかない間になくなっている。比較的短期間にそのような結果が得られることも稀ではない。だがそれは症状を構成していたものが分析の場に移行し、分析自体が症状として機能するようになるからであり、治療効果を分析の終末の基準として分析を中断すると、再び症状が表れてくるであろう。それゆえに分析の終末を症状の次元で考えることはできず、幻想を中心にして考えることが必要となるのである。

エマの症例

しばらく抽象的な説明が続いたが、ここでそれを少しさしおいて、フロイトとラカンが幻想をどのように扱ってきたかを、具体的な症例をはさみながら考察することにしよう。

精神分析の誕生はフロイトとヒステリー患者との出会いにその起源をもっているが、幻想の場合もやはりヒステリーとの出会いにおいて、その存在が知られた。そして、幻想が心的機構に占める位置およびその機能も、ヒステリー治療の経験によって明らかになった。ヒステリー患者の病因を辿っていくうちに、しばしば性的な出来事がその裏にひそんでいることにフロイトは気がついた。彼は病気の原因はそうした出来事にあると見なし、それが連想によって思い出されるときに症状になって表れるのではないかと考えた。患者は少女時代に大人から性的誘惑を受け、それが心的外傷となって残り、後になってヒステリー症状の核を構成するようになるという誘惑理論である。

これを説明する症例として、フロイトは草稿のなかでエマの例を上げている。

【光景1】一人で店に入ってはならないという考えがエマの頭から離れない。彼女はこれを一三歳のときに起こった一つの出来事に結びつけて考えている。ある日、彼女は買物をするためにある店に入ったが、そこで二人の男の店員が笑っているのに出くわした。そこで彼女は恐慌状態に陥ってしまい、すぐに店を出た。そのとき、店員が彼女の身なりを見て笑っていると思ったのだ。また、その時彼女は二人の店員のなかの一人に性的な魅力を感じたことも覚えている。

これだけで彼女の症状を説明することはできない。それには分析が進むにつれて明らかになったもう一つの要因を付け加えなければならない。

【光景2】八歳のときに彼女はお菓子を買いに近所の店に入ったところ、そこの主人に性的ないたずら——いやらしい笑いをうかべた店の主人は服の上から彼女のセックスに触れようとした——をされた。ところがこの時点では彼女は何の反応も見せず、それ以後もその店に買物に行っていたのであった。

光景1が彼女の症状を引き起こすことになった理由はそれ自体に求められるべきではな

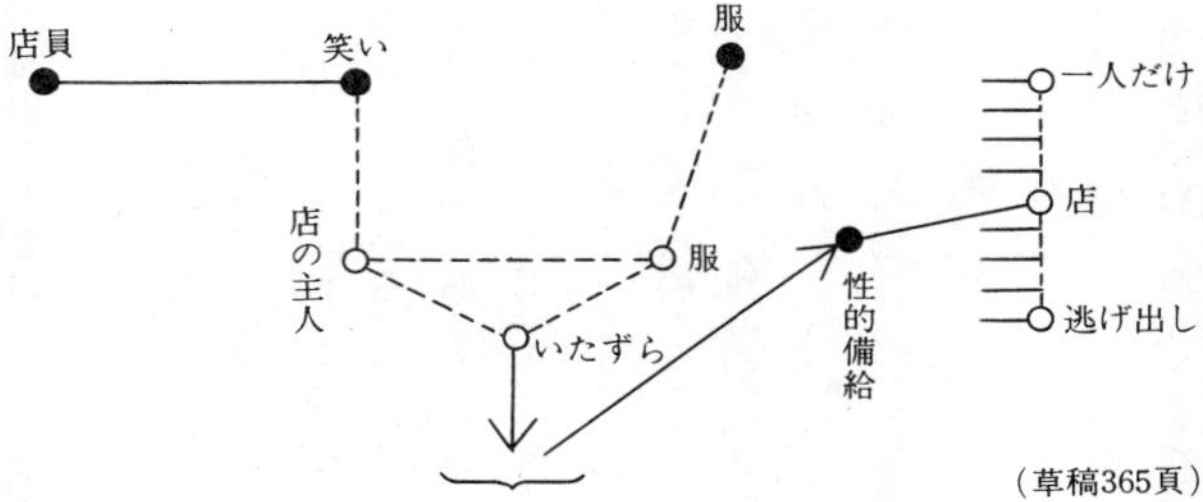

（草稿365頁）

く、それが光景2と結びつけられて初めて病理的効果をもたらすものだと考えるべきである。光景2において彼女が後になってもまたその店に行っているということが示すように、そのとき、彼女はまだ出来事の意味が理解できず何の反応も見せなかった。ところが一三歳に達した彼女は思春期に入り、性的な意味を理解するようになった。そのときに出会った出来事（光景1）が、その類似性から以前の出来事（光景2）を思い起こさせることとなったのである。店のなかにおける店員の笑いと、一人の店員に対する性的な感情がいやらしい笑いを浮かべていた店の主人に結びつき、また、彼女が自分の服について笑われたと思うことは店の主人が服の上からいたずらをしようとしたことに結びついている。エマの症状は、無意識のうちに進行するこのような機制によって形成されたのであった。

草稿ではこれに上のような図が加えられている。

これがフロイトの最初の神経症の理論となったものである。患者は思春期以前に何らかの性的体験をする。まだ性的意味の理解できない子どもは何の反応も見せないが、それが理解されるようになると、その体験が遡及的に心的外傷の意味をもつようになる。神経症はこのような機制に起因して構成されるのである。

フロイトのこの理論によると、神経症は常に大人によって引き起こされることになる。そして患者の回想では多くの場合、幼年時代の性的な誘惑の加害者は彼らの身近にいる大人となっている。フロイトはこれを一般化して、神経症の病因を幼年期における大人から受けた危害にあるとした。しかし、そうした考えにはいくつかの問題点がある。

例えば、神経症の患者の身近に必ず幼児を相手とする性的倒錯者が存在するとは考えにくいということ、または、無意識においては現実にあったこととファンタスムを区別することはできないなどである。

このような理由からフロイトは、患者の幼年期の性的体験の現実性について大いに疑問をもち始めるようになる。彼は患者の証言をもとにこの外傷体験を一般化したのであったが、分析の場において意識に昇ってくるこのような体験の回想にどれほどの信憑性を置くことができるであろうか。

フロイトはこの問題をめぐってしばらく当惑していたが、結局、次の結論に至った。患者は幼年時代に見たり聞いたりした様々な事柄を使って、意識的には決して表面に出てくることのない原光景を組み立てる。それゆえこれは実際にあった出来事ではなく、患者が後から作り上げた幻想である。このような幻想は通常意識には昇ってこられず抑圧されている。この抑圧されたものが核となって症状を構成する（一八九七年、九月二一日付のフリース宛の手紙）。

約三〇年後、フロイトは『自らを語る』のなかでこう言っている。

この様な誘惑の光景などは決して現実にあったものではなく、私の患者が創作した、或いは、私が彼らに創作させせさえした空想にすぎないことを認識せざるを得なかった時、しばらくはどうしてよいか分らなくなってしまった。――中略――神経症の症状は直接的な実際の体験から発するものではなく、願望による空想から発するものである。また、神経症にとって物質的現実よりも心的現実の方がより大きい意味を持つ（『フロイト著作集4』四四五頁、人文書院）。

こうしてフロイトはもはや外傷的体験の実在性に頭を悩まされることはなくなったのだが、かといって、空想的な幻想を症状の起源としたわけでもなかった。幻想は想像的産物であって、一つの心的なスクリーンを構成する。ではその奥には何があるのであろうか。心的現実性は何を裏付けにしているのであろうか。フロイトの症例、狼男の分析においてわれわれが見ることができるのは、現実（Réalité）の奥にある現実的なもの（Réel）の問題である。幻想のもととなる原光景の現実をフロイトがつきとめようとしたのもこの理由からである。ラカンの用語を使うと、幻想は想像界のものだが、それを支えているものは現実界である、といえよう。心的なものは現実的なものによって決定されているというこの観点は、フロイトの唯物論というべきものである。

幻想は本来、矛盾する二つの要素から成り立っている。フロイトは、幻想を無意識のまま抑圧されている部分と意識にまで浮かんでくる部分に分けて考える。無意識の次元では互いに矛盾するものどうしが共存している（『夢判断』第七章）。ところが、意識的世界では二律背反は排除される。ゆえに幻想はそのままでは意識に昇ってくることができない。それが意識的になるには、二つの相反する要素の間で一つの妥協が成立しなければならない。それが成立した場合、一つの症状が構成される。

フロイトは「ヒステリーの幻想と両性」のテクストのなかで、症状と幻想の関係について一つの例をあげている。それは女性のヒステリー患者の症例である。彼女は片方の手で自分の服を剝ぎ取ろうとし、もう一方の手では服をぴったりと体に付けて離れないようにするという症状をもっている。彼女はこの症状によって、男性的幻想と女性的幻想の二つの相矛盾したものを一度に叶えようとしているのである。

二つの矛盾したものが互いに共存することは、不可能なことである。それを一つに結びつけるということは実は、内転した8を使ってパラドックス解消を計ろうとすることと同じ意味をもっている。なぜなら、内転した8は外部と内部という互いに相反するものの統一である。このようにラカンの概念を適用すると、フロイトの考えがより合理的な姿をとって表れてくることがわかる。二人の幻想に対する接近の方法は全く違ったもののようにみえるが、その奥には共通の論理が働いているのである。

　ラカンはどのような道を辿って幻想を取り扱ってきたであろうか。フロイトは幻想を症状のもとになるものとしてその二つの間に因果関係を置いたが、奇妙なことにラカンは最初、幻想と症候を切り離して考えていた。彼はL図をそのモデルとして機能させる。そこではS―Aの象徴的関係を表す軸と、a―a'の想像的関係を表す軸が対立させられた形で置かれている。幻想はa―a'の軸に置かれ、他から主体に向かうメッセージを妨害するものとして考えられ、それに対して症状は他からのメッセージを含む隠喩であってS―Aの軸に位置するものと考えられていた。これによると象徴的関係は想像的関係に対して優位に立ち、フロイトが言うように、想像的な幻想が象徴的な症状の原因となると考えることは難しい。ここにおける二人の考えの違いは、現実界の扱い方にある。この頃にはまだ、ラカンは想像界と象徴界のみに重点を置いて理論を展開しており、現実界は少し影に隠れていた。ところが後

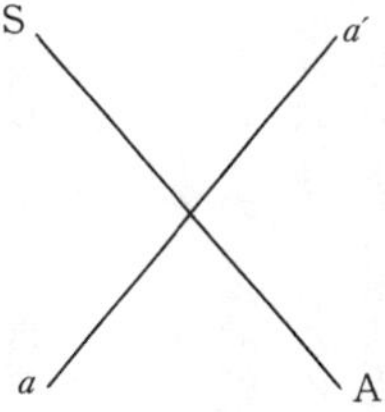

L図

になり現実界に重点が置かれるようになると、彼の理論には多くの変更が加えられることになるが、とりわけ幻想についてはその現実的次元が問題となった。これはフロイトが遭遇した問題と同質のものである。

ラカンの理論的転換を示す一例に、幻想のマテーム（$\$ \Diamond a$）がある。このマテームが最初に考えられた頃、そこに記された a は想像的他者（autre）を表すものとされていた。a は autre の頭文字である。それは主体が去勢を前にしたとき、それを隠すために他者のイメージを置くことを意味する。ところが後になって幻想が現実界と結びつけられるようになってからは、a は現実界の次元のものとして対象 a と呼ばれるようになったのである。

初期のラカンが幻想を中心に扱っているテクストとして、彼が一九五三年に哲学者ジャン・ヴァールの哲学コレージュにおいて発表したものがある。「神経症における個人的神話」と題されたこのテクストは、幻想を神話との関係において捉えようとしている。

神話とは真理の定義において伝達され得ない物に、一つのディスクール的表現を与えるものである。なぜなら、真理の定義は自分自身を拠りどころとする以外になく、真理はパロールの展開によってのみ成り立つ。パロールは自分自身を掴むことはできないし、客観的な一つの真理のように真理への参入の動きを掴むこともできない。パロールは真理を表明するにとどまる。そしてそれは神話的形態をとる。この意味において分析理論が間主体的関係を具体化するもの——これはエディプス・コンプレックスである——は一つの神話的価値を持つ（「神経症における個人的神話」、オルニカール一七・一八号、二九二頁）。

真理はパロールによって構成されるが、パロールは言表行為にのみ自らの保証をもっている。すなわちパロールは自らを真理として表明するのみであって、その言表は他に何の保証ももってはいない。つまり真理とは語られるものであるが、自らの保証——真理の真理——をもっていない。すでに述べたことであるが、これはディスクールの世界、意味の世界が常々他に転送する換喩的構造をもつことに由来している。真理の定義はそれ自体を拠り所にする以外にないとは、真理は象徴界である〈他〉の世界によっては捉えることができないということである。象徴界においては不可能な保証を、ディスクールの形、物語の形をとって表そうとするのが神話である。ゆえに神話はそれ自体で意味をもち、他の支えを必要としない。それは数学における公理に相当するもので、一つの絶対的意味をもち、そこから他のものが構築されるのである。

神話の定義は次のものである。

一つの時代における人間の、ある種の存在様式を特徴づける動作、または epos（パロール、神託、叙事詩）を対象化した一種の表現である（「神経症における個人的神話」同二九三頁）。

ネズミ男の症例

ここでラカンは幻想を個人的神話として扱い、その説明のためにフロイトの五症例のなかの一つ、ネズミ男を例にとっている。われわれもそこに展開される幻想を追ってみることにしよう。

これは強迫神経症の一例である。ネズミ男という題は、患者を特徴づけるネズミの幻想にちなんで付けられた。

ネズミ男、エルンスト・レーエがフロイトに治療を受けに来たのは彼が二六歳のときで、彼はその頃陸軍の士官であった。フロイトに語る彼のいきさつは、次のようなものである。

彼の所属する部隊が演習中であったある日、その途中の休憩時間中に彼は自分の眼鏡をなくしてしまった。彼はすぐにウィーンに電報を打ち、それを送るように注文した。またちょうど同じ休憩中に、彼が日頃残酷な性格をもっていると思っていた大尉から、東洋における一つの恐ろしい刑罰のことを聞かされた。それは罪人を裸にして逆さに縛りつけ、その尻の上にネズミの入った鉢をかぶせるというものである。ネズミは肛門を喰いちぎり、そこに孔をあけ大腸にまで進入する。

フロイトとの分析においてちょうどこの話をしていた最中、彼は複雑な表情を示していた。それは彼自身も気づかない享楽を表しているかのようであった。この話は神経症を引き起こすものではなかったが、神経症の様々な要素を現実化させ、不安を誘発させるものであった。

翌晩、注文した品物が届くが、ちょうどそのとき彼は不在だったので、後で同じ残酷な大尉からそれを受け取ることとなった。それを彼に渡しながら大尉はこう言う――「A中尉が君のために着払い代金を立て替えてくれたから、君はそれを彼に返さなくてはいけない」。その瞬間、彼の頭のなかには「金を返すな、さもなければあのことが起こるぞ」（ネズミの刑が父や恋人に加えられること）という禁止命令が浮かんだ。そしてそれを打ち消すように、彼は一人で、「おまえはA中尉にそれを返さなければならない」という誓いの言葉をつぶやいたのであった。

だが結局、この誓いの言葉は守れないものであったことが判明する。彼は大変な苦労をしてやっとA中尉をつかまえ、その代金を返そうとするが、A中尉は彼にこう言う――「僕は君のために何も立て替えたおぼえはない。それを立て替えたのはB中尉だ」。だが話はこれだけで終わったわけではない。実は、この代金を立て替えたのはB中尉でもなく、初めに品物が着いた郵便局の受付嬢だったのである。ところがフロイトのところに初めてやってきたときの彼は、強迫観念に襲われ不安の最絶頂にあった。そしてその不安から逃れるために、自分の考えている筋書き通りに行動しそれを解決しなければならないと思っていたのだ。「最初にA中尉に代金を返すと誓った以上、彼に返さなければならない、さもなくばあのことが起こる。そのためにはA中尉とB中尉を一緒に連れて郵便局に行き、Aに代金を渡し、Aはその金を受付嬢に渡し、彼女は次にBに金を渡せば最終的にはAに金を返すという誓いは守れる」。このような奇妙な筋書きを作り上げた彼は、これをA中尉に同意させるために、医師の証明書というものを考え出した。彼の健康の回復のためにはAが患者の頼みに同意することが必要であるとの医者の証明書があれば、Aは納得するであろうと考えたわけである。

以上が彼の幻想の筋書きである。フロイトとの分析を通じて明らかになってくるのは、このシナリオは彼の家族の運命的構成と結びついているということであった。

彼の父は若い頃下士官であった。その頃、彼は一人の美しくも貧しい娘に心を寄せていた。しかし、結局経済的理由から、彼よりもはるかに社会的に高い階層に属する家庭の出身であり、後にエルンストの母親となる娘を結婚の相手として選んだ。そして彼はその娘との結婚のおかげで仕事に成功し、人も羨む家庭を築くことができたのであった。

その息子エルンスト（ネズミ男）は従妹に当たるギゼラと恋愛関係にあり、彼女との結婚を考えていた。ところが両親は彼女が貧しい家庭の出身だという理由でその結婚に反対し、その代わりに一人の富裕な家庭の娘との結婚を患者に強要しようとしたのであった。父親が女性を選択しようとしたときに起こった富裕な娘と貧しい娘の対立が、彼の上にも繰り返し起こったわけである。彼の神経症は、このときにはっきりとした形を表したのであった。

富裕な娘／貧しい娘の対立に関して、もう一つのエピソードがある。郵便局の娘は好意的な考えから彼に代金を立て替えてくれたのだが、それは彼にとって彼女に富裕な娘であるとの意味をもたせることとなる。ちょうどその郵便局のある町に一つの旅館があり、そこには患者に好意を示す一人の美しい娘が住んでいた。この郵便局の娘／旅館の娘の組み合わせが、富裕な娘／貧しい娘の組み合わせにオーバーラップすることにもなったのである。

彼の家族にまつわる神話のなかに、もう一つ重要な出来事がある。彼の父親が軍隊に所属していた頃、退屈な軍隊生活に飽きてしまい、その気を紛らわすために賭け事に熱中したあまり、部隊の金を使い込んでしまった――彼は財務担当であった。経理の穴埋めをする手段を全く持っていなかった父親は途方に暮れていたが、ちょうどそのときに親切な友人が金の工面をして彼を助けてくれた。それによって彼は軍人としての名誉を救われ、その友人に大変な謝恩の気持ちを抱いていた。後に軍隊から退いた彼は金を返そうとしてその恩人を捜したが、結局見つけ出すことができなかった。このことは彼にとって後々まで心残りとなっていた。

さて患者の幻想のシナリオは、Aに金を払い、Aから郵便局の気前のいい娘に金を渡してもらい、最後に彼女からBへそれを渡してもらうというものであった。ここには父親の人生における結婚と借金にまつわる、重大な出来事が集約されていることがわかる。しかしながらこの筋書きは、実現不可能なものである。患者は、実際に代金を立て替えたのはAでもBでもなく、郵便局の娘であることをはっきり知っていたのであった。もしこれが筋書き通りに運べば、結局代金を立て替えた娘が犠牲となるのである。神経症の生活においては常にこのような不可能な命令が優先する。この命令を遂行するために彼はA中尉を追って鉄道に乗ってA中尉のいるP駅まで行こうとするが、誓いに従うべきか、そむくべきかの強迫観念で頭が一杯になっていた彼は反対方向の列車に乗ってしまう。そして途中で降りる機会を失い、とうとうウィーンまでやってくる。そこで友人の一人を訪ね、それまでのいきさつを述べて話したところ大分気持が治まり、翌日、彼はその友人と一緒に郵便局へおもむき、代金を立て替えてくれていた娘のいる郵便局に当てて送金する。つまり実際には、彼は最初からその娘が代金を立て替えてくれていたことを知っていたのである。

この幻想的シナリオを指してラカンは、神経症の個人的神話と呼ぶ。主体は気がついていないが、その中には父親、母親、父親の友人など彼の家族の運命的構成の諸要因が反映されている。このシナリオは単なる事実としてではなく、患者の主体的な解釈を通して初めて意味をもつようになるのである。そこでは主体の歴史を印づける関係が見えない糸で織り上げられているが、それは歴史の反復にとどまらず、主体が与える一つの方向に沿って作り変えられているのだ。

父親が貧しい娘に対する自らの思いを犠牲にして富める娘を選んだとき、それは自らの欲望への負債と富める娘への経済的負債を同時に背負うこととなる。それに加えて彼は、賭け事で友人に対する借金を作り、負債が二重になってのしかかる。

主体は父親の負債を相続して世に生まれてくる。彼の問題はその負債を返すことである。しかしながら、父親の負債を返すことは不可能である。父親はわれわれを、死と結びつく享楽の場から守ってくれる。父の名によってわれわれは破壊的欲動の猛威を鎮め、欲望を規律のあるものとすることができる。ところが、負債を背負った父親は法の場から脱落してしまい、その役割を果たせない者となってしまう。それゆえにこの負債を返すことは、主体にとって自らの存在に関わり合う問題なのである。返済しようとすれば、どうなるであろうか。父の名の機能をもった父親は、死んだ父親である。返済は父親を復権させ主体に平和をもたらすはずであったが、実は逆に、父親の死を明らかにしてしまうのである。死んでしまった父親はもはや主体を死の欲動から守ってはくれない。このように、父親の負債は一つの不可能を含んでいるのである。

幻想とは、この不可能を物語にしたものである。ここでは、父親の負債の二重性が不可能性を表現するのに使われている。父の友人への負債と、富める娘／貧しい娘の対立に関する負債は、二つの異なった状況に位置しているのだが、主体はそれを一つのものに重ね合わせ、それらを一度に解決しようとしているのだ。

ネズミ男はそれまで、父への同一化によって自らの精神生活を支えていた。ところが、残酷な大尉が代金を返済せよと彼に命じたとき、それが父親の負債を呼び起こし、父親を理想の場から追い落とす結果となり、彼の同一化は飛び去ってしまう。そしてそこには残酷な超自我の不可能な命令が残り、それに従うために彼は、妄想的なシナリオを構成したのであった。

ネズミ男は強迫神経症の一例である。次に神経症のもう一方の極をなすヒステリーの症例を取り上げ、そこで幻想がどのように作用しているかを見てみることにしよう。

ドラの症例

これはフロイトの有名な症例ドラの場合である。登場人物はドラ、ドラの父親、父親の愛人K夫人、K氏、である。

ドラの父親はかつて重病を患い、その看護にK夫人が当たった。その間に二人の間には愛人関係ができあがり、それは病が癒えた後もずっと続くことになった。父親はそのときには、性的に不能になっていた。この父親を、ドラは大層愛していた。K家とドラの家には家族同士の付き合いがあったので、K夫人の夫であるK氏もドラの家によく来ていたが、そのうちにK氏が、ドラに近づくようになった。父親はそのことを知っていたが、K夫人との関係があり、その見返りの意味でK氏の行動を見過ごしていた。ここでドラとK氏、ドラの父親とK夫人の奇妙な四角関係が成立したことになる。一見これは、均衡が取れてうまくいきそうな関係のようであった。ところが、一つの出来事が起こって以来その均衡が破れてしまうことになる。

ある日K氏はドラを誘って二人だけで湖に出かけた。そしてそこで彼はドラに言い寄ろうとし、ドラにこう言う――「私にとって妻は何でもない」。それを聞いてドラは突然怒り出し、彼の頰を平手で打ち、彼を置いたままその場を去ってしまう。家に帰ってきた彼女は父親にすぐにK夫人との関係を断つように迫るが、父親は彼女の言うことを聞き入れようとしない。彼女は半狂乱となり、誰も手が付けられなくなってしまった。

このようないきさつから、父親がドラをフロイトのところに連れてきたのである。

どうしてこのような事態になったのであろうか。まずドラにとって、父親はどのような意味をもっているかを考えてみよう。

「愛とは持っていないものを与えることである」、この愛の定義についてはすでに述べた。

ドラの父親は不能であった。つまり、与えるものを持っていないのである。ヒステリーの娘にとって、このような父親の愛の対象となるのは理想である。なぜなら彼は、まさに持っていないものを与えることのできる者なのである。ヒステリー者は持たざる人たちの間に入ると、水を得た魚のように動きまわる。社会福祉、慈善事業にたずさわっている人たちのなかには、このようなヒステリー構造をもつ人が多い。その一例として、分析の誕生のもとになったともいえるヒステリー症例のアンナ・Oがいる。彼女が後に社会福祉で有名になり、郵便切手にまでなったベルタ・パッペンハイムであることはよく知られている。ドラの父親はこのように、ヒステリーの対象として理想的なものであった。

次に、K夫人の役割を考えてみよう。ドラとK夫人との関係を理解するには、女性自身にとって女性というものが何を意味するかを説明する必要がある。

主体が自らを性的に同一化するときには常に男性的シンボルであるファルスに対する態度が問題となる。つまり、「ファルスを持つ、ファルスで在る」の弁証法によって主体の性は決定される。無意識には性に関しては男性的シンボルであるファルスしかなく、女性を示すシニフィアンは欠けている。このことは女性に自らの存在の根源的な不確定性をもたらし、女性は常に自分自身に「私は男なのか、女なのか」という疑問を投げかけることとなる。ヒステリーを特徴づけるのはこの質問であるといってもよいであろう。男性にとって女性は神秘なものであるが、女性にとってもやはり女性の神秘はそのまま残っているのである。

絵画において女性の神秘を表している最も有名なものに、ダ・ヴィンチのモナ・リザがある。ルーブル美術館においてこの絵はちょうどルーブルの中心部に当たる位置に置かれていることはご存知であろうか。この絵はあたかも絵画中の絵画のように扱われているのである。このことは決して偶然ではないように思われる。モナ・リザの微笑が表す女性の神秘は男性にとっても女性にとっても中心的な関心事となるものであって、それはまさに世界の中心となる謎を構成するものとしてルーブル宮の中心に置かれているのである。

ドラは父親から愛されていると思っているが、彼女自身は女性性が何であるかはっきりせず、一人の女性として愛されるということの意味が理解できない。その鍵を与えてくれるのがK夫人である。K夫人は父親に愛されており、ドラの目には自分の彼方で自分自身も知らない女性性の秘密を体現している女性として映る。それに加えて、K夫人は女性的な美しさを備えた女性であった。これによってK夫人は、ドラの欲望の対象となるのであった。次にこの三人の間にK氏が入ってくることによって、一つの四角関係が生まれる。K氏がドラを愛することは、K氏にとってK夫人の彼方にドラを女性の権化として位置することとなり、ちょうど、父親―ドラ―K夫人の関係に対して平衡をとるものである。それとともに、ドラはK氏に同一化を行ない、K氏としてK夫人を欲望の対象として接することが可能となる。それというのは、主体が欲望の対象と直接に接触するときには色々な

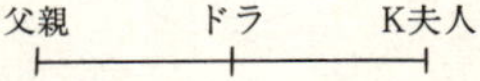

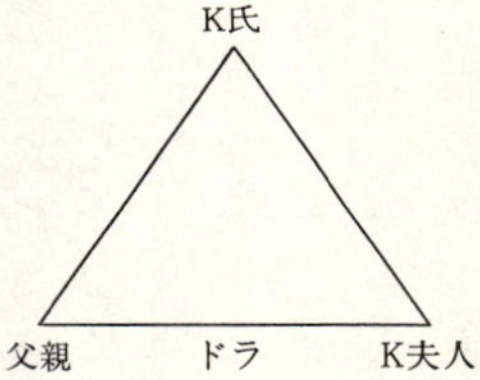

問題が起きるものであり——例えばK氏の不在中にドラはK夫人の前で失語症に陥る——そこで同一化を通して対象に接する手段がとられるわけである。

この四角関係は一応バランスのとれたものであったが、その前提としてK氏とK夫人の間に一つの関係が想定されていたのである。ところが、K氏がドラに彼の妻は彼にとって何の意味もないものであると宣言する瞬間にこの構成は崩れてしまい、ドラを取り囲んでいた世界は消え去ってしまうのであった。

父——K夫人
―――――――
ドラ——K氏

ドラがK氏を受け入れていたのは、それまで彼を通してK夫人との関係が結ばれ、同時に父親との関係も保つことができたからであった。しかし、K氏とその妻に何の関係もないことが明らかになると、ドラはこの四角関係のなかで自分の欲望が占めている地位を失い、彼女は、父親からK氏に彼の妻を取り上げたことに対する単なる代償の意味をもつ、一つの品物と同じ地位にまで格下げされてしまう。彼女の平手打ちは、自分の存在を取りあげてしまうものに対する憎しみを表すものである。そして、そのまま真っ直ぐに家に帰るドラは、父親に自分一人だけを愛するように要求するのであった。彼女はここで、欲望の絶対性から愛の無条件性の要請へと退行するのである。

これをグラフで表すと、ドラの考える四角関係は幻想のシナリオに相当するものであり、（$\mathcal{S}$◇a）に位置する。そしてそれが崩れるとき、彼女は愛の要請（$\mathcal{S}$◇D）へと後もどりをすることによって、自らの存在を救おうとするのである。

強迫神経症とヒステリーの二つの症例における幻想の働きを簡単に見たところで、もう一度幻想の構造について考えてみよう。

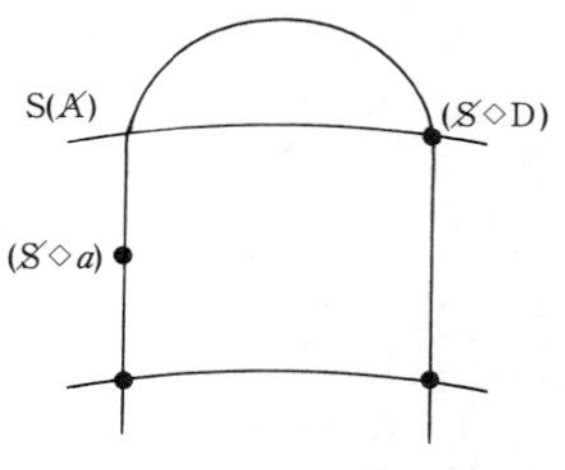

フロイトは、幻想を個人劇場とも言っている。主体は外部から強要された現実を、自分で演出して作り出したかのような形態を与えて受け入れる。これが幻想の機能である。子どものFort-Daの遊びはこの意味において、最も単純な形を取った幻想である。母親の不在により孤独に耐えることを強いられた子どもは、この現実を糸巻きの玉によって再現し、あたかもそれが自分の意志で行なわれた結果であるかのような見せかけをつくり上げる。そのとき、糸巻きは母親の現在―不在を表すものであると同時に、子どもの存在を表すものでもある。

ドラの場合において、幻想の四角関係は一つの舞台演出として機能している。そこではドラはそれを演出する者であるが、同時にドラは登場人物の役割をも演じている。彼女はそこでは同一化によって、K氏の場を占めているのである。

これらの二つの幻想には一つの共通の構造が見られる。主体はそこにおいて幻想の外部にあり、幻想を構成するものでありながら、同時にその内部で一つの役割をも果たしている。つまり内部—外部という矛盾した二つのものが同時に結びついている。ここで再び前記の内転した8の字の構造を見出すことができる。内転した8の字においては外側の円は内側の円と結ばれており、これによって意味の際限のない循環を食い止めることが可能となるのである。

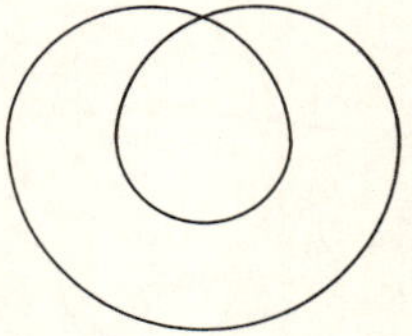

対象a

幻想には必ず一つの矛盾した要素が見られ、そこに主体が位置される。これは一つの同一化ともいえよう。主体$\mathcal{S}$は、不可能な要素である対象aの場に来るのである（$\mathcal{S}\Diamond a$）。対象aについては以前にも少し触れたように、前期ラカンにおいてこれは想像的対象として見なされていたが、後期に至っては現実界を表すものとして扱われるようになった。現実界を表す対象aとは大変に把握することが難しいもので、ラカン理論を理解する上での一つの関門をなしている。この対象aは、『倫理』のセミネールから一九七〇年代初頭に至るまでのラカンの理論展開の中心となるものである。

ラカンは対象 a を、彼自身の発見であると考えていた。例えば無意識の換喩―隠喩的機能のような「無意識の言語構造」はフロイトが最初から主張していたことで、ラカンが発見したものではないが、現実界を対象 a として扱い、分析の場において実践的な概念手段を与えたのはラカン自身なのである。

確かに対象 a はラカンの発見であるといえるものである。だが、そうだとしてもフロイトにおいてそれに相当するものが機能していなかったわけではない。夢判断、機知などの無意識の形成を扱ったものが言語構造を問題にしているとするならば、例えば性に関する三つの論文は対象についてのテクストであるともいえよう。性の問題を扱うときには、対象が必ず関係してくるのである。ラカンの前期のテクストにおいて性的要素が比較的薄いという印象を与えるとすれば、それは対象 a がまだ理論化されておらず、彼が性を想像的次元で扱うほかに適切な概念手段をもっていなかったからである。

フロイト以後に対象について理論的貢献をした分析家の一人として、イギリスのウィニコットの名を挙げることができる。彼は生後四カ月から一二カ月の子どもが毛布などの切れ端を終始手から離さない現象に注目し、そこに特別の意味が含まれていることを見抜き、その意味を解明しようとする。彼の言葉を借りるとその切れ端は〝指のおしゃぶりから態のぬいぐるみ〟の中間に位置するもので、子どもが自分の指をしゃぶることをやめ、外の世界の対象物に興味を持ち始めるようになるまでの間、移行のための橋渡しをするものである。子どもにとってそれは指と同じように自分の体の一部とみなされるが、同時に、独立した外世界の対象物でもある。ウィニコットはこれを、子ども自身と子どもの外部(not me)の間に来る過渡的対象(transitional object)と呼んでいる。

ラカンはこのウィニコットの発見を分析理論の構築にとってきわめて有意義なものとみなしており、彼が対象aを考案したときにそれが有力な手がかりとなったと述べている。対象aを把握することの困難は、それが対象と名づけられているにもかかわらず、何の対象性ももっていないことである。対象性のない対象とは逆説的な表現であるが、それは対象aが現実界(Réel)を表す対象であることに由来する。通常われわれにとって対象とは目に見えるもの、言葉で表されるものを意味している。だが真に現実的な対象を捉えようとするときは、われわれの前にある対象の想像的次元と象徴的次元を抽象しなければならない。そしてその後に残るものが対象性のない対象なのである。

対象と対象性の違いを、科学を例にとってみよう。物理学での対象とは何であろう。それはまず物理学的現象だと言いうるであろう。だが百年前の物理学と現代の物理学では、全く違う現象が扱われている。つまり理論が進んでいくにつれて、それまでの対象が想像的次元を含むことが明らかになり、対象という概念の特殊性が失われ、それが徐々に後退して一般化されるのである。数学においては、対象の概念の後退はもっとラディカルである。というのは、数学において対象はないのである。数学は数を対象にするもの、形態を対象にするものなどという定義はすべて直感的概念であり、想像的次元に頼っている。数学の根源的性格上、そのような定義は受け入れることができない。つまり数学は普遍的伝達を目指すものであって、直感的概念に頼る理解を避けて論理的構築のみをその手段とする。そのためには特殊性をもったものを対象とすることができないのであって、またそれゆえに他の分野への一般的な適応が可能となるのである。このことは集合論の構造を調べるとはっきりと見ることができる。

数学の全分野は集合論を特徴づける∈の記号で表すことができる。つまり集合論は、数学全体を反映する鏡のようなものである。集合論とは集合を扱うものであるが、集合とは何であろうか。小学校でバナナが三つ、リンゴが五つといった場合、バナナ、リンゴという直感的対象が置かれているが、集合論でx∋yといった場合、x、yは何を要素としているのだろうか。一つの集合は他の集合を要素とする。それではx∋y∋z……と無限に依属関係が続くのではないかと疑問に思われるだろうが、実際には集合には最小単位がある。それはφ、空集合である。この空集合がすべての集合を構成するもので、この無の上にすべてのものが構築される。このことは集合とは実体をもった単一性の集まりではなく、すべてが、単一の逆である多から構成されるということを意味している（空集合も一つの多である)。数学は何ら実体性のある対象をもたないということが、これで理解されよう。数学に対象がないとすれば、数学者たちは一体何をしているのか。彼らは問題を解いているのである。数学の諸分野には矛盾する点、疑問となる点が生じるが、彼らの対象はその問題点であり、それを埋めることが彼らの欲望なのである。数学とは純粋に象徴界によってシニフィアンの網を張り、現実界を捉えようとするものであるが、シニフィアンによって捉えられた現実界はもはや現実であることをやめる。しかし、この網には必ずどこかに破れたところがあり、そこから現実界が顔を出してくる。数学においてその破れ目に当たるのが数学上の問題であり、それは数学における現実的なもの(Réel)を表している。

ラカンの対象 a は数学における問題点のようなものであり、それは対象性をもっておらず、主体の象徴的構成の裂け目に当たる現実界を表す点である。数学の譬えをもう少し続けてみよう。数学において一つの命題(A)を証明することも、その否定命題($\overline{A}$)を証明することもできないことがある。例えば、$\aleph_0$(アレフゼロ)の部分集合の集合 $\rho(\aleph_0)$ の位置がどこに来るかという問題である。$\rho(\aleph_0)$ は $\aleph_0$ の次に来ることもできるし、その他の任意の場所に来ることもできる。どこの場所においてもそれを証明することもその否定を証明することもできない。決定不能なのである。このことの説明は省くが、分析で問題となるのもこのような点である。なぜなら、主体の心的構造にもこれと同じような点があり、S(Ⱥ) はそのような点に来るものにほかならない。対象 a はそのような点に認められるもので、それは象徴界における一つの裂け目を意味し、言葉では表現することのできないものである。それは象徴界では把握することのできない、一つの矛盾した性格をもつ要素である。幻想（$\$ \diamond a$）において相対する二つのものが一つに結びつけられるのは、この対象aが機能しているからだと考えられる。

ラカンは対象aにさまざまな機能を与えたが、その一つに、〝まなざし〟がある。まなざしの対象についてラカンが引用する、一つのエピソードを紹介しよう。例えば、海の上の波間にただよい、太陽の光を反射して光っているものを見つけたとしよう。私がそれに気づくとき、それを見つめるのは私ではなく、この光るものが私にまなざしを向け、私を惹きつけるのである。海の上で何か光るものを認めるとき、私にそれが何であろうかとの疑問を抱かせる。この疑問は数学者が数学上の問題に対してもつのと同じように一つの疑問点であって、それは対象aとして機能するのである。

このように対象aは主体に疑問を投げかけ、それを解決しようとする欲望を引き起こすものである。この意味で、主体にとって最も根本的な対象aは母親の欲望であるといえよう。なぜなら、それが主体にChe vuoiという疑問を問いかけ、主体のすべての行動の原因となるからである。ラカンは対象aを、対象＝原因とも呼んでいる。というのは、それは主体の目の前にあって主体の欲望を引きつける対象というよりも、Che vuoiが示すように、主体の後から主体を欲望へと駆り立てる原因となるからである。それは欲望を引き起こすのみならず、ときには主体を狂気に追いやる。集合論の創始者カントールは最後に発狂してしまうが、その引き金となったのが上記の $p(\aleph_0)$ の証明問題であった。

対象 a はまた、廃棄物に相当するものとして扱われることもある。われわれの住んでいる世界にある対象は、すべて象徴的、想像的機能をもっている（例えば自動車は交通のために使われるものである）。ところが一つの物が何の役にも立たなくなったときには、それは廃棄物として捨て去られる。それはすべての象徴的、想像的機能を失い、そこに残るのはそれが本来もっている物質性のみである。廃棄物はもはや何の特性ももたないものであって、単に〝それ〟と呼ぶよりほかにない現実的な存在、すなわち対象 a となるのである。

廃棄物という意味では、文字も一つの対象 a となるということができる。われわれは文字を組み合わせて文章を構成し、意味を作り出す。だが、意味が理解された後に残った文字は、もう何の機能も果たさなくなった対象 a となる。つまり、一つの文字は一方ではシニフィアンを構成し、他方ではその物質性のみが問題となる対象 a であるという、二重の機能を併せもっているのだ。ここでは解釈を控えておくが、この文字の二重性を説明しようとしているのが、『エクリ』の最初に置かれているエドガー・ポーの「盗まれた手紙」についてのテクストである。

この対象 a の概念は、フロイトのテクストの理解に大変有用なものである。一例を挙げると、フロイトはメランコリーを対象の喪失、そして失われた対象への同一化という機制によって説明しようとしている。ここに言われている失われた対象とは、廃棄物としての対象aを示すもので、すべての現実性（Réalité）を失った現実的なもの（Réel）を自我に取り入れること（introjection）によって、主体は虚無の場に自らの存在を認め、最終的には自殺に至るのである。メランコリーの機制をみると、死の欲動と対象aが同じ機能を果たしていることがわかる。

（注）これまで現実性、または現実（Réalité）と、現実的なもの、または現実界（Réel）との訳語の区別をはっきりとつけていなかったが、ラカンの理論を理解する上でこの区別は重要なものである。現実性（Réalité）とはわれわれが日常的に過ごしている世界のことであり、これは幻想的な現実性にほかならない。それは現実界、象徴界、想像界の三つの次元が一つの結び目として組み合わさったもので、それは意味をもった世界、一つの法則により支配された世界である。われわれの通常の経験はこの幻想を仲介として得られ、現実（Réel）との直接の接触はない。幻想によってわれわれは、一つの舞台の上の役者としての生活を送るのである。われわれがときに、〝人生は一つの夢である〟というような印象を受けるのは、人間の住んでいる世界の現実性（Réalité）のこの幻想的性格から来ている。それに対して現実的なもの、または現実界（Réel）は幻想の彼方にあるもので、それを体験するのは幻想に一つの亀裂が生じそれを垣間見るときのみである。現実界（Réel）との遭遇は全く現実性をもっておらず、それはあたかも夢のなかで起きたかのごとく経験され、実際にあったのかどうかもはっきりしないもの、言葉に出して表現することが不可能な出来事として体験される。

狼男の症例において、一つの不思議な経験が語られている。それは彼がまだ子どもの頃にあったことで、ある日彼が庭でナイフ遊びをしていたところ、突然自分の小指をばっさりと切ってしまう幻覚を見、彼は非常な驚きと不安を覚えた。ちょうどそのときすぐ傍らには子守女がいたが彼女には何も言うことができなかった。現実体験は言語世界の外で起こるものであるゆえに、それについて何も語ることができないのである。サルトルの『嘔吐』で語られているマロニエの根の体験も、このような現実界との遭遇を表そうとしているものであろう。

対象aを疑問点として扱うにしても廃棄物として扱うにしても、いずれの場合も象徴界の外に位置する現実界を表すものである。もう少し観点を変えてみると、それは一つの剰余としての機能をもっていることが理解される。われわれが何かを言葉で表そうとすると、言葉には常に表せない何かがそこにあって、いくら言葉を重ねてもその何かは残り、言葉は際限なく流出する。これは意味として表そうとする何かが現実界のものであるのに対し、言葉の世界である象徴界は異質なものであり、言葉が発せられたときには、象徴界で言い表されたものの剰余が残るのである。そしてこの剰余が再び話そうという欲望を掻き立て、おしゃべりは止まることなく続けられるのである。この剰余はまた、欲動の対象でもある。欲動とはこの対象に一つの形態を与えるもので、例えば口唇的欲動においては食べものの形をとり、それをとり入れることによって、この剰余を消し去ろうとするものである。おしゃべりをすると空腹感を覚えるのは、決してしゃべることが生体エネルギーを消費しそれを補充する必要が表れるのではなく、言葉によって満たされないものを欲動の対象という形で補おうとしているのである。

科学の問題点もやはり剰余と考えることができる。科学は現実界を象徴、例えば数式で把握し解明しようとするが、現実は象徴では表現し切ることはできず、そこには常に何らかの問題が残る。そして、この問題が科学者の欲望の原因となる。つまりそれは一つの剰余であり、欲望の原因となる対象*a*である。

クロスカップ

幻想は主体と対象*a*が結び付いたものとして、（S̸◇*a*）のマテームで表される。欲望のグラフの上では、幻想（S̸◇*a*）は欲動（S̸◇D）がS(A̸)に至った結果として位置されている。つまり、去勢S(A̸)が幻想の前提条件として置かれているのである。ラカンはこれらの三つの契機を説明するものとして、もう一つのトポロジー形態を導入する（次頁）。

長方形の対辺を矢印に対応して貼り付けると、図Aではトーラスができる。

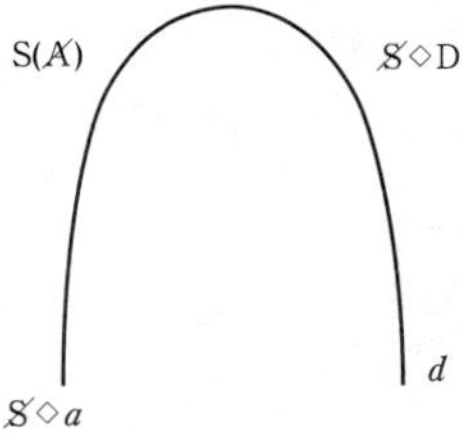

図Bにおいて対辺を矢印に対応して貼り付けようとすると、三次元の世界では表現できない形態ができあがる。図Cのように見るとわかりやすいであろう。

これはクロスカップ、または射影平面と呼ばれていて、上半部はメビウスの輪、下半部は半球体の性格をもつものを繋ぎ合わせたものと考えられる。クロスカップの表面に線を描くと、下半部では円が得られる。上半部になるとそれが少し複雑になって、手前の面に引かれた線は中央部の線を境にして向こう側に移り、またそれは外側を回って手前に戻ってくる。これはメビウスの輪の構造と同じである。

では上半部と下半部の双方にわたって円を描くと、どのような形態が得られるであろう

図C

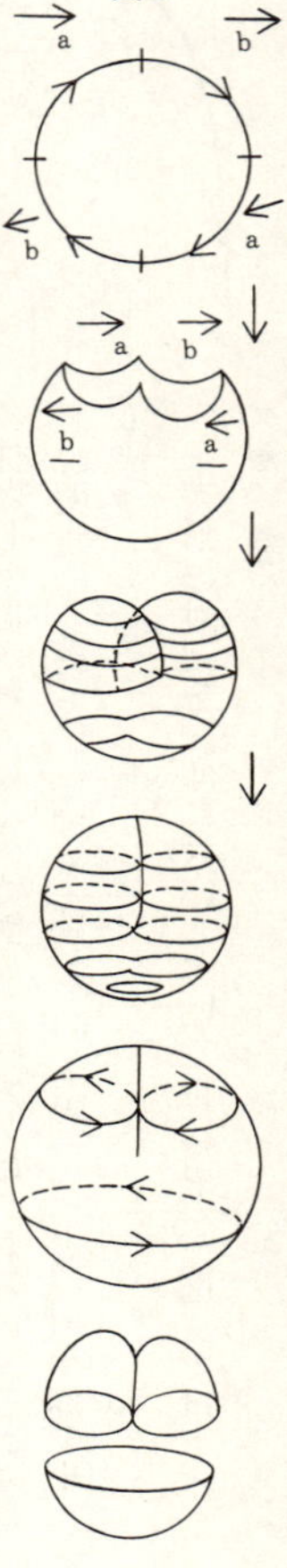

図A

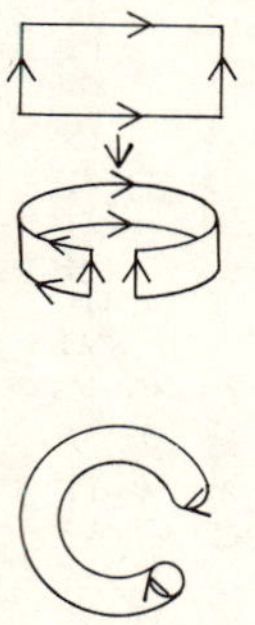

図B

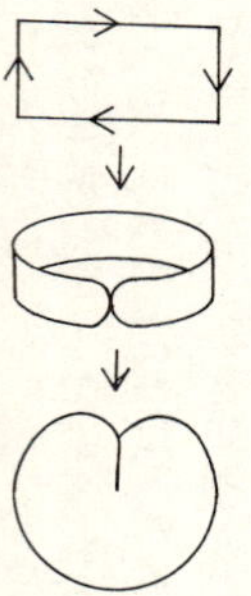

か。図Dが示すように、下半部の手前の面に位置する点から出発する線は、上半部の中央のb線を境にして裏側に回る。点線で描かれたその線は裏側で一回転し、再びb線に達する。そこでそれは手前の面に戻り、出発点であるa点に帰着する。つまりそれは二回転することにより、元に戻ってくるのであり、前記の内転した8の字と同じような構造をもっていることがわかる。

図D

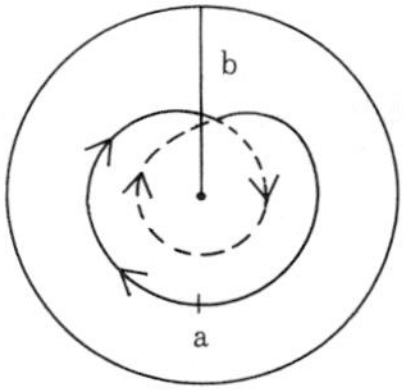

メビウスの輪

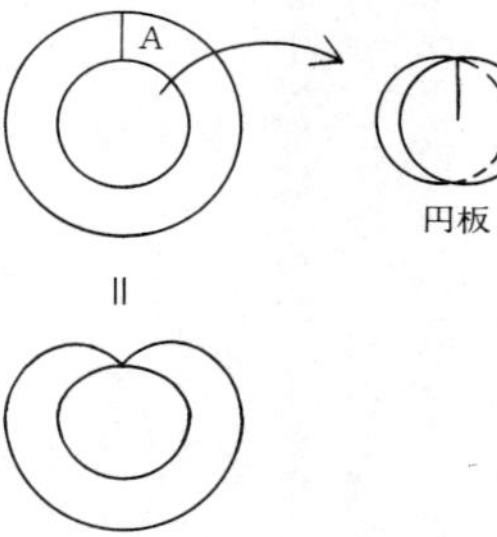

クロスカップを内転した8の字に沿って切ると、メビウスの輪と二重構造をもった円板が得られる。

メビウスの輪を特徴づけるものは、半回転の捩れである。通常のメビウスの輪の上ではこの捩れが輪全体に分散されており、表から裏への移行は徐々になされるが、クロスカップ切断によって得られるものは、捩れがA線上に局所化されており、これを境に表から裏への移行がなされる。ゆえにこれらの二つの形態は同じ構造をもっているといってよい。主体は第I部において母胎の論理で説明した通り、メビウス的構造をもっている。つまりこの部分は主体を表した部分であるといえよう。

クロスカップの切断によって得られたもう一つの部分

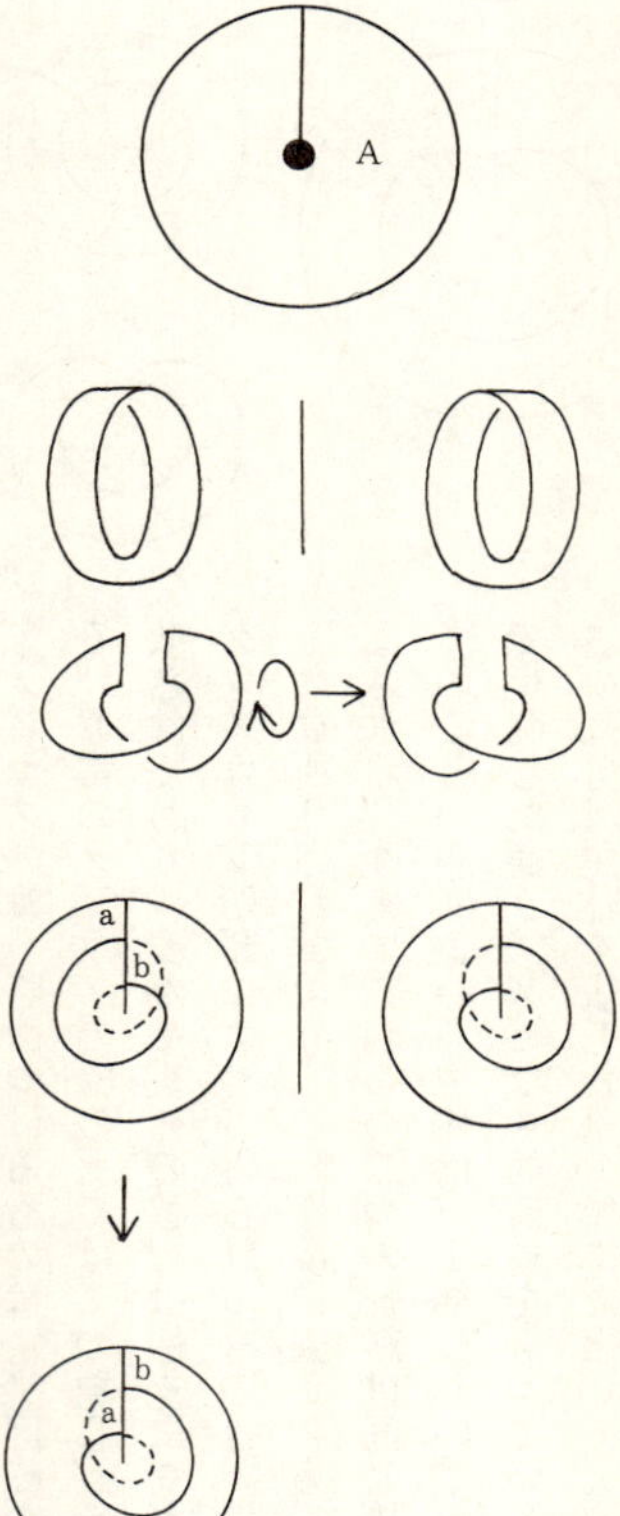

(A)
(B)
(C)

は、中央部に一つの点Aを含んでいる。この点がクロスカップの逆説的構造を特徴づけるもので、ここは一つの空な点である。その空の点に来ることのできるものはラカンがΦと表すファルスのシニフィアンであるが、それは自分で自分自身を表すという特殊な性格をもち、言葉で表現することのできないシニフィアンである。ラカンはこの点を含む円板を、対象aを表すものだとしている。

メビウスの輪を鏡に映すと、実在のものを逆転させた構造をもった鏡像を得る（A）、実在の像を鏡像に一致させるには一度輪を切り離し、それを逆方向に一回転させて繋ぎ直さなければならない（B）。

対象aを表す円板の部分の鏡像は、図Cの通りである。この場合には実像と鏡像を一致させようとすると、同じことをメビウスの輪で行なおうとするときのような切断を必要とせず、単にaの線をbの線の下側にずらせばよい。つまりこの円板は、自らの固有の鏡像をもっていないのである。

第I部の「主体の転覆」のテクスト解釈のなかに、欲動の対象は鏡像をもち合わせていないという一節があったが（二〇〇頁参照）、ラカンは上記の円板の鏡像に対する関係を、対象aが鏡像をもっていないということの譬えとして使っているのである。

トーラスの表面において、幻想を表す内転した8の字の形に沿った切断を行なうと、メビウスの輪を中央の線に沿って切断したときに得られるものと同じ形態を得ることができる。これは母胎の項で説明した主体の切断であり、去勢の構造を表している。トーラス上でのこの切断は、それゆえ去勢を表すものであるが、その結果得られたものは二重に捩れた一つの輪であって、去勢において何が失われたのかを見ることができない。それに加え、トーラス上では対象はシニフィアンによる要請の結果、一つの欠如として得られるトーラスの中央部の空としてネガティブな形で表され、そのポジティブな把握は不可能である。トーラスによる説明の、このような構造上の不足を補うものがクロスカップである。

クロスカップ上で同様の切断を行なうと、結果として切り離された二つの部分が生じ、そこで主体が失う対象を見ることができる。このような利点からラカンはクロスカップを幻想のモデルとして使っているのである。

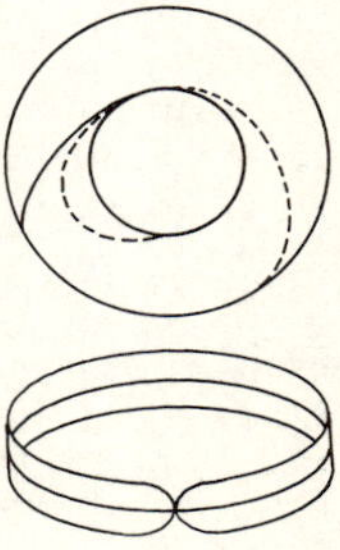

去勢に至るまでの主体は欲動の対象と関係をもっていたのであったが、去勢を通過すると主体と対象との癒着が切断されるのである。それゆえにクロスカップは、欲動における主体と欲動の対象としての対象*a*との結びつきを表すものであるといえよう。欲動のマテームは（$\$ \diamond D$）であって、主体と要請の結びつきを示すが、これは神経症における要請（D）と欲望（*a*）の取り違いによる結果である。つまりDは*a*と同じ位置にやってくるのであるが、対象はそこでは欲望の原因としてではなく、欲動の対象として機能している。欲動の対象とは、欲望の原因である対象*a*が要請によって一つの形態を与えられたものだと考えられる。対象*a*が欲動として満足された場合、クロスカップの切断は行なわれず、そこにおける主体は無記名（anonyme）で頭のない（acéphale）主体である。これは切断されていないクロスカップにおいて、固有な鏡像が存在しないという特徴によって表現することができる。その主体が固有の鏡像をもつには、切断によってメビウスの輪を分離しなければならないのである。

クロスカップ上での対象の切断は、主体を自らの存在を失ったメビウスの輪として切り離すのであるが、このとき主体はもう一つの項である対象*a*に一つの想像的形態を与えて幻想を創り上げる。欲動と幻想の違いはこの創造行為にあり、行為によって主体は一つの存在を得るのである。

第六章　精神分析の四基本概念

『倫理』のセミネールにおいて享楽の場（das Ding）を考え、現実界の征服への敷石を置いたラカンの次なる問題は、分析の場において現実界がどのように作用しているかを把握し、現実界の概念を分析家が実際に操作できるようにすることであった。この路線に沿って彼は〝倫理〟の次の年には、〝転移〟を主題としたセミネールを開いた。そこでは現実界は、das Ding からアガルマという概念に置き換えられて考えられる。

分析の場が始まると、患者と分析家の間には転移関係が生まれ、その結果として転移性愛情が生じる。この愛情について考察するために『転移』のセミネールではプラトンの『饗宴』がテクストとして持ち出され、それについての長い解釈が行なわれる。なかでもラカンが重要視するのは、ソクラテスとアルキビアデスの間に交わされる会話である。

アルキビアデスはソクラテスを賛美してこう言う、「ソクラテスはシレノスのように醜い外見をもっているが、実はその下にアガルマという宝物を隠しており、それに触れた者は誰もその美しさの前に抗することができない」。ラカンはこのアガルマを、現実界を示す点であると考え、それが愛情を惹き起こし、転移における諸現象の原因となると考えたのであった。

das Ding はフロイト、ハイデガーの用語であり、アガルマはプラトンの用語である。ラカンは、このような外部から借りてきた言葉では分析の実践に有効な概念手段とはなり得ない、現実界を実践的に扱うにはそれ相応の概念手段が必要だと考え、彼独自の対象 a という概念を創り出したのである。『転移』の次のセミネール『同一化』においては、この対象 a が幻想における中核として考えられ、その次の年には対象 a が不安に関連して考察される。このように、以後ラカンは分析理論を対象 a の観点から全面的に考え直そうとするのであった。

『不安』のセミネールの次の年、一九六三年には同様な観点から『父の名』のセミネールが開始され、この有名なラカンの概念がどのように取り扱われるか注目されていたが、ちょうどそのときに一つの事件ともいうべきことが起こる。ラカンは精神分析学界に大きな影響力をもっていた国際精神分析協会（IPA）とは当時あまり良い関係を保っていなかったのであるが、この年ついに、IPAから〝破門〟の宣告を言い渡されてしまった。これが原因で、『父の名』のセミネールは一度開かれただけで中止されてしまう。〝破門〟(excommunication) という言葉は一六五六年にスピノザがユダヤ教会から追放された事件に譬えて用いられたもので、それには一つの宗教団体のようになってしまったIPAへの皮肉がこめられている。これは実際にはラカンを分析家として認めないということを意味していた。この〝破門〟の理由は、彼がIPAの規定から全くはずれた分析実践をしていると見なされたことにある。

IPAとラカンの間には、治療の方針に対する根本的な考えの差が見られる。IPAにとって神経症は人間の一種の病気であって、それを正常に戻そうとするのが分析の目的であるが、ラカンの考えには正常という概念はなく、分析を主体の責任という次元、つまり主体の自由という概念で捉え、それを機械的に規格化することを拒否するものであった。ラカンはこの〝破門〟の宣言以前から、IPAには認められていないフランス精神分析協会（SFP）を指導していたが、〝破門〟以後それを解散し、新しいエコール・フロイディアンというグループを結成することになる。

中断されていたセミネールは翌年の一月からすぐに再開され、それまで一〇年間つづけられていた「フロイトのテクスト解明のセミネール」という題名が取り除かれて、ラカン独自の理論的展開をもとに行なわれることになった。それに加え、講義の場もそれまで使われていたサンタンヌ病院から高等師範学校へと移転され、出席する人たちのなかにも、後にラカンの後継者となるJ・A・ミレールなどの非精神科医が多く参加するようになった。まさにこれはラカンにとって彼独自の道への新しい出発点となる出来事であった。そこで最初に行なわれたセミネールの題名、『精神分析の四基本概念』は、この新しい段階の幕開けにふさわしいものであったといえよう。

このセミネールで扱われている四つの概念とは、無意識、反復、転移、欲動である。これについてラカン自らの手による要約が、出版されたセミネールの裏表紙に載っている。それを一部引用してみよう。

無意識はわれわれが最初から提起している通り、シニフィアンの効果としてあり、そして一つの言語のように構造化されているものに変わりはないが、ここでは時間的拍動として再考された。

反復においては automaton（偶然、自動的に動くもの）の様態の裏に隠れている Tuché（遭遇）の機能が明らかにされた。遭遇の失敗はここでは現実界との関係として取り出される。

転移は愛の偽りに結びつく閉鎖の時として、この拍動の一部をなすのであった。

欲動（これについては説明されていない）。

この要約を読むだけでは理解が困難であろう。それについてはこれから説明を行なうが、その前に注目していただきたいことが一つある。これらのものを精神分析の四つの基本概念とする根拠はどこにあるか、についてである。分析理論を考える上で不可欠な〈他者〉、そして主体がなぜこのリストに入っていないのであろうか。無意識がフロイトの発見の中心となるものとして、そして転移が分析の場に欠かせないものとして基本概念となるのは理解できるが、反復はそれほど中心的なものなのであろうか。欲動はフロイト自身も精神分析理論の要となるものと考えていたが、それでは欲望はどうなるのか。ラカンの考案した対象aはどのような地位に置かれるべきであろうか。これらの疑問点を考えてみると、この四つの概念の選択は少し奇異な感じを与える。このことを頭に入れた上で、これから四つの概念がこのセミネールでどのように展開されているのか追ってみることにしよう。

無意識

無意識を言語的構造において捉える場合、それはシニフィアンが互いに組み合わされて網目を構成し、換喩、隠喩の機能によって自動的に働くものと考えられるが、ここでは少し違った角度からそれに対する接近が計られる。われわれは言い間違い、機知、夢などの無意識の形成物を通して無意識に接するのであり、直接無意識を捉えることはない。無意識を捉えたとすると、それはもはや無意識ではなくなるというのが無意識の言葉自体に含まれたパラドックスである。無意識の形成物とは無意識の形成と同じ意味となる。無意識の形成物が生まれて、初めて無意識が作用していることがわかるからである。

無意識とは実現していないもの、生まれていないものである。ラカンはこのセミネールで無意識を「闇で中絶手術を受け洗礼を受ける前に葬られた子ども」にたとえている。それは存在でも非存在でもなく、常にわれわれの手から抜け、逃げ去るものである。一九五三年のセミネールでも無意識は実現していないもの（non-réalisé）と呼ばれていた。

一つの言い間違いがなされたとき、われわれはそこには何か意味があるのではないかと考え、無意識の主体を想定する。そしてそれを手がかりにわれわれが語る言葉のなかにわれわれ自身も知らない意味を捜す。ゆえに、これは無意識が開く時点であると考えることができる。ところが、次にそこに一つの意味が与えられると無意識の形成物の無意味性は失われてしまい、その言葉の彼方に何かを想定することはない。最初のときに比べこれは無意識が閉じるときである。ラカンが無意識を時間的拍動というのは、この開閉運動を指している。

われわれの通常のディスクールは一つの文法的規則にのっとってなされるが、言い間違いは意味のあるディスクールの最中に、シニフィアンの連鎖の一つの不規則な切れ目として現れる。それはディスクールの不連続点として、何かを言おうとするときに他のディスクールがそれに取って代わる点である。他のディスクールを支配している法則は無意識の形成物のうちに認められるもので、文法的な規則を無視し、移動と圧縮の機制をその原則としている。無意識を時間的拍動として考えるときは、この他のディスクールが現れ、そして消え去っていく運動を指しているが、この場合はシニフィアンの連鎖というよりも、シニフィアンの効果としての主体として無意識を考えているのである。

無意識においてシニフィアンは換喩的に結びつき、主体はそこでは不確定な位置を占める。主体はいかなるシニフィアンの下に位置づけられるものではないが、同時にすべてのシニフィアンの下に位置づけられるものでもある。それゆえに通常のディスクールにおいて言い間違いのような無意識の機制を伴う形成物が現れるとき、同時にそれは無意識の主体が現れるときであるとも言えるのである。

反復と転移

従来反復と転移は同じ現象として考えられていたが、ラカンはこれを二つの異なった次元に属するものとして、分離して考えようとする。

転移は分析家と患者の間に成立する関係で、分析の進行には不可欠なものであり、分析の軸である。フロイトは最初転移という言葉を無意識の欲望が前意識—意識の体系に転移することを指して使っていた。例えば『夢判断』のなかでは、無意識の欲望が夢の形をとって意識に達することを転移現象と呼んでいる。これは抑圧されていたものが再帰することである。フロイトはこの考えを一般化し、分析の場において患者が自分の過去にあったことを分析家との関係のなかで再現反復する現象をも転移であると考えた。

このような過去の出来事の反復現象に並行して、転移現象のもう一つの側面としての、分析家と患者の間に成立する情動的な関係がある。これは主に患者が分析家に愛情を感じ始めることであるが、このような現象は、分析がフロイトによって生み出されてきた状況と深く結びついている。分析が誕生するきっかけとなったアンナ・Oの症例において、彼女は医者のブロイヤーに強い愛情を示し、それが彼女に想像妊娠の症状をとらせるまでに発展する。そのことに気づいたブロイヤーは動転し、途方に暮れ、治療を取りやめて逃げ去ってしまった。それに対してフロイトは、この転移現象をしっかりと見据えようとし、それが結果として精神分析の誕生をうながしたのであった。フロイトは転移現象を分析家自身に向けられているものではなく、患者が子どもの頃に抱いていた両親への愛情の再現であると考えたのである。

過去の出来事の反復及びそれに付随する情動という転移の二つの側面は、分析の進行の原動力となるものであったが、やがてフロイトは分析家への愛情が同時に分析の進行の妨げともなる患者の抵抗の表現でもあることに気づくようになった。

分析における唯一の規則は、自由連想法である。患者は頭のなかに浮かんでくることをすべて語らなければならないが、患者が分析家に愛情をいだきはじめると、自由連想はこの愛情によって止められてしまい、患者の語ることがすべて分析家への愛情の要請の意味を帯びるようになる。フロイトはこの点に注目して、患者が分析家に愛情をいだくようになるのは決して偶然ではなく、一つの理由があると考えた。患者が自由連想の規則を守らずに分析家への愛情の要請にのみ関心を向け、新しい分析材料が表れることを止めてしまうのは、何かそこに言いたくないものがあるからであり、愛情はそれを隠そうとするものである、というのがフロイトのこれに対する解釈であった。

転移と反復は同一のものとして考えられていたのであるが、転移性愛情を分析の進行を妨げる抵抗であると考え、一つの欺瞞と見なす場合、転移を過去の反復現象として考える必要はなくなる。なぜなら、自由連想が始まって、患者がそれまで抑圧していた無意識の知が喚起されたとき、愛情はそれを隠すためにやってくると考えられるからである。欺瞞としての転移は、それだけで独自の機能をもっており、もはや患者の幼年時代の両親への愛情の再現と考える必要はなくなるのだ。

「転移は愛の偽りに結びつく閉鎖の時として、この拍動の一部をなすのであった」。ラカンが『四基本概念』の要約のなかで述べているこの文章の意味は、以上の説明によって明らかになるであろう。患者が自らの症状の苦しみを分析家に訴え、分析の場において自由連想を開始すると、それまで抑圧されていた無意識の知が喚起される。無意識を一つの開閉する拍動と考える場合、このことは無意識の門が開かれ、そこにあるものが一瞬姿をのぞかせるときに相当するものだといえよう。それに対し、愛の偽りとしての転移は自由連想を停止させ、無意識の扉を閉じてしまうときに生じるのだ。

転移性愛情はこのように一つの抵抗として新しい分析材料を分析の場にもち込むことの妨げになるものであるが、それに対して再び無意識の扉を開かせる役割を果たすものが、分析家が行なう解釈である。分析はこのように、無意識の開閉によって進行する。

転移と反復は分離されて考えられることとなったわけだが、転移を愛情、すなわち無意識が閉じるときと考えた場合、反復は分析の場においてどのように位置付けられるのであろうか。

フロイトは一九二〇年『快感原則の彼岸』を発表し、第二の論点への理論的転換をなし遂げた。この『快感原則の彼岸』は、死の欲動の項ですでに説明した通り、それまでの快感原則による理論では理解することができない現象に新しい解釈を与え、より合理的な理論化を計ろうとするものであった。彼のこの理論的転換に伴って、反復現象にも新しい光が当てられることになった。

この時代のフロイトにとって中心的な問題となるものは、患者が分析家の解釈を受けつけず、自ら症状の苦しみのなかにとどまり、そこから抜け出そうとしない陰性治療反応であった。これは、転移性愛情とは違った種類の抵抗を構成するものである。転移性愛情は治療における一つの抵抗として新しい分析材料の出現の妨げとなるものであるが、分析家がそれに対して適切な解釈を与えることによって再び分析の進行が促される。転移は分析における操作手段となるものである。ところが、反復に結びつく陰性治療反応としての抵抗に対しては、分析家の解釈は無力となる。これがフロイトにとって最も困難な障害であった。『快感原則の彼岸』はこの反復現象を解明する目的で書かれた。フロイトが快感原則の奥に見たものは死の欲動であった。患者が分析において強迫的に反復するのは、過去において快感として得られた経験ではなく、反対に不快を伴う経験である。フロイトはそこに、主体の死へ向かおうとする傾向を認めたのであった。

われわれはここで再び、倫理の項で触れた主体と das Ding との出会いの経験に立ち戻る必要がある。フロイトは主体と現実界との遭遇を心的構造が決定される原初の経験と考えた。最初の遭遇は主体にとってまだ何の意味すらもたないものであるが、このとき主体は一つの行為をなす。そしてこの行為が主体の構造を決定するのである。ヒステリーにおいては、この経験は不満をもたらすものとして受け止められ、以後主体は現実界に対して嫌悪感をもって対応し、強迫神経症においてそれは過多の享楽を与えるものとして経験され、以後それを避けることが自らの行動の原則となる。不満、ないしは過多という言葉が示す通り、これは常にすれちがいの遭遇として主体の心的外傷を形成するものである。反復とは心的外傷のもととなるこの遭遇を反復しようとすること、それは快感原則からはみ出たものを反復によって吸収しようとする試みを指す。反復現象の簡単な例に、繰り返し行なわれるさまざまな儀式、子どもの単調な反復遊戯などがある。これらは対象の喪失を補おうとする反復行為として、現実性（Réalité）の網目に現実的なもの（Réel）を捉えようとするものである。

（注）この行為が真にDas Dingとの最初の出会いにおいてなされるのかどうかは疑問である。なぜならトラウマの形成は遡及的であるはずだが、ここでは遡及性が欠けているからである。

ラカンはこのセミネールでアリストテレスからautomatonとtuchéという言葉を借り出してくる。automatonとは自動的に動くもの、そして偶然という意味があり、反復を表すものと見なされ、tuchéは運（幸運、不運）という意味から現実界との遭遇に相当する言葉として使われてきたと説く。現実界は常にautomatonの彼方にあり、それとの遭遇、tuchéの失敗が快感原則の欲求による記号の反復を強要する。つまり、automatonの背後にはtuchéが隠されており、tuchéの周りにautomatonがシニフィアンの網目を張りめぐらすのである。このセミネールの反復に関する要約の意味は、これで明らかになるであろう。

ここで再び転移に戻ってみよう。

ラカンは反復についてautomatonとtuchéを使い、その表面に表れる現象と現象の奥にあるものを区別している。転移についてもこれと同じような区別を見出すことができるのではないだろうか。つまり、転移性愛情は一つの現象として、その奥に一つの原則を含んでいるのではないだろうか。転移を過去の反復と切り離して考えるときは、転移現象が誘発される原因を明らかにする必要がある。患者が分析家を愛するようになったとしても、それが分析家の個人的魅力から発するものとは考えられないからである。これに対するラカンの返答は、知（savoir）である。

患者が分析家を訪れるのは、どのような場合であろうか。それにはまず、患者が自らの症状に苦しみ、それを取り除いてくれる能力をもつとされる者への要請がなされなければならない。だが、このことだけではまだ分析家に治療を要請する必要はない。ある者はそれを生理的な機能障害と考えて、医者の助けを求め、ある者は精神的な支えを見つけるために、宗教の門を叩く。分析が始まるためには、患者が自らの症状の裏に自分自身も知らない意味を想定し、それを知ることによって症状の苦しみから逃れることができるのではないかとの疑問をいだくこと、そしてその鍵を持っているのは分析家であると考えることが必要である。つまり患者は、分析家に一つの知を想定するのである。

このことをラカンは、想定的知の主体（Sujet supposé Savoir）と呼んでいる（以後 SsS と略す）。

SsS はこのように、分析が始まる以前から患者の頭のなかでは構成されており、それが分析家のイメージと重ね合わされるのであるが、分析が進行する過程で機能するSsSはそれに加えて、分析の場における自由連想の結果として生まれるものである。無意識においてシニフィアンは移動、圧縮の機制によって互いに自由に結び合い、一つの網目のような構造をなしている。このような場においてはいかなる法則も支配することはできない。例えば、ライオンと音楽の間には意味上では何の関連も認められないが、無意識の機制ではこの二つの単語は、オンという発音を仲介に結びつくのである。フロイトは無意識には矛盾がないと言っているが、矛盾とは一つの法則に対する矛盾であるゆえに、それは無意識における法の欠如を意味している。

患者は分析の場において自由連想を始める。それは患者が頭に浮かんだ事柄を何の批判も加えずに、そのまま分析家に伝えるものである。分析家の作業は、この何の法則にも支配されていない言葉の連鎖に一定の句読点を打つことである。その結果として、自由連想の言葉の無軌道な流れのなかに意味が生じるようになる。意味とは文法的な規則によって生まれるものであるがゆえに、患者は無意識に一つの法があると思い込み、その法の主体を想定するのである。ここで本来のSsSが成立する。

『エクリ』の冒頭を飾る「盗まれた手紙」のテクストの導入部分でラカンは、偶然性に支配されている10と1の連続について語っている。その連続には何の法則性も備わっていないが、それを一定の方法で区切ると、一つの法則を持った構造を得ることができる。それを簡単に紹介すると、次の通りである。

まず、10、1の偶然性を持った連続がある。

10 1 1 10 10 10 1 1 10 1 1 10……

これを三つずつまとめてみる。

(10 10 10) (1 1 1) を1、

(10 1 10) (1 10 1) を3、

(10 10 1) (10 1 1) (1 10 10) (1 1 10) を2とする。

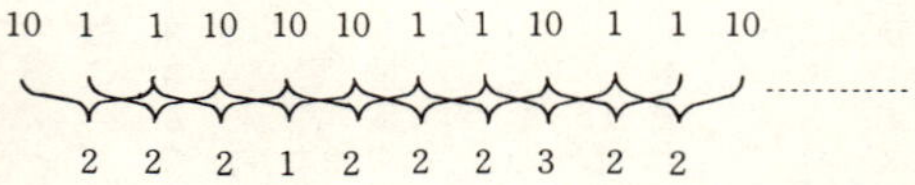

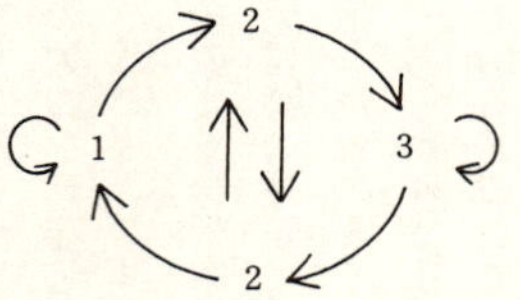

1、2、3の繋がりの可能性を図にすると上図の通りである。

この図を見ると1、2、3の関係には一定の法則があることがわかる。例えば、1から3に直接行くことはできない。また、1、2の後に再び1に戻ることはできない。最初の偶然の連続が、ここでは一つの法則に支配された構造となっているのだ。ラカンはこれを分析の数学的モデルとしている。最初の10、1の偶然の連続はいかなる法則の支配も受けない自由連想によるシニフィアンの連鎖に相当し、それに分析家の解釈によって句読点が加えられると、一つの構造をもったものとなるのである。

無意識を知として考えるとき、それは自動的に働く主体のない知であって、この知に主体を想定することが想定的知の主体である。患者はこの SsS を分析家が置かれている場と重複させ、分析家を無意識の知の主体として見るようになる。このとき分析家は、患者の求めている秘密の鍵を握っている者として、愛の対象となる。分析家に愛が向けられるようになるのは、分析家が SsS の化身となっているからである——私の享楽に関する知を保持している者を私は愛する、というわけである。ソクラテスがその醜い外見にもかかわらずその内部に美しいアガルマを秘めているものとしてアルキビアデスを魅了するのは、この SsS の作用であると考えられる。賢人ソクラテスは、アルキビアデスにとってまさに知を体現する者なのである。

SsS は分析において自由連想が始まると自動的に生まれてくるものであることが、おわかりであろう。それは具体的なものではなく、一つの論理的帰結である。このときに分析家が自らを SsS の場に置き、知っている者のようにふるまうと、そこには暗示の機制が生まれる。だが、分析は暗示ではない。分析は主体を問題とする。フロイトが催眠療法を中止したのは、主体は暗示がきかない次元にあるという理由によっている。分析家を SsS の場に置くのは患者であって、分析家自身はそのような効果に身を任せてはならず、それに対して一定の距離をとらなければならない。そうすることによってSsSが揺るがされ、再び新しい分析材料が喚起され、患者は分析の終末に向かうことができるのである。

転移性愛情はSsSの想像的効果によって引き起こされるもので、本質的に偽りの性格をもち、無意識を閉じてしまうものである。それに対してSsSの象徴的機能は、抑圧された無意識を活性化する。われわれが無意識の知を摑むことができるのは、そこに主体を想定することによる。つまり、無意識の知は意味を与えられることによって意識化されるのである。分析の全期間を通じてこのSsSが機能し、それを中心に無意識の知が構成される。それでは分析の終わりには、それはどうなるのであろうか。最後に主体にとって無意識であった知がすべて明らかになり、その真理によって主体は解放されるのであろうか。残念ながら、分析はそのような形で終了することはない。なぜなら、無意識の知は際限のないものであって、それをいくら知として摑んだとしても、常に無意識が残るからである。分析の最後は知を獲得することではなく、SsSの占めている場に関係している。分析を始めると患者と分析家の間にSsSが生まれ、それを中心にして分析が進行する。分析家はその結果、患者にとってSsSを体現する者として機能するが、分析の終わりにはSsSが転落し、分析家は自らの虚構の姿を表す。彼はそれによって、SsSの外見を剝がされ何の意味もない残滓としての対象aの地位に落とされてしまう。その時点に達すると、分析家は患者にとってもう何も知らない者となり、二人は別れを告げるのである。

主体にとってSsSは、神と同じように機能する。人間が神を信ずるときには、主体の意志において独自の責任のある行為を考えることはきわめて困難である。神経症的構造をもっている者は、常に誰かの意向を気にしながら生活しており、一つの判断を迫られたときに強い不安に襲われる。彼はできる限り目立たないようにひっそりと過ごし、そのために社会の中での共同生活が絶好の隠れ蓑となる。もちろん、神経症の構造には様々な変化があり、それとは逆の性格をもっている者も多いが、すべてに共通していることは、彼らが自らのうちに一つの神に相当するものを信じていることである。そして、自分の神が脅かされる危険を感じるときには、様々な症状が表れる。SsSは主体が創り上げたものであるが、主体はそれを忘れてしまい、その奴隷となってしまうのである。分析においてSsSが転落するとき、主体は自らの自由に遭遇する。だがそれは、奴隷が解放されたときのような喜びに満ちた瞬間ではなく、主体が享楽の可能性を失ってしまう失望のときである。症状はこのとき、新しい顔を表す。主体にとってそれまで不透明であった症状はもはや疎遠なものではなくなり、主体がそこに自らに固有の場を見出す。この経験は分析を終えた後には忘れ去られてしまうものであるが、以後、主体と症状との関係は以前のものとは変わったものとなっている。分析の経験とは、このようなものである。

欲動

ここでは無意識が一つの開閉運動として扱われているが、それは、シニフィアンの効果としての主体の運動を表している。言い間違い、機知などの無意識の形成物が生まれるとき、われわれはそこに無意識の主体を想定する。なぜなら、それは意識的な主体によって作られたものではなく、それに接するとき、われわれは思いがけない驚きを覚えるからである。しかしながらそれは一瞬の閃光であり、後になってわれわれがそれを見定めようとしても、もはや見失われたものとなっている。この意味で、無意識とはわれわれの意識的なディスクールにおいて突然ぽっかりと開く穴である。

ところで、フロイトが無意識について語るとき、常に性的なものとの関連で提出される。一般的にフロイトの考えとして受け取られているところによると、無意識は抑圧された幼児期の性的欲望の場である。それではラカンのように無意識を開閉運動として考える場合は、性的なものはどこに位置すればよいのであろうか。シニフィアンの効果としての無意識は透明な存在、一つの空であって、性的な性格は何も持ち合わせてはいないように見える。無意識をこのように空の構造として考える場合は、性的な次元を位置付けることが困難となることが理解されよう。そこでこの欠陥を補うために、欲動の概念を導入することが必要となってくる。主体はシニフィアンの効果として生まれる存在欠如であって、シニフィアンの世界にある限り、自らの存在を見出すことはできない。そこで主体はシニフィアンの外部に位置する対象aと関係を結び、それを通じて存在を得ようとする。欲動とはこのような主体と対象aの関係を表しており、性的次元は欲動の構造を仲介としてシニフィアンに結びつけられる。例えば、肛門期において母親の要請——これはシニフィアンを使ってなされる——は排泄物を巡ってなされ、そのときに排泄機能を果たす肛門は、性感帯となるのである。

疎外—分離

以上四つの基本概念を簡単に検討してみた。それを見ると、この四つは二つのカテゴリーに分類できることがわかる。

第一のカテゴリーに入るものは、無意識と転移の二つの概念である。前者はシニフィアンの網羅、そしてシニフィアンの効果としての開閉運動、後者は分析の基本的原則である自由連想の効果であり、これらはいずれも象徴界に結びついている。

第二のカテゴリーは反復と欲動に関するもので、前者は現実界（réel）との遭遇が問題になるもの、後者は対象aとの関係を表すものである。双方ともに現実界と結びついている。

四つの概念のこのような分類はあまり厳密なものではない。というのは、それぞれのものは自らの所属するカテゴリーと異なったものとも密接な繋がりをもっており、それを考慮する必要もある。例えば、転移におけるSsSは対象aを覆うものであり、また反復は、シニフィアンによって表されるものである。上記の分類は、このように少し一方的なものであるが、それには一つの理由がある。この観点に立って四つの概念を取り上げると、ラカンのこれまでの理論展開の全体像が浮かんでくるのである。第一のカテゴリーに相当するものは無意識の言語構造という命題の集約であり、この本の第Ⅰ部において扱った事柄である。第二のカテゴリーには『倫理』のセミネールのdas Dingから始まる現実界のテーマが問題となっている。ラカンがここに出てくる四つの概念を基本概念とする理由がこれで明らかになろう。彼はこれらの概念を使って、それまで展開してきた理論を統合して考えようとしているのである。

フロイトの用語を使ってこのことを表すと、第一の論点（topique）と第二の論点の統合の問題、もしくは無意識とエス（Es）の結びつきを明らかにすることである。第一の論点とは『夢判断』などで展開されている無意識―前意識―意識の体系による心的構造の理論化であり、夢、言い間違いなどの無意識の形成物の考察から発展したもの、第二の論点は『快感原則の彼岸』において初めて取り入れられた死の欲動を、主体の構造において考慮するために構成されたもので、超自我—自我—エスの三つの要因から成り立つ体系である。

ここでは第一、第二の論点について詳しく立ち入ることは控えるが、第二の論点に言われている三つの要因の中の一つであるエス（Es）について、ひと言だけ付け加えてみたい。エス（Es）はフロイトがG・グロデックから借用した言葉で、ドイツ語で指示代名詞〝それ〟を意味し、フロイトの言葉を借りると「われわれの存在の内にある非人称的なもの」を指すものである。エスは混沌とした世界であり、リビドーの貯蔵庫、欲動エネルギーの源泉となるものである。フロイト以後の多くの分析理論家はこれを動物的な本能が作用する場と考え、彼らが考える実体的な無意識とほぼ同じものとみなした。

ラカンは無意識を本能の次元で捉えることに終始反対してきたが、彼のエスに対する考えは常に同じものではない。彼は最初それを、無意識の主体を指すものとして考えていた。このことは、彼のフロイト解釈の中に認めることができる。フロイトの〝Wo es war, soll Ich werden〟（一九四頁の欲望のグラフの解釈を参照すること）に使われているes（エス）に対して、ラカンはそれと発音が同じである主体（Sujet）の頭文字S（エス）の訳を与えている。この解釈によると〝それ（es-Ça）は語る〟もの、真理としてあるものである。ところが、フロイトのエスは欲動の源として沈黙の支配する世界であって、それは何も語らないものとされる。

この点についてラカンは後に一つの修正を行ない、フロイトの定義通りエスを欲動エネルギーの源泉と見なすようになった。そしてそこに、欲動の対象aを置いたのである。エスに対象aを置くと、フロイトのいうエスの沈黙は容易に理解することができる。なぜなら、対象aはシニフィアンで現実界を把握しようとするとき、言葉では言い表し得ないものとして残るのであり、われわれが言葉をもってそれを表現しようとするとき、まさに〝それ〟としか言いようのないものである。フロイトがそれを〝エス〟と名付けるのはこのような理由からである。

ラカンはこのセミネールで四つの概念のそれぞれを考察した後、それらを統合し体系化して考えるために集合論の説明に使われる図式を持ち出し、それを疎外及び分離と名づける。

最初に来るのが、疎外の図式である。

疎外とは主体が言語の世界に生まれ出た後に、自らの存在を失ったものとして言語世界に埋没している状態である。疎外において主体は一つの選択を強要される。ラカンはこれを説明するために、一つの譬え話を持ち出す。

一人で旅をしているときに、突然強盗の一団に襲われたとしよう。彼らは次のような選択を迫るであろう、「生命が惜しいか、財布が惜しいか」。旅人にとってこの選択は、どちらにせよ割に合わないものである。財布を選ぶ場合は死を覚悟しなければならないが、死

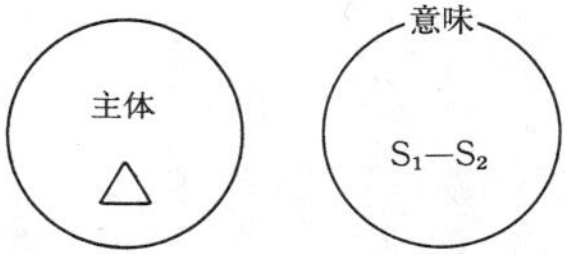

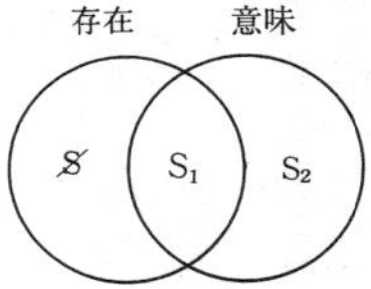

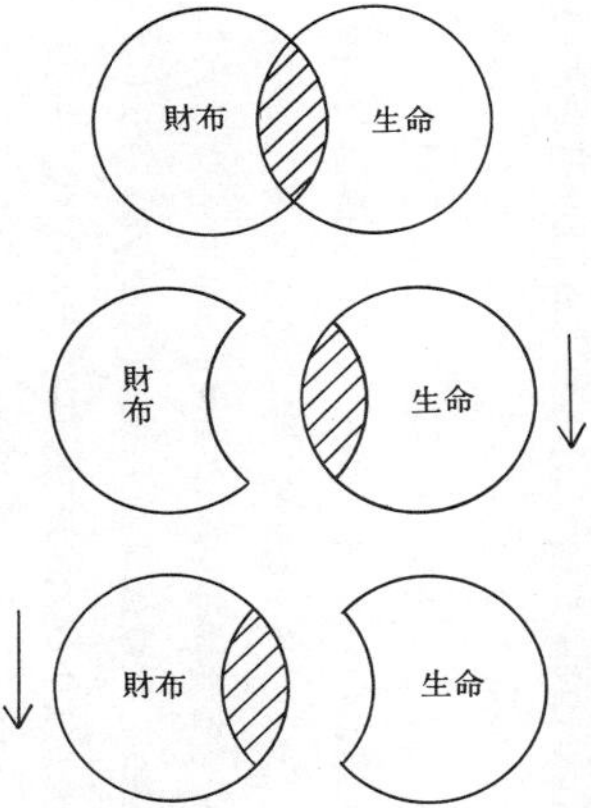

んでしまえばすべては失われ、残った財布は何の役にも立たなくなる。そこで財布を諦め生命を救おうとすると、残るのは一文無しの人生であって、それもあまり意味のないものとなる。つまりこの選択では、どちらにせよ主体は何かを失う結果となるわけである。このような選択肢を前にすると、当然財布を捨て、命を救おうとするだろう。だから、これは主体の自由な選択というよりも、強制的な選択であるというべきであろう。

さて、これを集合の図式で表すと上図右のようになる。財布を取る場合は生命が失われてしまい、生命を取る場合には、それは一部欠けた人生として残る。どちらを選択した場合も、中央部の両方の円に共通する斜線の部分は失われてしまう。

これを、主体と言語の出会いに当てはめて

みよう。言語は主体に対して〈他〉の場を構成し、そこではシニフィアンの連鎖による意味が生まれる。意味を生み出すシニフィアンの最小単位は、二つのシニフィアンの結びつきである。

例：$\dfrac{\text{空は}}{S_1}$ $\dfrac{\text{青い}}{S_2}$

これはS_1—S_2で表すことができる。他方、他と遭遇する以前の主体についていうと、それは単に無であり、欲望のグラフにおいて三角マークで表される意味しようとする意図でしかない。最初にこの二つのものがめぐり合うとき、主体は〈他者〉から一つのマーク（S_1）を授かる。これは一つの同一化である。このときに主体はS_1にマークされたもの（$\frac{S_1}{\$}$）として生まれ出るのであるが、ここで一つの選択を強いられる。ここで存在を取ると主体はS_1を繰り返すだけとなり、単一で意味のないシニフィアンの下において、主体は失われてしまう。これは精神薄弱児、または自閉症の選択である。シニフィアンは意味を生み出すための分節化を失ってしまい、一つの単語で一つの文の全体を表そうとする一言文の構造への固着が成立する。この構造は、一つの言葉を口のなかでもぞもぞと繰り返すまじないにおいて認められるもので、それははっきりと分節されたシニフィアンどうしの連鎖によって意味が表現されるときに失われるものを拒否するものである。だが、それを拒否することによって、彼は主体としての生命を失ってしまう。

もう一つの道は、意味を表すS_2の選択である。ここでは主体は、S_1とS_2を結びつけ一つの意味を生み出す。このとき主体は、S_2に対するS_1という代理表象（représentation）によって表される。

$$\frac{S_1}{S} - \frac{S_2}{\ }$$

だが表象は、真の存在を与えない。一つの意味は他の意味によってのみ説明されるというシニフィアンの換喩的構造は、ここでは一段階ずらされただけでまだそのまま残っており、主体は自らの存在を確定することができない。それと同時に、S_1は他のシニフィアンS_2と繋ぎ合わされ、単一で全てのものを表す機能を失ってしまう。

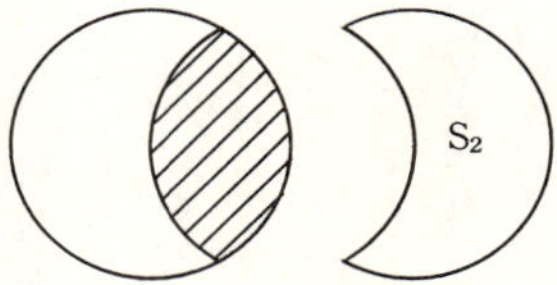

疎外とは主体が〈他者〉の世界に生まれるときに、無意味なS_1と、意味を得ることはできるが主体はそれによって存在欠如の体験をするS_1—S_2の、二つの選択の間の往来である。そこでは主体は〈他者〉のなかに埋もれた状態にあり、自らの存在を失ってしまう。

主体の住む世界が疎外の場のみに限定されているとすると、それは主体にとって絶望的な状況であろう。分析の場においてそれが意味することは、患者は際限なく自由連想を続けるのみで分析の終末がないということである。だが主体が関係するのは、言語の場である象徴界のみではない。疎外は象徴界との関係を表すが、それはまた現実界への橋渡しとなるものでもある。主体が象徴界から離れ、現実界に向かう過程を、ラカンは分離と呼んでいる。

疎外において主体はS_2を選択するが、その結果、主体は存在欠如として外部に失われる。主体はこのとき、何の要素も持っていない空集合である。ここで主体は一つのものにめぐり合い、それによって自らの存在を救おうとする。主体の行動範囲は〈他者〉の世界に限定されているゆえに、それは〈他者〉の世界で見出せるものである。〈他者〉はどのように構成されているのであろうか。〈他者〉を一つの集合と考えると、それはS_1とS_2の二つの要素に要約される。だがこれを部分集合の観点から見ると、そこには空集合が部分として含まれる（集合論によると空集合はすべての集合に含まれる）。分離とは、主体と〈他者〉が双方に共通する空集合を仲介として結ばれることである。疎外によって存在欠如として生まれる主体は、〈他者〉のなかに一つの欠如を見出し、それを自らの存在として自らの空に重複させる。ここでは成立過程の違う二つの空が結ばれ、一つのものが形づくられるわけである。一方の空はシニフィアンの効果としての主体（$\mathcal{S}$）、もう一方の空はシニフィアンによる産物として、〈他者〉の欠如を表すaである。この二つの結合は（$\mathcal{S}$◇a）となり、ここで幻想が成立する。

（注）（$\mathcal{S}$◇a）は欲動を表すものでもある。ラカンは最初、欲動に（$\mathcal{S}$◇D）というマテームを与えていたが、結局この二つのものは同じことを表している。ただそこでは対象aに対す

る観点が異なっており、欲動では要請（D）が欲望（a）として機能しているのである。

主体は疎外においては言語の他者（A）と関係し、分離においては欠如を含む欲望の他（Ⱥ）と関係するものだといえよう。主体は他者（A）の不完全性を経験し、他の欠如（a）に自らの場を見出すのである。

幻想を分離の一形態としてあげたが、欲動も分離の構造をもっているとみなすことができる。分離と欲動との関係は次の通りである。主体が他の世界に生まれるとき、それは存在欠如として外部に排出される。そしてそれと同時に身体と言語の他との同一化がなされ、言語によって身体が支配されるようになる。精神分析では言葉によって身体的症状を取り除くことができると説かれるが、催眠術における身体の術者への反応を見れば、言語による身体の支配の意味が理解されよう。ところで、身体にはいくつかの穴がある。分離において不完全な姿を表す他（Ⱥ）は、言語に同一化した身体の穴を通して自らの欠如を構成するようになり、主体はそこに自らの場を見出し、欲

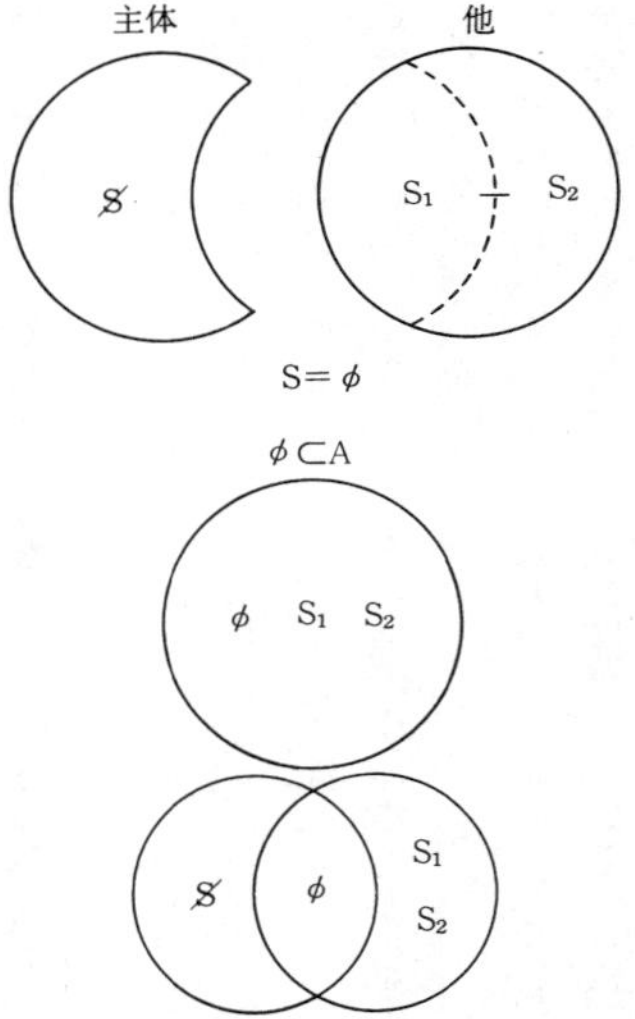

動を構成するのである。分離は主体の存在形式として、われわれが日常に経験することのなかに認められる。その一例に芸術がある。芸術作品は一つの固有なものである性格をもって初めて意味をもつもので、他のものの真似では芸術的価値はなくなってしまう。芸術は常に、ユニークなスタイルを必要としているのだ。それは世界にいまだ存在しないものを創造することにより、他（Ⱥ）の欠如（a）の場を表すものとなる。芸術家は自らの作品によって他者（A）の世界に埋没することから逃れ、そこに自らの固有の場を見出すことによって、分離を行なう。

芸術は特殊なもので、限られた人々にのみ与えられた手段である。だが分離はより一般的なものとして、すべての人に関係している。というのは、われわれすべてがもっている自我も、一つの分離による主体の存在形式なのである。われわれは自我をわれわれにとって唯一のものとして大切に扱い、それが傷つくとき、大変に苦しむ。通常主体は自我によって自らの存在を保証し、自分は世界の一員だという意識をもっているが、それが傷つくとき、主体は存在喪失の危険に晒されるのだ。一般的に神経症においては、自我を固有なものとして〈他者〉の欠如の場（a）に置くことで、分離の機能を果たしている。神経症的構造をもつ人はしばしば創造の難しさを訴えるが、それは彼の自我に由来する問題である。なぜなら、創造とはaの場に作品を置くことであり、そのためにはaの場を空にしておく必要がある。だが、自我がその場を占めている場合、それは創造に対する障害となり、それを乗り越えるには自我の機能を一旦停止しなければならない。ところで、自我の機能は去勢の否認である。それゆえ自我を取り去ると、主体は去勢の危険を目の前にしなければならなくなる。このとき主体は、存在欠如の危険を避けるために創造を断念する。

このような観点に立つと、メランコリーにおける自殺も一種の分離として考えることができる。彼は〈他者〉の欠如の場に直接同一化を行ない、死という無の場に自らを投入し、文字通り〈他者〉からの分離を果たす。精神病では、疎外を通り越して分離に直接結びつき、それが自殺という形で表れる。精神病の治療では、いかにS_2による疎外を導入するか、いかに分離を間接化させるかが鍵となっている。

分析において転移性愛情は分離の機能を果たす。das Ding の項でもすでに述べたことだが、愛とは芸術作品と同じ機能をもっており、それは〈他者〉欠如の場（a）に愛する者を置くことである。分析において、自由連想によって生まれる知の想定的主体は、このaの場にやってくる。SsS はaの衣服となり、愛の対象となるのである。

このように見ると、無意識の開閉運動は、疎外―分離の繰り返しの運動として考えることができる。自由連想が始まると、患者は言葉の非本質性に由来する存在欠如を体験する。それは無意識が開くときで、疎外が生ずる。疎外は想定的主体を生み出し、分析家に対する転移性愛情の引き金となる無意識の扉はここで閉じられ、分離が行なわれる。このとき分析家は、解釈を与えて再び無意識を開かなければならない。分析家は自らの欲望が SsS

の外にあることを解釈によって表し、SsSを揺るがすのである（上図）。

ラカンの他の図式と同じように、この疎外—分離の図式もいくつかの観点によって異なった解釈が可能である。主体が言語世界に入るときの選択という観点に立ってみると、これは個体発生の図式として解釈することができる。またこれを治療の指針として考えると、転移の運動、つまり分析の経過、そして分析の終末の図式として使うことも可能である。疎外はシニフィアンの連鎖を追求することによって、言

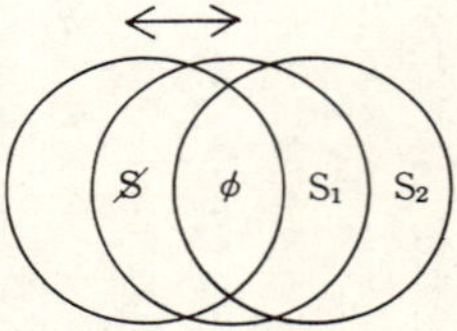

葉で表現し得ることと言葉の外部に位置されることとの間に境界線を引くことである。その結果SsSは自らの価値を失い、対象aはそのとき、SsSによって着けられていた衣服を剝がされて純粋な形で抽出され、何の価値もない残滓としての姿を表す。主体の存在を保証していた対象aは無に転落し、主体はここで自らの自由を経験するのである。これが分析の終末に相当する分離の経験である。

　このセミネールから二年後、ここで得られたことをもとにラカンは『幻想の論理』のセミネールを行ない、精神分析の終結の理論化を試みる。その結果、精神分析家のグループが新しい分析家を認定するパスという手続きを作り出した。パスは精神分析家の認定とともに、分析を終えた者が自分の精神分析において起こった特異的経験を外に伝達する目的ももっている。

疎外、分離の図式はセミネール一一巻の内容をまとめ上げている図式である。われわれは鏡像段階から始まり、疎外—分離に至るまでのラカンの理論展開の概要を追ってきたが、ここまで来たその道をもう一度振り返ってみると、彼の理論的構築は一つのことの繰り返しであることに気が付くだろう。真のパロールと空のパロール、換喩と隠喩、剝奪（Frustration）、去勢の弁証法、欲望のグラフ、das Ding、同一化の論理、Bejahung と Verneinung、疎外と分離。つまりこれらのものの根底には一つの共通項が認められるのだ。それがエディプス・コンプレックスである。

ラカンはフロイトのエディプス・コンプレックスの神話的構成に満足できず、より論理的な理論構築を試みようとする。エディプス・コンプレックスに対して様々な角度からアプローチを試み、それは人間がいかに言語世界に入っていくのかということについての理論化だということを説明しようとするのである。だからこれら諸構築の間には互いに対応する要因を認めることができる。例えば、欲望のグラフの下段は疎外に相当し、その上段は分離に相当するとみなすことができる。しかしながら、それらを互いに同一のものとして取り扱うことはできない。それぞれの展開は位相的なズレを持っており、このズレが集積されてラカンの理論が構成されているのである。彼の理論は螺旋を描いて発展するといえよう。『四基本概念』のセミネール以後もこの螺旋運動は続けられる。

第Ⅲ部

後期ラカン

現実界の探求という作業が享楽（ジュイッサンス）という概念を軸に深められる。以後、ディスクール、性的関係の不在、性別化の公式、女性性、非全体の論理、ボロメオの結び目、〈一者〉、ララング、語る存在などの、フロイトにはなかったテーマが次々と打ち出され、フロイトのエディプス・コンプレックスによる精神分析の理論的把握の時代からは考えられなかったような全く新しいやり方で精神分析を考えることが可能となった。

第七章　ジョイスの方へ——二一世紀の精神分析

『精神分析の四基本概念』のセミネールはラカンが、疎外、分離、対象aなどのラカン独自の概念手段を使って精神分析の理論的把握を行おうとする出発点である。それまでは「フロイトへの回帰」の運動でフロイトのテクストを取りあげ、それを中心にセミネールを構成していたが、これ以後はフロイト的観点からある程度離れて、フロイトが扱わなかったようなテーマを導入して理論的展開を進めていく。とはいえ、ラカンはフロイトから離れて、師を離れていったフロイトの他の弟子たちのように、独自の理論構築を試みようというものではない。あくまでフロイトに忠実でいながら、フロイトが残していった様々な課題を考えていこうとするのである。

そしてまたラカンにはフロイトが到達した点にまでまだ至っていない部分もあり、それについてもラカン独自の道を拓いて進んでいった。

四つのディスクール

疎外―分離による理論化の次に来るラカンの重要な理論的ステップは「四つのディスクール」の展開である。

ディスクールという言葉はそれまでも一般的な意味で使われていたが、ここにきて新しい意味が付与される。それは、ディスクールとは社会的結びつきであり、語る存在、すなわち人間間の社会的結びつきが個人の行動様式を決定する、というものである。これは一見、個人は社会的な関係によって決定される、という社会学的決定論のように見える。これまでラカンは、主体は構造によって決定されるという構造主義的な観点をとっていたが、経験主義に変わったのであろうか。確かにこれは主体についての経験主義的アプローチのようであるが、よく見るとそれほど単純ではないことがわかる。同時に構造主義的でもある。なぜなら、ラカンの言うディスクールの構造を調べてみると四つのディスクールの基本となる主人のディスクールは疎外と分離の構造を併せたものだからであって、それは構造主義的な観点から考え出されているからである。

疎外の構造は主体$\$$と〈他者〉［S_1―S_2］との関係を表すもので、主体が言語のなかに埋没している状態である。

$$\frac{S_1}{\$} \rightarrow \frac{S_2}{}$$

それに対して分離は主体が〈他者〉の言語構造［S_1—S_2］の空白部分（a）におのれの存在を見出し、〈他者〉の世界への埋没を逃れるということで、そのために主体はファンタスムを構築するのであった（$\$ \diamond a$）。

この両者を併せると次のようになる。これが主人のディスクールのマテームである。

$$\frac{S_1}{\$} \rightarrow \frac{S_2}{a}$$

これはまた無意識のディスクールとも呼ばれており、無意識の構造を示すものでもある。

——S_1、S_2はそれぞれ主人と奴隷のシニフィアン。

——$\$$は主体を表す。

——aは対象aを表すが、ここでは剰余享楽と呼ばれている。

このマテームで注目すべきは、シニフィアンS_2による作業の生産物として一種の享楽が生まれるという構造である。ラカンはそれまでシニフィアンと享楽を切り離して考え、欲望はシニフィアンから生まれ、享楽は das Ding に属するものだと言っていた。そしてこの享楽は禁止されその周りをシニフィアンが取り囲むというのが『倫理』のセミネールにおける享楽の図式であった。したがって享楽とシニフィアンは対立関係にあったわけであ

るが、その図式はもはや有効ではない。ここではシニフィアンは逆に享楽を生み出すものと見なされている。

この点をもう少し詳細に見てみよう。

ここでもう一度シニフィアンの基本的構造に立ち戻る必要がある。

シニフィアンの構造はS_1—S_2という二つのシニフィアンの繋がりを基本とする。ここでS_1は最初からS_2と繋がっているわけではない。S_1は最初の満足体験、もしくは享楽のマークとして他のものと繋がりを持たず単独に存在する。ラカンはこのS_1を一なる印または一の線（trait unaire）と呼んでおり、これはフロイトにおける Einziger Zug に相当する。フロイトによれば人間は最初の満足体験を繰り返そうとするのであったが、これはこのS_1、一なる印を再現することに繋がり、反復といわれる、享楽を再現しようとする運動となる。反復には二種類のものが考えられる。一つはS_1をそのまま再現しようとするものでこれは幻覚を引き起こすであろう。もう一つはS_1を別のシニフィアンS_2と組み合わせ、意味として再現することである。通常は後者が採用され主体は言語世界で活動するようになる。だがS_1—S_2の構造はS_1の享楽をそのまま反復するものではない。両者の間には必ずギャップが生じ、S_1の享楽は一部失われていく。エントロピー増大のようなものである。ラカンはそれを失われた対象と見なしている。一種の負の量である。この負の量はそれを埋め合わせるものを呼び起こす。それが対象aである。したがって、対象aとは陰性のものでありながら、同時に陽性のものでもある。

この対象aはここではまた剰余享楽とも呼ばれている。ラカンはマルクスの剰余価値との共通点を認めてそう呼んでいるのだ。

マルクスの剰余価値説を大まかに説明すると次のようになる。

ひとつの商品には二つの価値の側面がある。使用価値と交換価値である。使用価値は商品を消費するときに問題となる。例えば、小麦を焼いてパンにして食べるときには使用価値が問題となる。他方、小麦を布地と交換するときには交換価値が問題になり、そこでは〔一定の小麦＝一定の布地〕という等号が成立している。つまりそこには何か共通なものがあるから交換が成り立つのだ。マルクスはその共通要素を労働と認めた。つまり同じ労働量で一定の小麦と布地を生産できるから交換が可能だというのだ。貨幣はこの労働量はお金の額という形で具体的、そして一般的に表すものである。

ところで商品のなかには特別の性質を持つものがある。それは労働力という商品である。労働力はお金で買える商品である。そして労働力はそれを消費すると労働の量となる。ここで労働力のマジックが生まれる。労働力は一定のお金（＝労働量）で買える交換価値である。ところが、それを使用価値として使うと、交換価値以上の労働量を生み出すことができるのだ。つまりここには交換価値と使用価値の間のギャップが生じ、このギャップが剰余価値として生まれ、利益の源泉となる。

このマルクスの商品の論理に対してラカンはシニフィアンを当てはめて考えようとする。シニフィアンS_1は享楽のマークであるが、それを直接享受することはそれを使用価値として消費することを意味する。それに対してS_1を別のシニフィアンS_2と結びつけることは、S_1をS_2に置き換えることになり、S_1を交換価値として使うことを意味する。それはシニフィアンの労働に相当する。S_1はS_2とは同じものではないのでS_1の使用価値とS_1—S_2の交換価値との間にもやはりギャップが生じ、それを剰余価値との類似により剰余享楽と呼ぶ。

この考えはあまり厳密な論理に基づいているとはいえないだろうが、これが剰余享楽の論理である。これによると享楽はシニフィアンの作用、シニフィアンを通した労働から生まれることとなり、それまでのような享楽は禁止され、享楽とシニフィアンの間には対立があるという考えはもうなされなくなる。ラカンにとってこれは一つの理論的方向転換である。それによって享楽の地位が高められ、以後次第に欲望についての言及は後退し、享楽の重要性が増大してくるのである。

さてディスクールに戻ると、「四つのディスクール」を初めて公にしたのは『精神分析の裏側』と題された一九六九〜七〇年のセミネールであった。ラカンはそこで主人、大学人、ヒステリー者、精神分析家についての四つのディスクールのマテームを提示した。ディスクールを構成しているのはS_1、S_2、$\mathcal{S}$、aの四つの要素。それらが、真理、エージェントまたは見せかけ、他者、生産物という四つの位置を占める。その構成は次のようなも

主人のディスクール

$$\frac{S_1}{\$} \rightarrow \frac{S_2}{a} \quad (//)$$

大学人のディスクール

$$\frac{S_2}{S_1} \rightarrow \frac{a}{\$} \quad (//)$$

ヒステリー者のディスクール

$$\frac{\$}{a} \rightarrow \frac{S_1}{S_2} \quad (//)$$

精神分析家のディスクール

$$\frac{a}{S_2} \rightarrow \frac{\$}{S_1} \quad (//)$$

のである。

四つの位置は定められており不変である。ひとつの社会的繋がりはある者（エージェント）が一人の他者に向かって指示を出すことを基本としている。エージェントは真理を隠し持っており、指示された他者は作業をして生産物を生み出す。エージェントの場所は見せかけ（semblant）とも呼ばれている。生産物と真理の間には断絶がある。

$$\frac{\text{エージェント（見せかけ）}}{\text{真理}} \rightarrow \frac{\text{〈他者〉}}{\text{生産物}} \quad (//)$$

ここに四つの要素をそれぞれ入れると上のようになる。この図を見ればそれぞれのディスクールはローテーションによって次のディスクールに移動することがわかる。

これがディスクールの構成となっている。ディスクールとは社会的繋がりであるとラカンは言うが、こうしてみるとこの構成は全く決まった場所と要素間の組み合わせという構造主義的に考えられた言語と主体と対象との間の布置であり、経験的、社会学的に抽出された社会的関係とは全く異なっていることがわかる。

四つのディスクールの考案による成果の一つは、精神分析家のディスクールを通して分析家が何をやっているのかを、マテームによって考えることができるようになったということである。それによると精神分析家はエージェントとして対象aの見せかけとなる。分析家の下には真理としての知S_2が想定されて転移が引き起こされ、分析家は解釈によって他者である患者を主体として分裂させ、作業させ、患者に自らの絶対的差異であるS_1を産出させるのである（絶対的差異については二八八頁で言及した）。

「四つのディスクール」のもう一つの重要点は、ディスクールという形でラカンはフロイトのエディプス・コンプレックスをまた別の論理で考えようとしたということである。ラカンは、精神病者はディスクールから外れていると言っている。それまで精神病者の問題は、彼らには父の名が排除されているということであったが、ここで精神病者はディスクールから外れているというとき、ディスクールの不在は父の名の排除と同様な意味をもっていると考えられている。つまりディスクールには父の名、すなわちエディプス・コンプレックスと同じ機能が与えられているのだ。

ディスクールについてはこれ以上の説明は省くが、ただこのように純粋に構造主義的な組み合わせによって社会的繫がりを考えることは、先ほど述べたように社会学的考察とは異なったものであるということが理解できよう。ラカンがこれを社会的繫がりと呼ぶのは、ディスクールの基本がエージェントと他者の二つの語る存在によって体現され、両者の間に繋がりが成立するからである。したがって、これによってラカンが精神分析を社会的問題として取り扱うようになったわけではない。

しかしそれでもラカンは四つのディスクールを社会学的に見る場合もある。例えば、四つのディスクールにおいて最も基本となるのは主人のディスクールであり、それは主人、S_1の指示のもとで物事をうまく運営していこうとするディスクールで、軍隊や教会のディスクールにその社会的表現を見ることができるということなどである。

主人のディスクールが成立するためには強力な指導者的存在を必要とする。だが、現代ではそうした指導者はほとんどいなくなっており、主人のディスクールは社会を運営するものとしては力を失っている。現代においては知S_2が支配者的な立場に置かれる大学人のディスクールが主人のディスクールの地位を占めている。これは官僚主義的ディスクールともいえよう。

ヒステリー者のディスクールは存在欠如$\$$としてのヒステリー者がS_1を体現する支配者的な他者、たとえば医師、に対して自らの苦悩を説明することを求め、それによりS_1は作業を余儀なくされ、知を生み出す。だがその知は己の真理を明らかにしてくれるものではない。

精神分析家のディスクールは、主体に、主体自身のトラウマとなっている無意識に隠さ

れているものを、分析作業によって絶対的差異として産出させて新しい価値体系を開き、別のディスクールへとバトンタッチを行なうことである。

一九七二〜七三年の『アンコール』のセミネールではラカンはランボーの詩「ある理性に」を挙げ、一つのディスクールから別のディスクールへの移行においては、常に精神分析のディスクールが現れる、そしてディスクールが変わるときには愛が生まれると言っている。

お前の指が太鼓を一打ちすると
あらゆる音を解き放ち、新しい調和がうまれる。
お前が一歩を踏み出すと、新しい人間たちが立ちあがり前進する。
お前の頭が向きを変えると、新しい愛!
お前が振り返ると、新しい愛!

（『イリュミナシオン』より「ある理性に」、アルチュール・ランボー）

精神分析のディスクールは新しい愛を生む、愛のディスクールである。

ラカンは四つのディスクールを理論化した後、現代において主人のディスクールは科学と結びついて資本家のディスクールとなっていると考えるようになり、そのマテームを提起している。

$$\frac{\$}{S_1} \rightleftarrows \frac{S_2}{a}$$

ラカンが四つのディスクールを考え出したときには、彼は齢七〇にかかっていた。この年齢ではラカンのような人は、功績を認められて一線を退き、名誉職を引き受けて老後を過ごすというのが一般的であろう。研究者の場合には、自らの創造的業績はピークを過ぎ、後輩の指導などに残りの時間を費やすという人がほとんどであろう。だが、何事においても例外的であったラカンは七〇歳から八〇歳にかけても決して知的作業の能力は失っておらず、それまで以上に、全く未開の分野に果敢に身を投じていく。ラカンの本来の理論的功績はまさにこの時代になされたといってもよいだろう。それまでの蓄積されたエネルギーがここにきて爆発し、彼を新しい境地に運んだかのようである。四つのディスクールのあとでは、非全体性としての女性性、〈一者〉、ララング、現実的無意識、ボロメオの結び目の理論、ジョイス、語る存在、etc. と枚挙にいとまがない。これらの要素のすべてを通して認められるのは、ラカンがここにきてそれまでの精神分析の理論化に満足できず、全く新しい境地を開こうとしているようであった。ラカン対ラカンのフィナーレである。

性別化の公式

四つのディスクールの後、ラカンが取り組んだのは、男性、女性の性別化の問題であった。

フロイトは人間の性を動物に備わっているように自然なものとは考えなかった。人間は性を持たないエンジェルのような形で誕生し、家族のなかで育てられ、家族関係のなかで自らを男性または女性に決定するのである。もちろん生物学的には男性性器と女性性器とのどちらかを生まれながらにもっているのだが、生物学的な性は人間の性を直接決定するわけではない。例えば性同一性障害の人たち、ホモセクシュアルの人たちは自分の性器の種類によって性的な行動が決定されているわけではない。フロイトによれば人間の性を決定するのはエディプス・コンプレックスである。すでに取り上げているが、フロイトによる性別化の過程は次の通りである。

男性

ペニスを持っている男の子は母親を最初性的対象とするが、父親の去勢の脅しにより母親をあきらめ、母親に愛される父親のようになるために父親に同一化し、父親から父親の能力のファルスを表すものを獲得しようとする。これが男性化である。

女性

ペニスのない女の子も最初はやはり男の子のようにふるまい、母親を性的対象とする。だがそのうちに自分にペニスが無いことを認め、自分にペニスを与えてくれなかった母親を恨み、母親を性的対象とすることをやめ、父親のほうに向かう。父親から子ども＝ペニス＝ファルスを授かろうとして、父親によって愛される対象、すなわち女性になろうとする。

これはかなり簡略化した性別化の図式であるが、いずれにせよ、これによると男性女性の双方ともに父親とファルスを巡って性別化がなされているわけだ。ところが父親も、ファルスも男性的な次元に属する要素であって、男性性を特徴づけるには都合がよくても、女性性をも男性的なものを使って構成しようとするのだから、真の女性性を定義するにはあまり適切でない。ここでは男性は能動的な態度によって、女性は受動的な態度によって定義されることになる。フロイトもこの点に関しては自覚していたようで、自分は女性が何を欲しているのかわからない、女性は暗黒大陸であると言っていた。フロイトがときにファルス中心主義者であると非難を浴びるのもここに原因が見出される。

この問題に関してラカンはフロイトにはなかった考えを一つ導入し、それをもとに男性化、女性化の構造を数学的表現によって公式化しようとした。

ラカンの性別化の公式を見ていく前に、フロイトのエディプス・コンプレックス神話を公式化するとどのようになるか、調べてみよう。

『トーテムとタブー』で繰り広げられた原始的社会集団には一人の強大な父親がおり、この父親が部族のすべての女性たちを独占し、その下で息子たちは女性との性的享楽を禁止されている。息子たちは父親によって性的対象を独占され不満が増大する。そこで彼らは協力して父親を殺し、父親の力をわがものにするために食べてしまう。だが、父への憎しみが一旦満足されると、それまで隠れていた父への愛情が表面に出てきて、愛する人を殺害した罪悪感に苦しむことになる。そこで罪滅ぼしのために亡き父親の支配していた法を認め、すべての息子たちは部族の内部の女性と関係することを自ら禁じ、部族外の女性に向かう。亡き父親は神のようにあがめられ、死んだことによってより強大な力を得、生前以上の力で息子たちを支配するのだ。

この神話では、部族のすべての男性には性的享楽が禁止されている。xを部族の男性、$\forall$はすべてを表す量化記号、Φを性的享楽の禁止の関数として、これを数学的に表すと、$\forall x \; \Phi x$となる。他方すべての女性を独占している父親は、$\exists$を実在、$\sim$を否定の記号とすると、$\exists x \sim \Phi x$と表すことができる。すなわち禁止されていないxが少なくとも一つあるということになる。

$\forall x \quad \Phi x$

$\exists x \sim \Phi x$

これは第Ⅰ部の「母胎」で触れた全体と無のパラドックスを解消する方法の一つである。すなわちすべてのxをΦで拘束するためには、Φに拘束されていないxが外部に一つあればいいという論理である。これは男性的構造を表すものであるが、また政治的にもよく利用される手段でもある。例えばヒトラーはユダヤ人を悪として迫害し、ドイツ国民の内的な結束を高めたり、天皇を例外的存在として認め、日本国民を強く縛り付けるなど、国家が危機に陥り、国民の強い結束が必要となるときの常套手段である。

この男性的公式に対して、女性的公式はどのようになるだろうか。

女性が男性と異なるとすると、何らかの形で男性的なものを否定しなければならない。まず$\forall x \quad \Phi x$という公式についてΦという関数を否定すると「いかなるxもΦによって拘束されてはいない」となるが、すべてのxは自由に動けるので、それが女性であるとか男性であるとかは問題にならないため、Φを否定することには意味がない。では量化記号∀を否定するとどうなるであろうか。数学的に言えば、すべてのxがΦxであるわけではないならば、少なくとも一つは$\sim \Phi x$がある、となる。だがここでラカンは一つの発見をする。非全体の論理である。すべてのxがΦxであるわけではないが、非拘束的な例外的なxもない。これは、女性は男性のように例外を支持点として、男が自分を男なるもの（l'homme, the man）と言うのと同じように、自らを女なるもの（la femme, the woman）と規定することはできず、女性の存在形式は一人の女（une femme, a woman）というものでしかありえないということを意味する。

$\sim \forall x \ \Phi x$

$\sim \exists x \sim \Phi x$

この論理によるとすべてのxが拘束されているわけではないにもかかわらず、個々のxはΦによって規定されており、一つのまとまりが失われるわけではない。ただΦに拘束されている外的なx、すなわち法を司る例外的な父親xがいないのだ。ひとつのまとまりがあるということは主体にとって重要である。それは主体が精神病的に分裂してはいないことを意味するからである。男性からすると女性は少し狂ったところがあるように見えることがある。だがそれは精神病的にバラバラになっているわけではない。女性は男性のように自らの周りを締め付けるたがのようなものが欠けているにもかかわらず、ひとつのまとまりをもつことに成功している。そこには全体性の論理とは異なった、トポロジックな非全体性の論理があるからだ。

全体性の論理を数学的に表現するとそれは代数学的であるといえよう。代数学的にいえば、図の上である点を決定するには、xy座標の上で点αを(x, y)として標定し厳密にその位置を定めることができる。それに対して、非全体性の論理では全体を支配するようなx y座標は存在しない。その代わりに近傍という概念が重要である。αはβの近傍でありβはγの近傍であるならαもγの近傍であるというようにローカルな関係で互いに位置を決定するのだ。

よく男は全体を見て行動し、女は目先のことしか見ないと言われる。だが、これは女性に対する軽蔑的な意見ではないのだ。男性は常に全体的な座標を必要とするのに対して、女性は自分の近傍だけを見て行動することができるということだ。だから女性は方向感覚に弱いのだとも言えよう。なぜなら、方向感覚は全体的座標の上に立って初めて得られるからだ。

この非全体性の論理は精神分析において重要な意味をもっている。分析においては既定の法や規則を頼りにすることはできない。すべての判断を中止しながら、同時にある一定の方向に進まなければならないからだ。ラカンは精神分析家には女性の方が向いていると言っていたし、ラカン自身も自分は女性であると言っていた。それは女性のこの非全体の論理が分析に必要だからである。フロイトは、精神分析は男性においては女性性の拒否、女性においてはペニス羨望という障壁にぶつかってそれ以上進むことはできないと言っていた。女性性の拒否にせよペニス羨望にせよ、それは去勢の拒否からやってきている。ラカンはそこで去勢を認めることによって、フロイトの考える分析の最終的障壁を乗り越えることができると考えていた。つまり去勢されている女性的立場を認めることである。

この非全体性の論理によってラカンはフロイトとは違った性別化の捉え方ができるようになり、精神分析はマッチョなファルス主義であるという批判をかわし、精神分析本来の辿るべき道をはっきりと示したといえよう。

女性の非全体性というのは、Φを去勢を表す関数とし、それに～∀という否定が加えられると、女性は全体として去勢されているわけではないということを意味する。それは享楽という観点からみると、女性にもファルス的享楽はあるが、それがすべてではないということである。女性の不確定な非全体性の隘路に、ファルス的享楽ではない享楽が許されるのである。ラカンはそれを〈他の享楽〉と呼ぶ。

〈他の享楽〉は言語化不可能な享楽であるので、それは単に享受するだけで他に伝達ができず、それについては何も言えない。それは性的なものではなく、性的な享楽に追補としてやってくるものだ。そこから男性にとっての女性の性の神秘、いや男性だけではなく女性にとっても女性の神秘が生まれる。それは男性としては決して到達できない享楽として男性と女性の間に渡ることのできない深淵を作り出すのである。ラカンはこのことを「性的関係はない」という公式で表している。この「性的関係はない」は「〈他者〉はいない」、「〈他者〉は去勢されている」、「〈女性なるもの〉はいない」などと同一の線上に位置する精神分析の最も基本となる命題である。

〈一者〉

「性的関係はない」、「〈他者〉はいない」、「〈女性なるもの〉はいない」、これらの命題はすべて否定的であり、これらが精神分析の基本であるなら、精神分析はまるで何もないところに立てられた空中の楼閣のようである。確かに無や否定が意味するような実体の欠如は精神分析において重要な概念である。そもそも主体という概念からして存在欠如である。では精神分析において肯定的なもの、実体的なものはすべて排除されなければならないのだろうか。それでは精神分析はあまりに希薄なものになってしまわないだろうか。そもそもラカンが現実界を重要視し始めたのは精神分析にしっかりとした土台を据えるためではなかったか。

ラカンはセミネール第七巻あたりから、本格的に精神分析における現実界の役割の解明に向かっていき、最初は das Ding という概念から対象 a を創造し、対象 a こそが精神分析において扱うことのできる現実界の次元を担っていると考えていた。ところが七〇年代になると対象 a もやはり見せかけ（semblant）でしかなく、現実界を捉えるには不十分であると言い出した。そもそも対象 a は最初想像的他者（autre）の頭文字をとってきたもので、それを das Ding と絡めて現実界との関係を開くものとされていたが、結局それは現実界の見せかけでしかなかったのだ。

このように理論的追求の手を逃れていく現実界だが、それが作用していることは確実だった。フロイトは死の欲動の力を認め、結局それが反復現象や陰性治療反応の奥に潜んでいる現実界として作用すると考えた。フロイトはそれを最終的に生物学的に説明できると考えたのだが、それは彼が当時の科学主義を引き継ぐ唯物論者であったからである。ラカンはフロイトのように精神分析の現実的土台を生物学に求めることはできなかった。ラカンにとっては、人間が文化のなかで生きていく人間であるのは、あくまでも人間が言語を受け入れるからなのだから、人間と言語の出会いのなかにその最も基本的な土台が見出されねばならなかった。

セミネールの一一巻ではアリストテレスのチュケー（tuché）という概念が扱われていた。チュケーは現実界との偶然の遭遇を意味するものであったが、七〇年代になると人間が最初に遭遇するのは言語であり、言語との遭遇によって、生物学的存在でしかなかった人間は、生まれてきた状況から引き剝がされ、言語的存在となるのであって、そこで現実界との遭遇がなされると考えるようになった。もちろんこうした考えはラカンのなかに基本的にあったものだが、七〇年代ではその遭遇が残したものを〈一者〉と呼び、「〈一者〉はある（yadl'Un）」という命題を精神分析の基本的命題とした。「〈一者〉はある」は「〈他者〉はいない」、「性的関係はない」などの否定的命題に対して唯一肯定的であり、これを基に精神分析を基礎づけることができるのだ。

「〈一者〉はある」というのはプラトンの『パルメニデス』で扱われている一命題のようで、形而上学的で大変抽象的な表現に見え、いったいそれと精神分析との関係はどこにあるのだろうかと疑問が湧くのも当然である。だが実はこれは大変に具体的な意味をもち、大変に強力な命題なのである。

なぜなら一者とは人間が言語と遭遇したときに残された痕跡であり、それはトラウマとして残り、反復現象の基になるからである。ラカンはそれをS_1と記す。S_1と記すのはそれが最初のシニフィアンであって単独で実在（existence）するシニフィアンだということを表している。

人間は最初の満足体験を反復しようとする。これはそもそもフロイトが最初に心的機構の理論的構築を試みた『科学的心理学草稿』のなかで主張されていたことである。そしてこれは反復強迫に潜む死の欲動に繋がっていった。それがラカンの最後期の理論化における〈一者〉の反復にまでずっと受け継がれてきたのだ。フロイトが満足体験の反復と呼んだところでラカンは享楽と呼ぶ。ここには〈一者〉の享楽というものがあり、ラカンはそれを精神分析の最も基本的な概念とするのだ。

それまでのラカンの精神分析理論は欲望を中心概念として考えられてきた。享楽の概念は、最初は単に想像的なものであったものが徐々に現実的なものの意味合いを与えられるようになったが、まだそこに完全に重心点が移行したわけではなかった。ところが七〇年代に入り、ラカンの最終的な理論化においては享楽を中心軸に理論化がすすめられ、欲望は背後に置かれるようになるのだ。

享楽という概念を優先させると、欲望というものは結局二次的だということがよくわかる。なぜなら、ラカンの有名な公式、「人間の欲望は〈他者〉の欲望である」が成立するには〈他者〉を必要とし、そもそも「〈他者〉はない」というなら、何らかの形で〈他者〉を一種のフィクションとして構築しなければならないからである。まず〈一者〉の享楽があり、それを耐えられるものとするために〈他者〉を構築して、ファンタスムをつくり、そこから欲望を成立させ、その欲望を追求しながら人間は生きていくのだ。

これまで、フロイトのエディプス・コンプレックスから始まり、ラカンの様々な理論的展開はこの〈他者〉がいかに構築されるかを考えるためであった。ラカンはここで〈一者〉の享楽を、精神分析を考えるためのスタートラインとするのだ。

ララング

〈他者〉の不在から〈一者〉の実在（existence）に重心を移したからといってラカンが言語（langage）の重要性を捨てたわけではない。ただ言語構造、つまりS_1—S_2という構造を二次的なものとして、それ以前にあるものとして構造化されていない単独のS_1、そしてS_1の群集（essaim）を最初に置いた。essaimはS_1と発音がほぼ同じで、ミツバチなどの群れを指し、S_1がS_2とは繋がらずに群集をなしている状態を言う。S_1がessaimの状態であるときの言語的存在をラング（lalangue）とラカンは呼ぶ。ララングはラカンの造語で、冠詞付きの国語（la langue）の冠詞と名詞を一語に融合させたものである。

ララングは子どもが文法的に言葉をしゃべる以前の言語的状況で、そのとき子どもは自分の言葉を伝達のためではなく、享楽を得るために使う。そこではそれぞれの子どもに特異的な私的言語が使われるのである。すべての子どもはあるときからララングを諦めて、文法的に構造化され、意味を生み、伝達のために使われる言語（langage）の世界に入ることを要請される。すでに第Ⅱ部第六章で説明した疎外と分離の論理における、疎外の段階である。

ラカンは無意識についてずっと「無意識はひとつの言語のように構造化されている」という命題を堅持してきたのだが、ここにきてそれを無意識についての最も基本的な命題だとは見なさなくなった。というのも、言語のように構造化されている以前の無意識の状態があり、そこではS_1が群集しており、享楽の追求のためにあるからだ。この次元ではS_1は直接に現実界と繋がっており、これは現実的無意識だと言える。フロイトはそれをエス（Es）と呼んでいた。

結果、現実的無意識に対して、「無意識はひとつの言語のように構造化されている」という場合の無意識は一段階格下げされることになる。言語のように構造化されている無意識は、言うなれば、精神分析の申し子のようなものである。フロイトが精神分析を発明して言い間違いや夢の奥に何か別の意味が潜んでいると主張し始めたときから、この言語的無意識は機能し始めたからである。その意味でこの無意識は想定された無意識で象徴的ではあるが想像的な性格ももっている。マテームで表された無意識のディスクール（三七五頁）はこの無意識に相当し、現実的無意識はS_1・S_1・S_1……と表せるだろう。

ボロメオの結び目

対象aはひとつの見せかけ（semblant）で現実界へのアプローチには不十分だと見なされた後、ラカンは何を通して現実界を捉えようとしたのだろう。

その一つは数学、より正確には数理論理学である。ゲーデルは数式を使って数学に潜む不可能性を証明した。ラカンは現実界とは不可能、つまり言葉で言い表すことが不可能だというのであるから、数学はまさに現実界と直結する分野なのである。

もう一つはこれも数学と関係するが、トポロジー、そしてとりわけボロメオの結び目である。

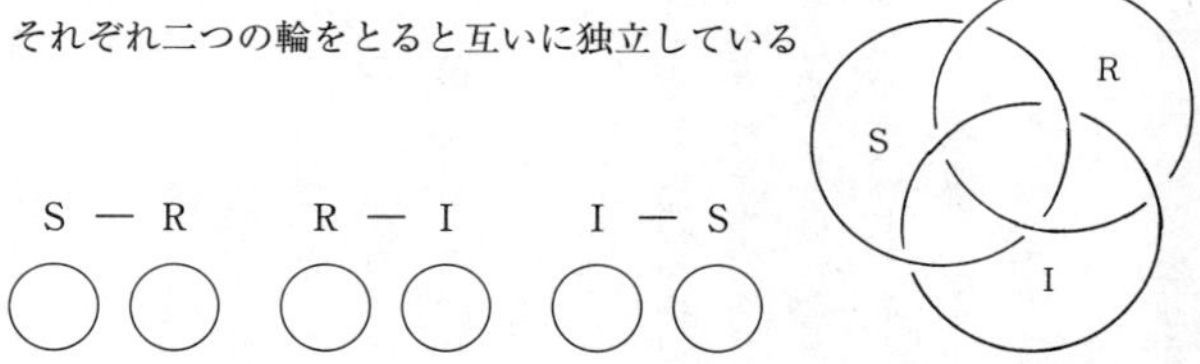

ボロメオの輪

対象aは見せかけ（semblant）だとされ、現実界へのアプローチには不適切だと格下げされたのは一九七二～七三年の『アンコール』のセミネールであった。このセミネールはラカンの教育活動のなかでも一つの大きなターニングポイントをなしており、これをもって後期ラカンが開始されるといってもよいだろう。この年で注目すべきはラカンが前年に偶然知ったボロメオの結び目のトポロジーが本格的に導入されたことである。この年から一九八〇年の最後のセミネールに至るまで、ボロメオのトポロジーはラカンの理論的展開のなかで大きなウエイトを占めるようになった。

ボロメオの結び目は上図のようなものである。

ラカンの基本的カテゴリーである想像界I、象徴界S、現実界Rについては、本書の冒頭ですでにその重要性が与えられていた。ラカンは想像界I、象徴界S、現実界Rの三つのカテゴリーを、精神分析を考える上で不可欠なものだとしたが、それらを直接使って理論化することはなかった。それまでは精神分析におけるこれこれはI、これこれはRまたはS、などというふうに分析の諸概念をカテゴリー的に分別するのに使われていただけで、それらの関係を直接扱うことはあまりなかった。そうするための手段もなかった。ところが数学者ギルボーの講義に出席している知人からボロメオの結び目の存在を教えられ、そこに三つのカテゴリーを直接、理論的に考察するためのすばらしい道具を見出したのだ。

ボロメオの結び目にはラカンの基本的カテゴリーである想像界I、象徴界S、現実界Rが三つの輪のそれぞれに当てはめられ、それらの間の関係が調べられた。

I、S、Rのそれぞれは一つの輪とみなすことができる。というのは一つの輪とは一つの穴を表すものだと考えることができ、これら三つの次元にはそれぞれ穴が備わっているからだ。まず想像界には想像的ファルスの欠如（$-\varphi$）という穴、象徴界には他者（A）の欠如S(Ⱥ)という穴、現実界には性的関係は存在しないという穴がある。

ラカンによるボロメオの結び目の取り扱いの特徴は、ボロメオの結び目を直接ひもで作ってそれを手でいじくり回し、その形態の変化を見ながら考えるという非常に操作的な思考方法がとられたということである。その作業を行なっている間、ラカンはほとんど言葉を発せず、セミネールの大部分が無言で進行することもあった。そこにおいて、ラカンは言葉、象徴界による現実界へのアプローチの可能性に疑問を抱き、その代わりに手で操作できるものへの直接の介入による精神分析の理論的把握を試みようとしたのである。

ボロメオの結び目を使った理論的考察はすぐさまエディプス・コンプレックスの捉え方に新しい観点を与えた。人間の生きている世界は想像界、象徴界、現実界という三つの次元から構成されている。そしてこの三つの次元がそれぞれ独立しているとすれば、三つの次元からできあがっているわれわれ人間はどのようにして統一性を保っているのか、という問題が浮かび上がる。ここでまさにボロメオの結び目は三つの互いに関係のない要素がボロメオ的構造によって一つのまとまりをもつという構造に、ラカンは注目する。生まれてきた人間はエディプス・コンプレックスを通して、バラバラではなく一個の存在として統一性をもてるようになる。この点においてエディプス・コンプレックスとボロメオの結び目の共通性は明らかである。以後ラカンはボロメオの結び目を利用してエディプス・コンプレックスを考えようとする。

ボロメオの結び目の導入によって得られた重要な成果は、主にジェームズ・ジョイスについての考察を基にした精神分析理論の新しい展開である。ラカンはこのころ七〇歳代の後半に入っていたが、それでも彼の理論的創造力はまだ衰えを見せず、前人未踏の場へと踏み込んでいった。これは彼のほぼ最後の理論的冒険であるが、ここで得られたものはラカンの死後、まさに二一世紀の精神分析理論の礎となる重要な要素をなしている。

ジェームズ・ジョイス

ジェームズ・ジョイス。西欧の辺境地ともいえるアイルランドが生んだ特異な「小説家」である。小説家という言葉に括弧を付けたのは、彼が小説というものを破壊してしまう力を秘めた意図をもってエクリチュールを書き進めたからである。

小説とはそもそも物語であり、お話である。われわれが小説を読んでそれに引き込まれていくのはそこにストーリーがあるからで、一般的にストーリーの周りに状況や人物描写によって肉付けされて一つの作品ができている。

ストーリーには典型的なテーマが二つある。一つには闘争、もう一つは恋愛で、両者を混ぜ合わせたものも多い。小説をイメージ化した子ども向けの漫画にはそれがはっきりと現れている。わかりやすい例をとれば、少年漫画では悪い敵と戦うこと、少女漫画では好きな男の子との恋愛である。映画においてもほとんどがこの二つのテーマを基本としている。精神分析的に見ればこの二つはエディプス・コンプレックスを構成するテーマであり、当然大多数の人間に関係の深いものであるから、この二つのテーマが小説をオーガナイズする軸であるのは当然である。エディプス的に言うとこの二つは、父親への憎悪と父親への愛にヴァリエーションを加えたものにほかならない。

これらは主体の基本的ファンタスムの構成要因であり、社会的繋がりであるディスクールの基本となる主人のディスクール、もしくは無意識のディスクールから生み出される。

$$\frac{S_1}{\$} \rightarrow \frac{S_2}{a}$$

われわれの日常は世界にファンタスムのヴェールを掛けてそのなかで生きている。われわれはお話のなかで生きているといってもよいだろう。そのファンタスムはこの無意識のディスクールからやってくる。言うなればわれわれは無意識を定期購読しているのだ。そしてこの無意識をオーガナイズしているのは父親である。だから、ファンタスムの二つの中心的なテーマが父への愛と父に対する憎しみであるのは当然なのだ。

ジョイスには父親への根源的な不信があった。父親は父親として機能していなかったのだ。父親の機能の欠如は父の名の排除として精神病的構造を意味するものであろうが、ジョイスの場合には、明らかな精神病の発症を示すものはなく、ジョイスを精神病と断定することはできない。ジョイスの場合には彼の芸術が発症を妨げていたと考えられる。つまり彼の芸術活動が父の名の代用として機能していたのだ。この点が後期のラカンにとってジョイスが一種のパラダイムとして作用した理由である。

ジョイスの主体的構造をボロメオの結び目で表すとどうなるだろうか。主体はR、S、Iの三つの次元から構成されており、これらの三つの次元は互いに直接の関係はもっていないと考えられる。したがって三つの次元を表す輪はそれぞれ独立していると考えられるが、主体は通常それぞれ個的にまとまりをもっている。ボロメオの結び目はそれを構成している三つの輪のなかから任意に二つの輪を取り上げるとそれぞれは独立しているが、三つの輪になると全体として一つのものとしてまとまっている。この統一性を与えるのが父

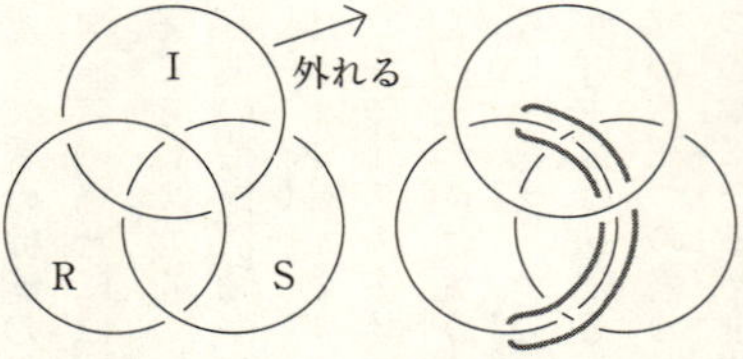

ジョイス　　4番目の輪　父の名

の名だと考えることができる。つまり三つの輪をまとめ上げている結び目が父の名だというのだ。

この結び目は第四番目の輪として理解することもできる。三つの輪はそれぞれ独立している。それらを四番目の独立した輪で繋ぐことが可能である。したがってメビウスの結び目を成立させている結び目はこの第四の輪と同じ機能をもっているといえよう。

ジョイスの場合には父の名の機能が不全であり結び目に一カ所欠陥があったと考えられる。上図左のようにである。この欠陥によってI（想像界）は自由に他の輪から離れることができる。

人間にとって想像界は鏡像段階によって示されたようにイメージとしての身体を支えている部分である。したがってIが外れるということは主体が自分の身体イメージを失い、自我を支えるものがなくなるということである。

こうした説明は単に理論的で抽象的なもののように思われるかもしれないが、実は具体的な現象のなかにみられるのである。ジョイスの身の上にはこれが実際に起こったと考えられるからだ。それは『若い芸術家の肖像』で取りあげられている一つのエピソードのなかにある。中学の頃、彼は自分が敬愛しているバイロンの評価を巡って友人たちと口論になり、ついには暴行を受けるまでになった。だがそれでも、彼の怒りはすぐに収まり、ほとんど無関心のままであった。そのときに自分の身体が果物の皮が剝かれるように失われる感覚をもったというのだ。ラカンは、ジョイスのこの経験は彼にとって身体とは何であるかを物語るものだと注目した。一般的な人たちにとって自己の身体は大変に貴重なもので、身体像が毀損されると大きな不安が襲ってきて非常に苦しむものである。身体像はわれわれの外皮として、一個の統一したイメージを与えてくれるもので、それ抜きでは生きることも困難になるであろう。

だがジョイスにとって身体イメージはそれほど大切なものではなかった。彼は身体イメージの代わりに「芸術家」としての自分を作り上げ、三つの次元のまとまりを得たのである。つまり彼にとって最も重要なものは自分の芸術だったのだ。

芸術によって自らの存在を確保しようとするのはジョイスだけではない。すべての真の芸術家は自らの存在を得るために創造する。ではラカンはどこに、芸術家としてのジョイスの道を他のものとは根源的に異なったものとして認めているのだろうか。

ジョイスの芸術は書くことによって文学作品を創作することからなっている。一般的に、文学はすでに述べたように物語を中心軸に据えて構成される。読者が小説のなかに引き込まれるのも物語の展開に捉えられるからである。われわれが物語に捉えられるのは、われわれわれのなかにも同じようなファンタスムがあるからで、そうしたファンタスムをもっていない人にとって小説は何の興味も惹かない。例えば自閉症の人はファンタスムをうまく構築することができなかったので、小説には興味を示さない。他人との感情的交流が苦手なのもそのせいである。ジョイスは文学においてこのファンタスム—物語を否定しようとしたのである。すでに述べたようにこのファンタスムを作り出すのが、言語のように構造化された無意識であって、一般的にわれわれはこの無意識を購読している。それに対してジョイスは無意識を購読停止する（désabonné à l'inconscient）のだとラカンは言う。

では物語性のない文学とはどのようなものであろうか。文学は物語を追っていく小説だけではない。文学のもう一つの大きなジャンルに詩がある。詩においては物語よりも言語そのものの美しさ、楽しさ、面白さが追求され、韻を踏むことなどの言葉遊びがふんだんに利用される。このときの言語においては意味内容を伝達しようとする機能よりも、言語そのものを楽しむことが優先される。これはララングについての説明と相通じている。ララングは子どもが文法を受け入れる以前の言語の次元であり、言葉をコミュニケーションのためではなく快楽を得るために使用するのであった。詩はしたがって、ララングと同じように言語によって享楽を得ようとするものである。詩はむしろ失われたララングの享楽を取り戻そうとするものだと言った方がよいかもしれない。だが詩はララングと同じ水準に位置づけられるものではない。ララングはいうなれば私的言語であって、子どもが自閉的に自分のためだけに享楽を得るために使うものであるのに対して、詩は主体がララングの享楽をいったん断念して文法を受け入れたあと、共通言語のなかで〈他者〉を相手に創作され〈他者〉の承認を得て享楽を得ようとするものである。

ジョイスにおける父親の機能の欠如は無意識への購読否定につながり、それは彼の最後の作品『フィネガンズ・ウェイク』は全く奇妙な作品である。長編小説とされているが、ただ読んだだけではどういう筋なのかさっぱりわからないだけではなく、一つ一つのフレーズの意味さえ理解しがたいのである。それは何カ国語にもわたってなされた言葉遊びの寄せ集めのような作品でこれが一つの文学作品として認められていること自体不思議である。一般的読者は作品のなかに全く入っていけず、通常は最初のフレーズから匙を投げてしまうことになるだろう。ジョイスはここでは父親の機能に依存せず、言語的無意識をとばして直接ラランの宝庫である自分の現実的無意識に作品の源泉を求めているのだ。

だがラランは各個人に特異的なものであり、単にそれを利用するだけでは自慰的な私的言語の使用に終わり他者との繋がりはなく、公的に認められることはない。芸術作品が芸術作品として認められるには、常にそれが〈他者〉に向けられ、〈他者〉によって受け入れられなければならない。

現実的無意識の水準では〈一者〉の享楽のみが作用しており、〈他者〉は不在であるので作品は外に向けられることはない。だが主体は〈一者〉の世界で統一を保って生きていくことはできない。〈他者〉を措定し、それに向かって働きかけなければ、この世界では結局生きていくことは困難なのである。通常は父親の機能を通してそうした働きかけがなされるのだが、ジョイスは父親の欺瞞に目をつぶって父親を受け入れることはできなかった。そこでジョイスは一風変わったストラテジーを試みる。父親の機能を利用する場合には主人のディスクールに依拠するのであるが、ジョイスは主人ではなく大学人のディスクールを通して〈他者〉との繋がりを確保しようとするのだ。

『フィネガンズ・ウェイク』を手がけようとしたときのジョイスは、すでに高い評価を受けていた文学者であった。そのジョイスが自らのララングをもとに作品を創作すれば、それがいかに私的で外部の目から固く閉ざされているものだとしても注目を浴びずにはいられないだろう。それが不可解であればあるほどそこには大きなxがつけられ、彼の文学に興味をもつ者の関心を引きつけられるであろう。特に大学人はこうしたxが大好物である。このxを解明しようと研究を始めるのである。ジョイスはこの作品を作り上げ、向こう三〇〇年の間自分の作品は大学人の関心を引きつけるだろうと予言していた。そしてまさに世の大学人たちはそれに夢中になった。すなわちジョイスは大学人を〈他者〉として選んだのである。そしてその〈他者〉の保証でジョイスの書いたものは一つの文学作品として成立するのだ。『フィネガンズ・ウェイク』は〈他者〉としての大学人の世界における不

透明な点 x としてジョイスに特異的な場所をあたえるもので、この x は彼自身しか占めることのできない場として彼の存在を保証するところである。このように彼の作品は、彼に芸術家としての存在を与えるものとなった。

ラカンはジョイスが作品によって獲得した彼固有の場所をエゴと呼んでいる。エゴと自我は同じではない。われわれは一般的に鏡像段階を通して身体のイメージをもとに自我を作り上げる。だがジョイスにおいては先の友人による暴力のシーンが示すように身体のイメージは容易に外れてしまうもので、ジョイスにとって想像的な自我はコンシスタンスに欠け、簡単に失われるものであった。彼はその代わりに自分の作品で芸術家としてのエゴを確立するのだ。ラカンは、彼のエゴがボロメオの結び目の欠陥を補って、主体の統一性を保ったと考える。

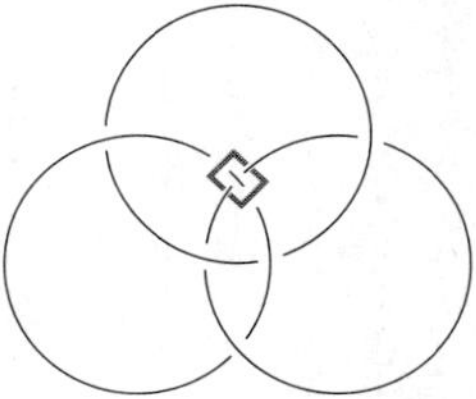
ジョイスにおける
父の名の補塡

ボロメオの結び目の欠陥のところにエゴが成立し、父の名の補塡となってイマジネールの輪が外れることなく、三つの輪が一つにまとまっている。

身体

ジョイスの身体イメージの問題が出たついでに、ここで身体というものについてもう一度考えてみよう。

私たちにとって身体とは非常に大切なもので、身体を失うということはそのまま死につながるような出来事であるかのように感じられるが、例えばジョイスの場合、自分の身体が失われるような感覚を体験するし、またある種の精神病者は自分を傷つけても全く平然としている。こうした現象は、人間にとって身体は肉体とは異なった次元に位置付けられるものだということを意味している。動物はおのれの身体＝肉体と一致して生きている。動物は身体そのものなのだ。それに反して、人間は身体であるとは言えない。すでに述べたように、主体が誕生するときに身体は失われる。主体というものはそもそも存在欠如、無であるので、身体という存在にはなれない。この主体が鏡像段階を経て、自分の身体をイメージとして獲得するのだ。したがって人間にとって身体はイマジネールな次元にあることになる。このことはすでにフロイトにはわかっていた。フロイトは、ヒステリーを通してイメージとしての身体を知った。医者であるフロイトにはヒステリー性の身体麻痺を引き起こすような神経支配は無いことがわかっていた。それは、手とか足などについて私たちがもっているイメージにすぎないのだ。

ラカンもやはり身体をイメージとして考えていた。初期の鏡像段階から最後期のボロメオの結び目の理論に到るまで、その考えを捨てることはなかった。イマジネールというのはそもそも身体に由来するもので、ボロメオの結び目でも想像界Ｉの輪は身体だと考えていた。ところが、身体的次元は想像界だけに関係するわけではない。シニフィアンが書き込まれる場所であるのも身体だし、生物学的な身体（肉体）もある。前者は象徴界Sと繫がり、後者は現実界Rの次元の身体である。したがって、身体はI、S、Rの三つの次元に関係するものと言わなければならないだろう。それにもかかわらず、ラカンが身体はイマジネールなものだと言うのは、私たちがもっていると思っている一つの全体像としての身体がイマジネールなものだからである。

享楽をイマジネールなものと考えているうちはそれでもよかった。だが、享楽が現実界と繫がるものだと考えるようになると、それでは不十分である。なぜなら、身体は性的享楽や、食べたり見たりする享楽、欲動の享楽の場所でもあるからだ。こうした身体をラカンは享楽の実体（substance）と呼んでいる。それに加えて語る身体という次元もある。言語を使うとき、私たちは発声のために身体諸器官を通して語るのであるし、ヒステリー症状も身体を通して語っていると言えるからである。こうした身体を考えるときに、それは誰の身体かということを考えると、それに対して無意識の主体である$\cancel{S}$を考えることは難しい。なぜなら$\cancel{S}$には実体がなく、それが欲望の主体だと言うことはできても享楽の主体とは言えないからである。また、$\cancel{S}$は語るのかと問いかけても、$\cancel{S}$は単にシニフィアンの効果だと言うべきで、語るとは言えない。そこでラカンは身体に対応するものとして象徴界、想像界、現実界がボロメオ的に結びついたものを考え、それを語る存在（parlêtre）

と呼んだ。これはある種の厚みを備えた主体で、その身体を保持し、言語を語り、享楽すると言えるものである。ラカンはこれをフロイトの無意識に代わる新しい概念だと考えた。

（注）parlêtre とは parler（語る）と être（存在）、および parlé（語られた）と être を合わせてつくったラカンの造語である。したがって、語る存在であると同時に語られた存在でもある。語る存在、または語り存在、もしくは言存在などと訳すことができよう。

語る存在の身体は症状を作り出す身体であり、その症状のもとになるトラウマを被る身体でもある。そこからラカンは「症状とは身体の出来事だ」という新しい症状の定義を取り出してきた。

サントーム

ラカンは七〇年代に入って自分の精神分析の理論的把握とジョイスの文学的冒険の間に共通点を見出し、フロイトがシュレーバーから多くを学んだように、ジョイスから精神分析の新しい理論化のために学ぼうとしたのだ。ジョイスが文学の物語性を拒絶しララングを源泉にした作品を創作したということは、ラカンが無意識の言語的構造から現実的無意識へと重心を移したということに重ね合わせることができる。

これは症状についての考えの変化にも通じている。ラカンは当初、症状（symptome）は無意識の生成物の一つとして、隠された意味を含んでいると考えていた。そして精神分析は自由連想によって無意識に隠されているその意味を探り出す作業だとされていた。だが夢や言い間違いのような無意識の生成物は流動的であり常に変化するのに対して、症状は一つの固着点をもっており、それは解釈では取り除くことができないものである。前期のラカンにおいては症状の言語的構造が重要視されていたが、後期になると症状の固着点に重心が移っていき、そこに享楽を認めるのであった。そしてジョイスについて語られた七五〜七六年のセミネール二三巻『サントーム』では、症状（symptôme）をサントーム（sinthome）と呼ぶようになった。

サントーム（sinthome）とは症状（symptôme）の古い表現で、ラカンにおいて両者は違ったものを指しているわけではなく、結局は同じ症状が問題になるのだが、前者が言語的構造S_1—S_2の観点から症状を捉えるのに対して、後者は享楽、もしくは現実的無意識、またはS_1の観点から症状を捉えようとするのである。ジョイスは『フィネガンズ・ウェイク』で自分自身を文学におけるサントームとして特異な場所に位置付けたのであった。

ラカンは、ジョイスは自分の作品によって精神分析がもたらすことのできる最良のものを、精神分析抜きで獲得した、と言っていた。これはジョイスが自らのララングを利用して作品を創りあげ、それを〈他者〉に認めさせて市民権を獲得させ、自分の生きる道を見出していったからである。これは精神分析が探し求めている道と共通点をもっている。まず、患者が苦しむ症状は患者自身の無意識において認められないままに享楽を追求するS_1、もしくはトラウマである。それを患者が自分のものとして自らの人生を生きるための手段とすることができれば、その人は自分自身の本質的な部分を満足させて生きていけるはずだからである。

このようにジョイスは精神分析の終結の問題にまで到るテーマを提供してくれるのだ。

ジョイスと精神分析に触れたところでこの新しく書き足した『ラカン対ラカン』、『ラカン入門』を終えることとする。まだラカンの精神分析に関して説明すべきことは山ほどあるが、一応これまでラカンの考えの基本は織り込んだつもりである。後は読者自身でラカンのセミネールやエクリを手に取られてお読みになっていただきたい。本書がそのために少しでも読解の助けになれることを祈っている。

向井　雅明

本書は、一九八八年一〇月、金剛出版より『ラカン対ラカン』として刊行された。文庫化に際しては、第Ⅲ部を増補するなど、大幅な改訂を加えたうえで、タイトルを改めた。

ちくま学芸文庫

ラカン入門《にゅうもん》

二〇一六年三月　十　日　第一刷発行
二〇二四年七月二十五日　第八刷発行

著　者　向井雅明（むかい・まさあき）
発行者　増田健史
発行所　株式会社　筑摩書房
東京都台東区蔵前二―五―三　〒一一一―八七五五
電話番号　〇三―五六八七―二六〇一（代表）
装幀者　安野光雅
印刷所　星野精版印刷株式会社
製本所　加藤製本株式会社

ISBN978-4-480-09676-0 C0110